美国名校留学规划

TOP30名校申请的10个锦囊

10 PROVEN STRATEGIES FOR
GETTING INTO TOP 30 US UNIVERSITIES

[美]袁德坤（JIMMY YUAN）◎著
2023，纽约

当代世界出版社
THE CONTEMPORARY WORLD PRESS

版权登记号：图字：01-2023-2570 号

图书在版编目（CIP）数据

美国名校留学规划：TOP30 名校申请的 10 个锦囊 /（美）袁德坤著. -- 北京：当代世界出版社，2023.5
ISBN 978-7-5090-1734-0

Ⅰ. ①美… Ⅱ. ①袁… Ⅲ. ①留学教育 – 概况 – 美国 ②高等学校 – 介绍 – 美国 Ⅳ. ① G649.712.8

中国国家版本馆 CIP 数据核字 (2023) 第 082284 号

书　　名：	美国名校留学规划：TOP30名校申请的10个锦囊
出 品 人：	丁　云
策划编辑：	刘娟娟
责任编辑：	刘娟娟　魏银萍　徐嘉璐
装帧设计：	王昕晔
版式设计：	韩　雪
出版发行：	当代世界出版社
地　　址：	北京市地安门东大街70-9号
邮　　编：	100009
邮　　箱：	ddsjchubanshe@163.com
编务电话：	(010) 83907528
发行电话：	(010) 83908410（传真）
	13601274970
	18611107149
	13521909533
经　　销：	新华书店
印　　刷：	北京新华印刷有限公司
开　　本：	787毫米×1092毫米　1/16
印　　张：	20.25
字　　数：	396千字
版　　次：	2023年5月第1版
印　　次：	2023年5月第1次
书　　号：	ISBN 978-7-5090-1734-0
定　　价：	79.00元

如发现印装质量问题，请与承印厂联系调换。
版权所有，翻印必究；未经许可，不得转载！

鸣　谢

借出版之际，我要感谢

当代世界出版社社长　丁云女士

当代世界出版社编辑　魏银萍女士、刘娟娟女士、徐嘉璐女士

纽约市教育局的同事们：

唐力行教授、姚学吾教授、杨培庆教授、吴以义教授

全美犹太美国传统月庆典大会（JAHM）主席：

The Friedlander Group CEO Mr. Ezra Friedlander

感　谢

哈佛大学	William R. Fitzsimmons Dean of Office of Admissions and Financial Aid
耶鲁大学	Jeremiah Quinlan Dean of Undergraduate Admissions
麻省理工学院	Stuart Schmill Dean of Admissions and Students Financial Services
哥伦比亚大学	Jessica L. Marinaccio Dean of Undergraduate Admissions and Financial Aid
斯坦福大学	Richard H. Shaw Dean of Admissions and Financial Aid
宾州大学	Eric J. Furda Dean of Admissions

布朗大学	Logan Powell Dean of Admission
康奈尔大学	Shawn L. Felton Director of Undergraduate Admissions Cornell University
纽约大学	Cynthia Perez Director of Admissions
约翰·霍普金斯大学	Ellen Kim Dean of Undergraduate Admissions
西北大学	Liz Kinsley Director of Undergraduate Admission
波士顿学院	Grant Gosselin Director of Undergraduate Admission
卫斯理女子学院	Joy St. John Dean of Admission and Financial Aid
阿默斯特学院	Xiaofeng Wan（万晓峰） Coordinator of International Recruitment

感　谢

美国中国总商会会长、中国银行北美分行行长	徐　辰　先生
华美人文学会共同主席、前联合国中文组组长	何　勇　博士
哥伦比亚大学教育学院	林晓东　教授

美国《侨报》"教育频道"编辑	雷　克　先生
中国日报北美分社	纪　涛　社长
美国中文电视"纽约会客室"主持人	谭　琳　女士
北美青年精英协会	刘俊东　会长
美国《纽约评论》杂志社	
美国兰盟智库理事长	李　哲　先生
美国明星国际集团创始人兼总裁	荆　莉　女士
美国亚洲文化基金会秘书长	叶　青　先生
全美华人侨团联合会共同主席	徐红红　女士
新西兰"睿基金——亚太文化教育基金"创始人	陆欣谦　女士
北京大学考试研究院院长	秦春华　博士
教育部全国高等院校创新教育指导委员会秘书长、	
中国创造学会常务理事、同济大学教授	王　健　先生
海南蓝湾未来领导力学校	石国鹏　校长
龙安集团创始人兼合伙人	饶及人　教授
赛银科技集团有限公司董事长	顾　燕　女士
浙江省人才开发协会常务副会长	周骏健　先生
上海市对外教育交流中心主任	张敏华　先生
上海犹太难民纪念馆馆长	陈　俭　先生
上海博世凯进修学院创建者　　　　赵海银　先生	何晓韵　女士
《MIT面试官教你进美国名校》作者	汤玛丽　女士
得到APP团队	

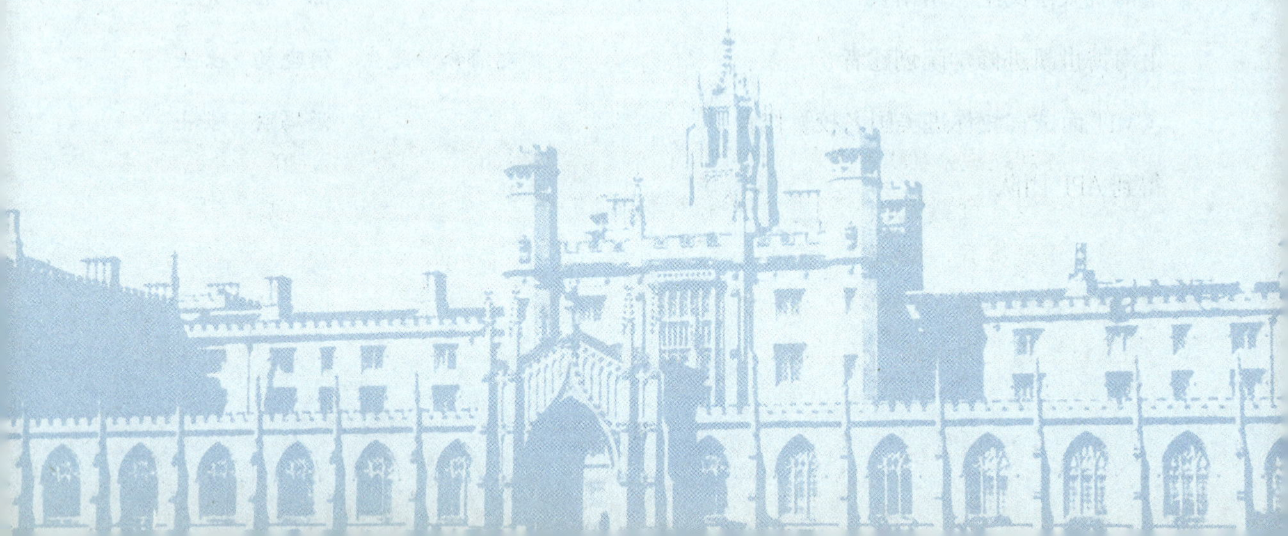

序言一
美国名校申请实用策略

长期以来，美国顶尖大学的招生录取标准、名额、程序等对公众而言都是一个"黑箱"，秘而不宣。有关哈佛、耶鲁等常春藤盟校（Ivy League）的招生历史常常被称为"秘史"，更增添了几分神秘色彩。此等情况，对于美国本土的家庭和学生来说尚且如此，更遑论远隔重洋的中国了——尤其令中国人难以想象和理解的是，大学招生不但可以不根据考试成绩录取，居然连录取标准也不对外公布。这难道不是赤裸裸地为腐败和不公平敞开方便之门吗？

腐败当然是有的。2019年，美国曝出了有史以来最严重的高校招生丑闻。知名演员、商业领袖等深陷其中，耶鲁、斯坦福等顶尖名校亦不能脱离干系。在此之前，《华尔街日报》记者丹尼尔·金（Daniel Golden）凭借一本关于美国大学招生内幕调查的书荣获普利策奖，书名就叫 The Price of Admission: How America's Ruling Class Buys Its Way into Elite College—and Who Gets Left Outside the Gates，中文译本索性起了一个更直截了当的名字——《大学潜规则》。

为什么一个如此不公平的、"腐败"的招生录取制度能够在号称以法治国的美国社会大行其道，甚至还令全世界数十万的优秀学生趋之若鹜呢？这个吊诡的事实本身就耐人寻味。

实际上，美国大学招生的专业性、复杂程度和其对美国社会的影响远远超乎人们的想象。近年来，尽管这个制度遭到包括美国本土上流人士在内的人越来越严厉的批评，但客观地说，100多年来，它对吸引、支持和建设一个全世界最强大的高等教育体系功不可没。特别是进入21世纪以来，美国高等教育最显著的变化之一就是国际学生数量大幅度提升。据统计，2003年至2018年，赴美留学的国际学生数量连续15年保持稳健增长，由572,509人达到了历史峰值的1,095,299人。其中，来自中国的留学生数量增长尤为迅猛。21世纪初，中国赴美留学的人数尚不足6万，占当年美国国际

学生总数的 11%；2019 年，这两项数据分别为 37.3 万人（增长了 6 倍多）和 34.6%（上升了 3 倍多）。这意味着平均每 3 个国际学生中就有 1 个来自中国。毋庸置疑，中国已经成为全球第一大赴美留学生输出国。然而，与此同时，美国大学特别是顶尖大学的数量及招生名额并没有随之发生显著变化。僧多粥少，也就是说，国内学生申请美国顶尖大学的难度实际上大大增加了。客观情况如此，再加上各类留学中介服务机构的渲染，更增加了那些希望把孩子送出国读书的家庭的心理压力和焦虑。

内卷之下必有勇夫。为了有效提升申请美国名校的成功率，有些留学中介服务机构利用（或制造）此等焦虑，纷纷宣称自己掌握了"藤校申请秘籍"，只要你奉上银两若干，便可获得"宝典"一部及其他相关服务。学生只要按照"宝典"要求修习神功，就可以傲视群雄，于百万军中取"藤校 Offer"如探囊取物。还有些机构甚至运用了算法和保险原理，宣称"如果客户没有被录取到心仪的学校就全额退款"，云云。此类留学中介不只在中国大行其道，在旧金山和纽约也比比皆是，催生了一条庞大的产业链。

那么，申请美国大学是不是就没有一点规律可循呢？倒也不尽然。美国出版了大量辅导学生申请大学的书籍。2012 年 5 月，在天津教育考试院前院长乔丽娟的带领下，我和部分国内顶尖大学的招生办主任赴美考察美国大学考试招生情况，这是国内高校第一次组织对美国大学招生录取制度的系统性学习和考察。当时，我们对斯坦福大学和加州大学伯克利分校——前者是私立大学的代表，后者是公立大学的代表——的招生系统进行了深入考察，受益良多。此后，北京大学于 2013 年成立了考试研究院，立足于中国大地，研究具有中国特色的大学招生和人才选拔之道。再后来，2015 年 9 月，北大考试研究院邀请了斯坦福大学、芝加哥大学、加州大学伯克利分校和麻省理工学院 4 所美国顶级名校的招办主任和国内部分 985 高校的招办主任一起，在北大斯坦福中心举行了为期 3 天的"综合素质评价：美国经验与中国道路"国际研讨会，就创新型人才选拔问题进行了广泛而深入的对话与讨论。遗憾的是，鉴于美方保密要求，此次研讨会的成果未能结集出版，但当时的盛况给与会者留下了难以磨灭的印象。2018 年年初，应教育部考试中心邀请，美国大学理事会（College Board）代表团来华访问，向部分中国大学的招办主任介绍美国大学招生的有关情况。令他们大为吃惊的是，中国同行们对美国大学的招生制度并不陌生，甚至还有相当程度的了解。这当然和那些年中美人文与教育的交流合作分不开，也是我们为之欣慰的地方。

当前，国际局势发生了重大而深刻的变化。2016 年以后，美国政府对华政策发生巨大逆转，中美关系正处于艰难且难以预测的转型时期。受其影响，美国国际学生的增长速度开始放缓，2019 年甚至出现了近几十年来的首次下跌。2020 年新冠肺炎疫情的全球大流行进一步加剧了赴美留学的不确定性。美国国际学生人数跌至 914,095 人，

接近2013年的水平。然而，无论国际风云如何变幻，和平与发展终将是人类永恒的理性选择。而文化与教育交流恰恰能够帮助国家与国家、民族与民族、种族与种族，以及人与人之间增进理解，消弭分歧，为世界带来和平与希望。

　　从某种意义上说，本书作者袁德坤先生的工作也可以被视为中美文化交流桥梁上的一粒石子。石子虽小，但正是数不清的石子浇筑了这座跨越太平洋的文化交流之桥。袁先生在20世纪80年代赴美，曾在纽约市教育局的"中英双语教学部"工作多年。他在美国《侨报》开辟了每周三的"名校申请袁老师专栏"，帮助更多的人了解和理解美国大学申请的各种问题。他从2016年4月动笔，已经连续写了300多期，这本书就是这些专栏思想和智慧的结晶。我仔细阅读了袁先生的书稿，其对美国名校申请的分析论述非常清楚和详细，兼具理论性和操作性。本书在为美国名校申请之路"祛魅"的同时，在一定程度上也为不同申请者提供了实用策略。希望本书能为更多的读者提供有针对性的帮助。

　　是为序。

秦春华[*]
2023年3月于北京大学考试研究院

---

　　[*] 秦春华，经济学博士，研究员。曾任北京大学招生办公室主任，现任北京大学考试研究院院长。

序言二
留美学生的英语能力培养

《美国名校留学规划——TOP 30 名校申请的 10 个锦囊》是袁德坤先生有关留学美国的第二本专著。他的第一部专著《美国名校一步之遥》于 2018 年出版，深受读者欢迎。这次出版的新书从另外一个角度来探讨留学美国，为读者提供许多锦囊妙计，堪称申请美国名校的指南。

袁先生是我 30 多年前在纽约市教育局中英双语教学部任职时的同事。我们俩有一个共同兴趣：教育。更确切地说，我们都关注中国移民学生和留学生的教育。在中英双语教学部里，我们一起编写中英双语教材，研讨中国学生在美国学校面临的挑战，调研中国学生英语能力的优势和不足，同时培训美国中小学教师，为来自中国的学生提供有效的教学。后来我们先后离开了教育局，我进入纽约大学任教，袁先生则继续关注中国留学生的教育问题，成了一名高级美国升学咨询顾问，专注于中国学生本科和研究生的新生申请、外校转学、内部转其他学院等方面的规划和辅导。

这次袁先生邀我为他的新作写序，我欣然应之。我一生从事英语作为外语（English as a foreign language）的教学和研究。我曾在上海和纽约的中学和大学教授英语，又在上海师范大学外语学院和纽约大学文化教育及人类发展学院任教，培养英语教师。借此机会我就谈谈留学美国的一个十分重要的准备——英语能力的培养。

北美知名学者吉姆·卡明斯（Jim Cummings）指出，语言能力可分成两大类：基本人际交流能力（BICS）和学术语言能力（CALP）。前者指社会交际能力，如购物、问询、学校注册、与同学社交等，后者包括专业词汇、听课与阅读理解、课堂讨论、论文写作等。前者一般 3—4 年就可学成，而后者则需要 7—8 年方能初步达标。

在纽约大学任教的 20 多年中，我接触到了数以百计的中国留学生。整体上，我感觉中国留学生的口语、听力方面较强，特别是语音语调方面出众，胜过其他来自东亚国家如日本、韩国的留学生。但是中国学生的学术语言能力就比较弱，特别是在专业阅读和写作能力以及批判性思维等方面。

和大家分享几个我观察记录到的实例。

实例一是关于英语阅读。笔者做过的一项研究发现，中国学生在阅读策略方面，能使用比较有效的策略，如快速浏览、寻找中心思想等，但也会使用不少效率低的策略，例如每逢生词必查字典、读书每字每行地读，结果就是阅读速度慢。然而他们在阅读中文时，绝对不会查字典或每字每行地读。为什么他们在阅读母语和外语时判若两人呢？研究访谈发现，主要原因是这些学生对自己的英语阅读能力缺乏信心，他们担心跳过一个生词或一段课文，会影响对全文的阅读理解。补救的方法就是在学生高中或大学时，就让他们理解精读和泛读的不同目的。上海外国语大学李观仪教授在一次个人访谈中说："要提高英语水平必须依靠不间断的大量阅读，而阅读又必须做到精泛结合，默读与朗读相结合。"精读的重点有两个——内容和语言。通过精读，不但要理解内容，而且要扩大自己的词汇量，掌握更多的英语习惯用法，理解英语文章的修辞结构，从而提高自身的话语能力（discourse competence）。而泛读的重点是通过阅读扩大知识面、理解内容、接触不同的写作风格和修辞手法。所以在阅读过程中无须一字一行地读，也无须理解每一个单词的意思、分析每一句话的结构。擅长阅读的人把泛读与精读结合起来，做到泛中有精，遇到关键和特别重要的内容，就放慢速度，细细读，重复读。实际上这也正是阅读专业文章的策略。在中学时期就掌握这种阅读技巧，会对你今后留学大有益处。

北京外国语大学何其莘教授回顾自己学习英语的经历时说："从自己学习英语的经历中我体会到，坚持大量阅读是实现目标最有效的途径之一。"（《英语学习》，2000年）清华大学吴吉华教授也指出："从长远来说，大量阅读是扩大词汇量的根本途径。"（《英语学习》，2000年）大量阅读和扩大词汇量是提高阅读能力的主要途径。在词汇学习方面，还应注意两种不同的词汇的开发：被动词汇（passive vocabulary）和积极词汇（active vocabulary）。前者是你知道其意思但不会用的词汇，后者是你不但认识而且会使用的词汇。一般来说，被动词汇量远大于积极词汇量。优秀的外语学习者能通过不断地阅读和练习，在不断扩大被动词汇量时，逐步把它们转化为积极词汇。这样不但提高了阅读速度和效率，还提高了自己的写作能力，须知评估学生的写作程度标准中包括了对写作者的词汇使用多寡、难易、恰当和变化的考察。必须指出的是，有些我们平时称为"大词"（big words）的冷僻深奥词汇应当避免在平时写作中使用。不少托福、雅思和美国研究生入学考试（GRE）中的词汇也许仅在考试时一见，在今后的生活和学习中不会再见了。袁先生书中建议每天读15页名著，把生词做成卡片，时时复习，这其实是促使你把被动词汇变成积极词汇，这样不但能扩大词汇量，也能有效培养阅读能力。我很赞同这种学习方法。

实例二是关于写作能力。我在录取中国学生，检查他们递交上来的托福或雅思考试成绩时发现，他们在写作项目上的成绩往往低于其他项目。所以不少学生虽然总分已经达到录取标准（例如，纽约大学要求托福100分），但由于写作项目分数没有达标而遗憾落选。北京大学李赋宁教授说："读书必须落实到笔头，这是古今中外学人的共同体会。美国某大学校长说：'Every course we teach in this university is a writing course'，也就是这个意思。"（《英语学习》，2000年）

为什么美国大学对写作要求特别高呢？那是因为在美国学校里许多课程的作业和考试都需要通过写作来完成，如读书评议（reading critique）、开放问答（open-ended questions）、文选摘要（literature review）、项目建议（project proposal）、调研报告（research report）等。而这些正是中国学生的弱项，需要在高中学习时打好基础。

中国学生在写作时常出现的问题是喜欢使用"大词"，下面是我的一个中国学生在一份作业中写的一段文字：

> By courtesy of an avalanche of up-to-date literature reviews, the author commands a vantage point of the controversy replete with a barrage of altercations from scholars of different spectrums, presenting us, in a comprehensible tone, with a montage of voices among which the leading cheerleader for lexical diversity carries the fortissimo pitch, which heralds the party's victory in this lexical duel.

这个同学犯了两个学术写作上的大忌。第一，句子冗长，完全可以将其分成2—3句。第二，他用了不少"大词"，违背了学术文章简明扼要的原则。类似的例子在某些中国学生的写作中时有出现，应该引起大家的注意。

中国学生的写作弱点还包括：文章缺乏独立的观点、提供的论据不充分、文章结构方面重心不突出等。更有些学生干脆就找人代笔或上网抄袭，岂不知现在美国大学都为教授提供了检测抄袭的电脑软件，把文章输入程序中，抄袭的百分比和内容部分都会被清清楚楚地标出来。而抄袭的后果是十分严重的，轻者获0分，重者被警告甚至退学。由此可见，写作能力在留学美国时的重要性。

实例三是关于批判性思维能力。袁先生在书中有两处专门讨论培养此能力的重要性："批判性阅读"（第五章第一节）和"批判性思维"（第八章第二节）。由此可见他对这个问题的重视。我也愿和读者分享一个真实的故事。一位中国留学生在一所美国名校选修《美国教育史》课程时，教授要求学生每星期读一本他本人创作的长约100页的专著，找出书中4个不同意的观点，并做评议，写一篇4页长的书评。书并不难读，作业也不算重，但这个学生把书反复读了几遍，怎么也写不出评论。无奈他去向教授

请教，他告诉教授自己写不出书评，不是因为英语写作能力问题，而是因为他在书中找不出一个他不同意的论点，再说这次读的是教授自己的专著，这就难上加难了。在中国传统教育里，学生是不能也不敢直接批评老师的，更别提对教授的著作进行详议了。最后在那位教授的耐心帮助下，他才完成作业。这位中国留学生遇到的问题不是在语言上，而是在文化教育背景上。中国学生在批判性思维方面平时缺乏培养和训练，再加上师道尊严的因素，导致了上述情况的发生。

最后一个实例是关于课堂学术口语表达。虽然中国学生的日常口语交际能力较强，但他们的学术英语表达能力却不尽如人意。他们极少在课堂讨论时主动发言或提出问题，也不喜欢课堂讨论。哥伦比亚大学林晓东教授指出，不少中国学生患了"讨论恐惧症"。究其原因就是一个"怕"字，怕出错被人耻笑、怕提出的问题太简单给教授留下不良印象。中国学生对美国同学在上课时不断地提问题，教授不厌其烦地回答问题颇反感，觉得这样做是占用了老师讲课、学生听课的时间。岂不知当堂质疑和课堂讨论是美国大学中很普遍的教学方式，目的是鼓励学生独立思考、批判性学习、积极参与学习过程。可是中国的传统教育不鼓励学生课内提问和讨论，这为中国学生在美国大学里学习带来了一定的困难。

此外，在语用能力（pragmatic competence）方面，中国学生也需要提高。语用能力是语言交际能力（communicative competence）的一部分，就是你说或写的语言是否得体，是否符合社会文化习俗。例如，什么时候用正式或非正式的语言、对什么人应该用敬语等。以下这段对话发生在一个美国大学教授的办公室内。一个中国学生问教授借书，他说："Can I borrow this book?"教授回答说："Yes, you MAY."还特别在 may 字上加强了语气。显然他是在暗示那个学生应该用敬语"MAY"而不是用非正式的"can"。类似的情况还发生在学生给教授发邮件时，直呼教授大名，混淆姓与名等，都违背了美国语言交际的习俗，在不经意间给人留下了不礼貌的印象。所以在语言交际时，不但要注意语音、语调和语法的正确，还必须清楚你所处的语境和交际对象，从而使用符合该特定语境和文化习俗的语言。

近年来，一些美国政界人士对中国留美学生的专业选择加以限制，对留美学生的签证也增添障碍。这些短视做法受到许多美国大学校长和教授的批评。我认为不利于中美教育交流的政策不会长久。中美两个大国的友好交往、交流，有利于世界，也有利于中美两国人民。10 多年前，纽约大学和华东师范大学计划合作建立纽约大学在亚洲的第一个海外学习中心，即筹建上海纽约大学。我亲身参与筹建工作，深切体会到中美两国教育界人士对筹建工作的大力支持。当时的中国驻美大使周文重先生和中国教育部积极参与协调，上海纽约大学诞生了，这是中国第一所中美合作的研究性大学。

上海纽约大学 2013 年第一届入学的国际学生不到 150 人，到了 2019 年跃增到 968

人，2020 年更有 13,000 多人申请入学，结果录取了 1,533 人。这些学生来自美国 44 个州，全球 96 个国家。上海纽约大学建立短短 7 年时间就获得国际学生的青睐，这不常见，成为中美合作办学成功的典范。

上海纽约大学创校校长俞立中说："这个世界很不太平，政治外交上冲突加剧，经济贸易上摩擦不断，全球疫情阻止了人来人往，更需要我们理性地面对各种挑战和问题，开通人文交流的通道，坚守人类命运共同体的底线。……如果人和人之间不交流，教育和文化上没有沟通，特别是年轻人之间缺乏直接的沟通与交流，最后必然加深文化隔阂、对立和冲突。"

中美两国在各个领域的友好合作，特别是高等教育的交流，是不可阻挡的潮流。期待有更多的中国学生到美国名校深造，也希望中国家长和学生从这本新书中，学习和应用申请世界一流大学的经验和策略。

唐力行[*]

2023 年 4 月于纽约

---

[*] 唐力行，著名英语教学专家，纽约大学文化教育与人类发展学院教授，于 1997—2013 年担任该院"英语为第二语言、外语和双语教育系"主任。曾任纽约市教育局中英双语教学部主任、纽约市双语教育协会会长。

前 言
进美国名校深造是"人才走出去培养"

中共中央总书记、国家主席、中央军委主席习近平在2013年的全国组织工作会议上指出:"要树立强烈的人才意识,寻觅人才求贤若渴,发现人才如获至宝,举荐人才不拘一格,使用人才各尽其能。"之后,习近平多次发表讲话,强调要建设"人才强国"。

2021年9月29日,在中央人才工作会议上,就"人才强国"问题,习近平明确指出:"党的十八大以来,党中央深刻回答了为什么建设人才强国、什么是人才强国、怎样建设人才强国的重大理论和实践问题,提出了一系列新理念新战略新举措。"

2021年12月16日,《求是》杂志发表习近平重要文章《深入实施新时代人才强国战略,加快建设世界重要人才中心和创新高地》。

文章指出:"综合国力竞争说到底是人才竞争。人才是衡量一个国家综合国力的重要指标。"针对人才培养方式,文章指出:"人才对外开放是双向的,不仅要引进来,还要走出去。要采取多种方式开辟人才走出去培养的新路子,使人才培养渠道多元化,储备更多人才。"在谈及人才培养教育时,文章中表明:"全方位谋划基础学科人才培养,突破常规,创新模式,更加重视科学精神、创新能力、批判性思维的培养教育。"

文章指出了人才培养的重大意义、人才培养的方式及人才培养的内容。

"人才走出去培养"有多种形式,出国留学被证明是一种时间短、成效高的人才培养方式。

习近平在文章中回顾全球先后形成的5个科学和人才中心,对美国在20世纪的科技成就给予很高评价:"20世纪的美国,集聚了费米、冯·诺依曼等一大批顶尖科学家,产生了贝尔、爱迪生、肖克利等一大批顶尖发明家,美国获得了近70%的诺贝尔奖,产出占同期世界总数60%以上的科学成果,集聚了全球近50%的高被引科学家。"

美国常春藤和其他顶尖名校,对美国20世纪取得的科技成就贡献巨大。美国名校

聚集了世界顶尖科学家，如费米在芝加哥大学任物理教授，冯·诺依曼在普林斯顿大学任职。由于这些科学家的引领，美国在全球的各项关键领域遥遥领先，同时也通过名校的授课，培养出一大批全球杰出人才。

近百年的数据表明，诺贝尔奖得主中，30%是师徒相传，呈现阶梯效应。美国名校中的诺贝尔获奖者，都被要求给本科学生授课。中国学生去美国顶尖大学深造，可以获得世界一流专家学者的传授和指点，大大增加成为行业骨干和领域专家的可能。

到美国名校深造的中国学生，不但有一流专家学者的指导，还有机会结识一批来自全球的优秀学生，这些重要资源将为他们今后的科学研究、职业生涯带来意想不到的优势。

全球著名的科技专家、企业家、政治家、思想家、文学家都会来美国顶尖名校演讲，学生们有机会了解该专业领域最前沿的知识和分享他们的成功经验，同时将来有机会加入这些专家学者的研究团队。

留学是"人才走出去培养"的一种好方式，而去美国名校留学，可以极大增加留学生成才的概率。百年来的留美史证明，留美深造的中国学者、专家、学生，大多数成了各领域的杰出人才。

我们耳熟能详的有留美经历的，有政治活动家宋庆龄、文学家冰心、铁道专家詹天佑、桥梁专家茅以升、"两弹之父"钱学森、世界银行第一位华人首席经济学家林毅夫、中国人民银行行长易纲、第一位获爱明诺夫国际大奖的中国人施一公、著名生物学家饶毅等。

中国的基础教育也为美国顶尖名校输送了一大批成绩优异的高中生和本科生，这些学生经过美国名校深造，或回国成为业务骨干、行业领袖，或留在美国成为美国名校的教授或重要科研机构骨干。其中杰出人才有赴美留学的杨振宁、李政道、吴健雄等。改革开放后，中国科技大学培养的尹希和庄小威，30岁出头就成为哈佛大学教授。2021年，5位来自中国的留美学生，成为美国艺术与科学院院士：清华大学毕业后留美学生，现普林斯顿大学结构生物学家颜宁；南京大学毕业后留美学生，现斯坦福大学化学家鲍哲南；北京大学毕业后留美学生，现耶鲁大学物理学家曹慧；来自北京的斯坦福大学计算机科学家李飞飞；来自北京协和医学院的哈佛大学免疫专家吴皓。

留美学生"走出去"成为人才，而人才的"引进来"，不一定是聘请洋人专家，中国留学生学成后留在美国，成为著名教授、专家，他们也可以是我们再"引进来"的对象。著名科学家钱学森、杨振宁都可以说是"引进人才"。这正是中美教育交流互鉴的生动实例。

但我们都清楚地认识到，进入美国顶尖名校深造，入学申请竞争变得越来越激烈。趋势背后存在三方面数据：美国出生率的持续下降导致美国各个大学本科招生人数不同程度地下降；美国名校录取率30年来快速下降；申请美国名校的国际学生人数逐年递增。这极大增加了国际学生申请美国名校的难度。据内部不完全统计，美国排名前30的名校对"非美国公民，高中在非英语国家就读"的国际学生的录取率在1%—5%，8所常春藤名校对国际学生的录取率仅为2%。

美国常春藤和其他顶尖名校的录取标准，存在太多无法量化的因素，令人难以捉摸，在全球高校中，独树一帜。

哈佛大学每年拒绝200多名学术能力评估测试（SAT）满分的学生，普林斯顿大学每年拒绝数千名高中成绩全A的学生。排名前20的美国名校，每年拒绝800名全校成绩第一的学生。当许多人对此质疑时，名校说："我们不是看一堆固化的数字（指SAT和高中成绩），而是要看到一个具有领导能力的学生。"

美国亚裔学生的SAT成绩比白人学生多140分，比非裔学生多240分。白人和非裔学生被哈佛录取了，亚裔学生却被拒之门外。理由是，名校"要考虑录取学生的族裔比例"。

中国贵州山区清贫农家的一个孩子和北京一位教授的女儿，高中成绩和SAT成绩接近，哥伦比亚大学毫不犹豫录取了贵州学生，理由很简单："低收入家庭孩子成绩这么好，值得培养，我们愿意提供全部奖学金。那位教授的女儿理应更优秀才对。"

一位SAT成绩一般的学生，被排名第28的塔夫茨大学（Tufts University）拒绝，却被耶鲁大学（Yale University）录取。面对社会各界的质疑，耶鲁大学的回答是："录取与否由耶鲁自己决定，他校对学生的考虑与耶鲁无关。"

长期以来，美国顶尖名校的招生、入学标准不清晰，审核过程不公开，拒绝原因不说明，一些招生结果往往让人目瞪口呆。

面对焦虑不安的申请学生、心力交瘁的家长、一头雾水的老师、疑问重重的社会各界人士，常春藤名校招生办公室通常给出"太极式"的回复：

——我们是综合审阅（holistic review）申请者的所有材料做出决定的。

——审阅材料不是一种技术，而是一门艺术。

一名上海著名留学中介负责人说："美国名校招生不是艺术，是魏晋玄学。"

美国顶尖名校的招生标准，究竟是"艺术"，还是"玄学"，还是有人总结的"科学"？

100多年前，美国顶尖名校的招生要求并非如此。我们来简单回顾美国顶尖大学的招生政策演变历史，能给我们带来一定启发。

哈佛和普林斯顿等名校建校初期主要任务是培养牧师，录取的学生是能阅读拉丁文的权贵和富有家庭的子弟。随着新工业的发展，社会急需大量接受高等教育的精英人才，于是入学考试应运而生。当时美国顶尖大学招生办法和世界上绝大多数大学一

样，设立以成绩为主要审核材料的高考。1905年，哈佛大学开始把美国大学入学考试委员会的测试（College Entrance Examination Board Tests），即名副其实的"美国高考"，作为招生的准则。这个选拔制度意味着所有成绩达标且有钱上学的高中生都有机会被录取，打破了原本哈佛的生源几乎被新英格兰地区的贵族私立寄宿制学校所垄断的局面。1922年，哈佛犹太学生占比超过了20%。学校的招生官员担心犹太学生挤掉了贵族子弟的名额，会导致许多顶尖名校从富裕家长手中收到的捐款显著减少。

为了减少犹太学生的录取人数，哈佛联合其他名校的招生官们一起琢磨，提出除了要提供成绩单外，还要提供个人照片和递交申请文书，包括学生的课外活动、学生的领导力和思考力表现、老师推荐信等内容。而且需要填写个人信息，如种族、宗教信仰及父母出生地、姓名和职业等信息，以了解学生是否是校友子弟、家族是否有捐款历史、是否是家中第一位大学申请者等等。普林斯顿大学又增加了面试环节，给申请者打印象分。这种对优秀学生的重新定义，被称为"学生综合素质考量"。

与此同时，顶尖名校还面临许多新的问题。譬如，如何帮助来自清贫家庭的优秀学生入学、如何适当照顾少数族裔（非洲裔、拉丁裔）和原住民子女入学、如何考虑美国中西部教育资源相对贫乏地区的学生入学、如何面对女性学生比例低的问题等等。

以哈佛为首的大学开始对高中成绩和SAT成绩优异的低收入家庭子女提供奖学金，对全美少数族裔和原住民子女降低成绩要求，对全美经济相对落后的各州增加录取名额，对女性学生增加录取名额，后来慢慢发展到对非洲和南美洲经济落后国家的学生也增加录取名额。这一切，被称为"校园文化多元化"。

"学生综合素质考量"和"校园文化多元化"成了美国名校改革招生制度的两大支柱，也成了录取新生的"新标准"。"新标准"中的大部分条件，演化为美国当今高中学生申请学校时需要填写的通用申请表（Common App）[①]中的必填内容。

哈佛和普林斯顿等名校发现，从20世纪20年代开始实施"新标准"招生制度后，虽然没有达到他们希望长期降低犹太裔学生入学数量的目的，却产生一个完全意外的效果，他们招到了全球最优秀、最具培养价值的高中学生。从这些学生中，美国顶尖名校为全世界培养出一大批各行各业的领军人物，包括各国总统、世界性组织的领袖、美国大法官、国会议员、美国各州州长、诺贝尔奖得主、美国科学院院士、美国国家科学奖得主、美国国家人文奖得主、菲尔兹奖得主、普利策奖得主、图灵奖得主、奥斯卡奖得主、罗德学者、名校教授、著名企业家等。

美国顶尖大学把西欧具有几个世纪优势的大学都抛在后面。"新标准"招生标准由

[①] "通用申请表"，是美国大学本科网上申请表格，适用于包括哈佛、耶鲁、普林斯顿等名校在内的900多所大学。

于优点如此明显，被美国许多名校争相采纳，影响力逐渐扩大。美国大学经过一个多世纪的努力，在成批人才培养方面作出突出贡献，并在全球产生重大影响。

为什么美国名校百年来会培养出这么多的顶尖精英人才？这些美国大学为什么能取得如此傲人的教学成就？

越来越多的教育专家认为，以哈佛大学和普林斯顿大学为首的美国顶尖名校，从20世纪20年代开始实施的"新标准"招生原则，是他们招到全球最优秀、最具培养价值的高中学生的原因。这些优秀学生相互交流，接受最优秀教授的指导，是他们成为优秀人才的关键原因。

全球教育资源大国，包括英联邦国家、德国、法国、日本等，都把考试成绩作为录取新生的主要依据。美国常春藤盟校和其他一些顶尖名校的"新标准"招生要求实在是异类。一大批全球高等教育专家在问：

难道美国常春藤名校招生增加的这些额外的"新标准"审核条件，蕴藏着哪些培养"未来行业领军人物"的潜在特征？

难道"学生的领导力和思考力表现"变成名校审核学生的重要标准了？请问什么是"领导力"和"思考力"？高中学生如何体现？

但是人们确实看到：

美国常春藤名校关注学生的课外活动是有远见的，因为一名在课外活动中痴迷于观察流星雨的学生，有可能在这一领域有新发现。后来事实证明，这名学生经过名校培养，在天文学领域中，取得了突出成就。

美国常春藤名校招生时要考察"领导力"这个"定义模糊"的指标，目的可不是培养一个大学学生会干部，而是经过观察，他们发现许多学生如果能在中学里运营好一个社团，今后就能带好一个尖端项目的科研团队。

美国常春藤名校希望学生具有超强的写作能力。因为一名在中学就能发表学术论文和短篇小说的学生，将来著书立说的可能性大大超越其他同龄学生，而这种写作能力可以超越时空，实现一对多的传播和产生更大规模的效应。

美国常春藤名校十分看重学生的演讲特长。因为一位在高中就获得州"模拟联合国辩论"大奖的学生，将来在文科、商科、法律等领域中，明显比其他学生更具优势。

美国常春藤名校想通过校友面试或从推荐信中了解申请者与高中老师、同学间的关系，目的是预测学生将来是否能与授课教授和室友良好互动。事实证明，学生与教授之间的交流及优秀学生之间的交流，能催动名校的创新，增进师生之间、学生之间在校甚至离校后的友谊和互助，是名校培养学生的一个重要途径。这也从侧面证明学生来源多元化是一项有远见的措施。

数十年的事实证明，美国常春藤名校的这些审核条件，的确容易让名校从符合这

些审核条件的学生中培养出"潜在领袖"。

美国常春藤名校的"新标准"与培养一流人才之间，究竟有哪些关联？或者说，存在什么样的因果关系？

不但家长和学生在思考，这个问题也吸引了不少中美专家。这些专家中有美国全球复杂网络权威、物理学会院士巴拉巴西（Barabasi）和北京大学考试研究院秦春华院长。

巴拉巴西院士因为儿子申请美国常春藤名校失利，"愤而"研究常春藤的招生要求和标准。巴拉巴西院士认为美国顶尖名校那种看似"不公平不透明"的"新标准"招生要求，其实是全世界挑选"可培养人才"的最好标准。

巴拉巴西院士认为SAT成绩和高中成绩优秀，表明学生有"应考能力"，而有培养价值的学生更需要有"办事能力"。"新标准"提到的学生"领导力和思考力"，实际是学生"办事能力"的体现，而通过学生在课外活动和社区义工中的表现，能判断他"办事能力"的大小。2018年，巴拉巴西院士把他的研究成果写成了一本书《巴拉巴西成功定律》（*The Formula*），当时颇为轰动，中国也有中文译本。

秦春华院长早在2013年就来美国考察一年，他几乎遍访了美国顶尖的私立大学和公立大学，重点研究考察美国大学的招生录取制度和本科教育，并在2016年出版了新书《重新出发——中美本科招生比较研究》。在书中，秦院长在提到"什么是有效的教育"时说："美国学校教育是一个观察、发现、思考、辩论、体验和领悟的过程，学生在此过程中，逐步掌握了发现问题、提出问题、思考问题、寻找资料、得出结论的技巧和知识。"更精辟的是，秦院长提到申请美国名校的"诀窍"："实际上，美国大学招收国际学生和本土学生的办法和标准是完全不同的——所以，越是表现出和美国本土学生不一致的中国学生，就越容易被录取。"诚哉斯言！这就是美国名校希望看到的"校园文化多元化"。秦院长的书中汇集了他考察访问的感悟和对中国高考招生改革进行尝试的体会，是研究比较中美大学招生政策的有价值的参考书。

巴拉巴西院士和秦院长都认为美国常春藤名校的招生要求，是个值得反复思考的"研究对象"。因为从结果看，美国名校的确培养了大批各行各业的领军人物，这证明美国常春藤名校的招生标准是行之有效的。

笔者总结20多年的美国名校升学咨询实践经验，发觉制订并实施一个"提前布局，科学高效"的升学规划是圆"名校梦"的关键因素。

申请美国名校的准备工作内容繁多，时间长，没有一个周全的计划，是无法达成目标的。几乎所有计划申请美国顶尖名校的高中学生都制订了自己的升学规划。

升学规划的终极目标是成功申请到自己的"心仪大学"，但结果是大部分学生的"规划"都落空了，只有20%的学生（国际生和美国本土学生）圆了美国大学梦。原因何在？笔者认为，原因之一是制订的升学规划不完整，如一直没有明确的专业选项、课外活

动和社会义工没有与专业挂钩等；原因之二是没有按时按要求完成升学规划中规定的具体内容。

一个"提前布局"的升学规划，要求你在初中发现兴趣领域，高中一开始就确定将来大学申请的专业和大学名单，并要求你最迟在 8 年级暑假就开始选课。一个"科学高效"的升学规划，要求你从自己实际情况出发，制订个性化、目标清晰、可操作、有考核、有及时反馈的方案。

笔者把"提前布局，科学高效"的升学规划在 10 个不同阶段的关键时段（8 年级到 12 年级），需要做出的正确决定及需要实施的行动方案称为 10 个锦囊（读者如果目前处于高中不同年级，仍可从本书中获得有价值的建议，调整申请准备，你还是比他人更具优势）。

下图是 10 个锦囊的扼要图示介绍。

10 个锦囊	锦囊计划
1. 高一确定专业	六三制或五四制学校的学生，可以参照美国 9 年级（相当于中国初三）开学时就确定将来大学专业和意向大学名单，明确自己的学术定位。
2. 占据选课优势	六三制或五四制学校的学生，在中国初三阶段时，就开始要有明确、个性化的选课目标，与自己计划参加的学术竞赛时间吻合，以进常春藤名校和其他顶尖名校的相关专业为目的。
3. 科学管理时间	制定符合自己个性化学习的时间安排计划，并有极强的自律要求，妥善安排好校内学习和校外活动。
4. 保持成绩靠前	积极主动预习、听课、复习、备考，成绩至少保持在年级前 10%。
5. 强化读写训练	除完成老师布置的读写任务外，高中至少读完 80 本名著，掌握 2 万个英语单词，英文读写能力赶超美国本土高中学生。
6. 加强体育锻炼	重视体育技能训练，培养优秀品格。学会长跑、游泳，一举数得。
7. 重视课外活动	围绕专业组建课外兴趣俱乐部，参加有关学术竞赛。锻炼自己的领导能力，立志成为社会和学术领域的创新者、探索者、实践者。
8. 培养四项能力	主动培养批判性思维、创造力、领导力和编程能力，为将来的大学学习和社会活动做好准备。
9. 寻找贵人相助	对某一专门的学术科目理解超过同龄人时，了解行业专家动态并主动联络一位该领域专家（你的贵人），让行业专家认识你，并请专家指导你。
10. 申请得法得体	申请体现鲜明的个人色彩，摆脱刻板亚裔形象，提高申请专业匹配度，通过入学作文写好自己个人成才的故事，多方显示自己个性，获得名校青睐。

实践证明，实施"提前布局，科学高效"并不容易，这涉及每一位学生的个人兴趣爱好、激情所在、高中选课、专业选项、时间管理、学习成绩、英语读写能力、体

育活动、课外活动、社会义工经历、竞赛经历、学术专长、领导力体现、寻找导师主动性、申请大学策略等。

清朝曾国藩曾说，打胜仗需要"结硬寨，打呆仗"。申请美国顶尖名校的10个锦囊，也是从"确定专业""明智选课"开始，步步为营、稳扎稳打、层层递增，帮助学生勇攀名校高峰。

大量数据和资料表明，那些在高中期间，以美国常春藤名校招生标准严格要求自己的学生，都为自己成长成才准备了条件。哪怕这些学生因为种种原因，拒绝了藤校录取，而去了非顶尖大学，毕业后的职务和年薪也能够和藤校毕业生一样高。曾经有一位学生符合了哈佛大学的招生标准并被哈佛录取，后来由于种种原因，选择去位于波士顿的东北大学（2021年综合排名第49）就读，毕业后进入社会，他仍然具有相当于哈佛毕业生的管理能力和生存能力。这样的例子不在少数，这说明，只要符合美国名校招生要求，就具备优异的"应试能力"和"办事能力"素质，就是潜在人才。

更有说服力的理由来了。2021年诺贝尔经济学奖获得者、麻省理工学院教授约书亚·安格里斯特（Joshua Angrist）和其他两位获奖的美国教授证明：自然实验可以用于研究社会科学中的因果关系问题。约书亚·安格里斯特有一位合作者——普林斯顿大学教授艾伦·克鲁格（Alan Krueger）。他俩研究发现，两位具备名校录取条件（成绩和综合素质接近）的学生A和B，其中一位进了美国顶尖名校，另一位因为种种原因进入普通大学，这两位学生大学毕业后都在工作岗位上表现优异，收入基本接近。

"提前布局，科学高效"的升学规划，能够使你成为美国常春藤名校和其他顶尖名校希望录取的理想学生（ideal student）。理想学生应该具有如下优秀品质：

1. 学术精英（academic success）
   ——优异的高中成绩；
   ——优异的标准化考试成绩；
   ——阅读广泛，出众的英文演讲和写作能力。
2. 对真正感兴趣的事务充满热情（authentic interest and passion）
   ——早早确立兴趣目标，专注某一领域的研究；
   ——课外活动、社会义工、暑假活动，都与该领域有关。
3. 有某一领域专长并坚持钻研（special skills and engagement in one area）
   ——某一领域学习成绩优异，并参与这一领域的竞赛，取得好成绩；
   ——与这一领域的专家、教授联络，并向他们请教。
4. 社会创新探索者和实践者（social innovator）
   ——富有社会责任感，能关注人类共同话题；

——从自己小区、学校开始，为改变环境而勇于探索、行动；

——能影响身边的人，带领人们改变世界。

5. 与不同文化背景的人士友好沟通，积极共事（cultural competency）

——清晰认知自己的文化背景，懂得尊重并欣赏不同的文化；

——能有效地和来自不同文化背景的同辈和长辈沟通、共事；

——尊重老师，与同学同辈们友好相处；

——富有同情心，从内心尊重每一个人。

6. 独立（independence）

——养成批判性思维；

——能接受各种挑战，即使失败，仍能重新出发；

——不依赖家庭，科学管理时间，合理安排生活、学习、课外活动

7. 背景有趣，个人风格鲜明（bring in interesting stories and backgrounds）

——能说出个人成长中的有趣故事；

——极具个人特色，有个人核心竞争力。

本书详细阐述的10个锦囊，是写给中国家庭的留美规划指南。书中内容具有以下特点。

1. 美国顶尖大学招生制度经过百年变革，"学生综合素质考量"和"校园文化多元化"成了录取新生资格重新定位的"新标准"。申请学生的国籍、性别、高中学校地区、族裔、家庭收入、是否为家庭第一位大学本科申请者等，都会成为审核条件。本书提示中国学生亟须提高学术能力和申请技巧，方能在激烈的入学申请竞争中取胜。

2. 中国家庭在申请美国顶尖名校时，获得的信息零碎，甚至容易产生误解。究竟如何规划才能成功申请进入美国名校？这是许多家长和学生经常咨询笔者的一个问题。本书宗旨就是回答这个问题。书中首次详细介绍了"美国名校升学规划"全部精华（10个锦囊），其中包含一些非常新颖的观点。

3. 书中总结了笔者20多年宝贵的名校升学咨询实践经验，包括：

（1）笔者帮助近500多名中美高中学生成功申请进入美国常春藤名校和其他顶尖名校，对这些学生各自不同"亮点"的分析。

（2）笔者阅读、观看近20年来中国和美国出版的所有有关申请常春藤名校的书籍、视频、采访录、回忆录（来自家长、学生、升学顾问、大学招生官），对这些材料提到的经验技巧加以提炼。

（3）笔者近10年来参加的数十次美国名校招生研讨会的心得。

（4）笔者在对常春藤名校和其他顶尖名校招生办公室的一次次拜访和面对面推荐学生时，获得的招生办公室第一手反馈。这些反馈反映出各所名校对申请学生的不同要求、各自招生流程等具体操作程序。

4. 书中强调匹配美国名校的"新标准"招生要求，不但能帮助学生进入名校，更能帮助学生成才。即使由于各种原因，学生未被名校录取而进入一般大学，仍具备"成才"条件。

5. 参照10个锦囊也可增加学生进入中国名校的概率，对国内高考学子科学制订升学规划亦具有一定的指导意义。诸如"尽早选择专业""做好时间管理""提高英语读写能力""做好课堂笔记""正确选择课外活动""领导力培养""主动寻找学术专家指导"等，已越来越被国内名校认为是优秀学生的标志。

6. 本书第五章第二节，介绍了大学理事会（College Board）和一些私立高中名校的高中英语老师近几年向美国高中生推荐的书籍名单。这些是非常有价值的（特别是有中译本的书籍更值得对照阅读）。如果学生在4年高中期间，读完这些书中的80本书（按每年阅读英文原著20本计算），笔者坚信，完成这些阅读量的学生，不仅是中国高中生中的英语尖子，还会超过美国同龄高中学生的平均英语水平。

许多家长和学生总认为，进哈佛、耶鲁等名校的学生，一定是超级"学霸"、人间"精英"。其实这些学生也是凡人，只不过他们都严格实施10个锦囊计划，一步一个脚印而圆了名校梦。我们可以称他们为"高手"。

你有你的想象，高手另有真相。了解这些真相，你和高手一样。

改变传统思维模式，实施完整的10个锦囊计划，能助你进美国名校深造，但这是你"人才走出去培养"的第一步。"进哈佛，进耶鲁"不是学生教育的全部，更不是人生的最终目标。人生目标有短期、中期和长期之分，短期目标是学业，中期目标是职业，长期目标是事业。学业目标是进名校深造；职业目标是有一份心仪的工作，让自己和家人受益；事业目标就是能够成为行业的专家，奉献社会，造福人类，促进世界文明交流（特别是中美两国文明的互学互鉴），为构建人类命运共同体的伟大目标贡献自己的力量。

成才，成为行业专家才是你的目标。

机会留给有准备的人，这是老生常谈，却是至理名言。

前言结束前，有两点想告诉读者。

第一，读者按照10个锦囊制订了"提前布局、科学高效"的升学规划，但如果最后没有申请到自己心仪的大学（美国排名前30的名校中的任何一所），这并不奇怪，在美华人社区流传着这么一句话："申请美国名校，人人有希望，个个没把握。"美国名校申请中充满不确定性。笔者不能保证读者一定能申请到哪一所美国名校。名校招生审核时，除了在第一时间录取极为出色的学生，内部称为"clear admit"，对于明显不符合招生要求的申请者，初次审核就会让其出局。大部分学生被列入"录取、拒绝、等待"三大类，这部分学生的审核，要获得所有招生人员投票一致通过，这个过程有一定的偶然和幸运性。

第二，即使你没有被美国常春藤名校和其他顶尖名校录取，这个申请准备过程本身就会增加自己未来成功的概率。如果你暂时没有出国深造计划，以美国名校招生标准要求自己，本身也是一种自我成长成才的途径。如果你认真执行10个锦囊计划，也会为你考取中国的名校增大概率。（详见附录二）

一位高中家长问："为什么哈佛招收人数这么少？"一名哈佛资深招生官员这样回答："不是哈佛招得少，而是坚持到底的学生太少。"

申请美国顶尖名校的学生，像马拉松赛起跑线的拥挤人群，许多人跑了不到一半距离，就放弃退出比赛，坚持到底的学生才能圆名校之梦。

习近平主席2022年4月8日在北京冬奥会、冬残奥会总结表彰大会上讲话时指出："伟大的事业孕育伟大的精神，伟大的精神推进伟大的事业。北京冬奥会、冬残奥会广大参与者珍惜伟大时代赋予的机遇，在冬奥申办、筹办、举办的过程中，共同创造了胸怀大局、自信开放、迎难而上、追求卓越、共创未来的北京冬奥精神。"

有志出国深造、为实现中华民族伟大复兴的中国梦而努力上进的同学们，你们的努力正是体现了北京冬奥精神：胸怀大局、自信开放、迎难而上、追求卓越、共创未来。

2022年北京冬奥会、冬残奥会的成功举办促进了不同文明交流互鉴，为推动全球团结合作、共克时艰发挥了重要作用，也为动荡不安的世界带来了信心和希望，向世界发出了"一起向未来"的时代强音！

预祝本书读者申请美国常春藤名校和其他顶尖名校成功，使自己成为国家需要的各行各业骨干、各项领域专家，成为促进中美之间交流互鉴的推动者、实践者。

袁德坤（Jimmy Yuan）

2023年4月于纽约华尔街14号

目 录
CONTENTS

序言一 美国名校申请实用策略

序言二 留美学生的英语能力培养

前　言 进美国名校深造是"人才走出去培养"

第一章 锦囊一：高一确定专业
　　　　——明确学术定位，搞清3个问题 / 1

第一节　家庭兴趣教育，影响孩子终身 / 3

第二节　初中发现兴趣领域，高中选好大学专业 / 6

第三节　你喜欢大学新型专业，甚至"自定专业"吗 / 14

第四节　目标美国名校：读中国高中，还是美国高中 / 22

第二章 锦囊二：占据选课优势
　　　　——选课准备从8年级开始 / 27

第一节　8年级暑期预修高中课程 / 29

第二节　在辅导员指导下明智选课 / 33

第三章 锦囊三：科学管理时间
　　　　——合理安排日程，兼顾校内校外 / 39

第一节　做好时间管理，确保学业优秀 / 41

第二节　大学申请时间表（初三到高三）/ 45

第四章　锦囊四：保持成绩靠前

——学习和考试独辟蹊径，成绩进入前 10% / 51

第一节　成绩保持在年级前 10% 的诀窍 / 53

第二节　向高中老师建议尝试新型教学模式 / 62

第五章　锦囊五：强化读写训练

——读书近百本，单词过 2 万，赶超美国本土高中学生 / 69

第一节　"批判性阅读"五步骤 / 71

第二节　4 年掌握 2 万个英语单词 / 75

　　　　——年薪超过 10 万美元

第三节　每天阅读著名英美报纸杂志 / 91

第四节　英语写作训练 / 95

　　　　——8 种定点定时定量练习方法

第六章　锦囊六：加强体育锻炼

——重视体育技能培训，培养优秀品质 / 107

第一节　体育明星比学霸更受名校青睐 / 109

第二节　练习长跑，学会游泳 / 114

第七章　锦囊七：重视课外活动

——项目少而精，围绕专业，体现 5 大特征 / 119

第一节　课外活动质量优于数量，围绕专业爱好 / 121

第二节　15 种课外活动使你"与众不同" / 133

第八章　锦囊八：培养 4 项能力

——名校关注能力，高中初露锋芒 / 147

第一节　领导力的 6 种表现形式和 6 种培训方法 / 149

第二节　批判性思维的 5 个阶段 / 158

第三节　创造力的 7 种培训法 / 166

第四节　名校关注"编程能力" / 171

第九章　锦囊九：寻找贵人相助
　　——发展学术偏好，获得行业专家指导 / 175

第一节　如何写出你的第一篇英文学术论文 / 178
第二节　如何写出你的第一篇英文短篇小说 / 189
第三节　如何使你学术竞赛成绩优异 / 196
第四节　如何联络你的学术"贵人" / 207
　　　　——寻找行业大咖

第十章　锦囊十：申请得法得体
　　——强化个性，匹配专业要求 / 219

第一节　申请材料摆脱"刻板亚裔印象"，提高与心仪专业的匹配度 / 221
第二节　托福成绩超过100分、SAT成绩超过1,500分并不困难 / 227
第三节　名校申请中的6个新动向 / 230
第四节　入学作文的素材、初稿与修改 / 240
第五节　聘请可靠顾问，利用ED优势，填好申请表每一栏内容 / 255
第六节　让你的推荐信打动招生官员 / 268
　　　　——提供数据和情节
第七节　面试要显示你热爱心仪大学，适合心仪专业 / 272
第八节　"拒绝信"后仍有"翻盘"机会，"等待名单"中力争转正名额 / 277
　　　　——收到ED和RD通知之后的应对之道

附录一　后疫情时代的留美趋势 / 283

附录二　参照美国名校招生要求可以帮助你进中国名校 / 289

第一章

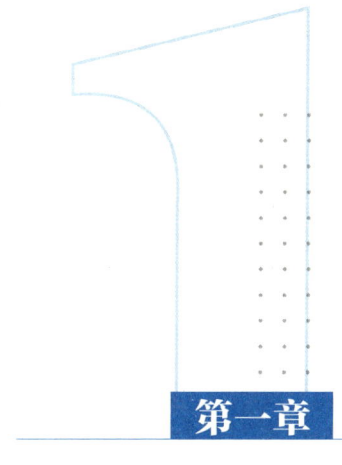

锦囊一：
高一确定专业
——明确学术定位，搞清3个问题

哈佛大学招生办主任威廉·菲茨西蒙斯（William Fitzsimmons）2018年10月在一次法庭答辩时透露，哈佛大学将学生的"意向专业"作为审核申请者的一项重要指标。学生填完专业后，哈佛大学还要求申请者表明自己对专业的喜爱强弱程度，可见名校非常在意申请者的专业选项和对专业是否有真诚的专注和爱好。

几乎所有名校都要求申请者写一篇补充作文即《为何申请我校这个专业》。名校的核心考量是：该申请者是我校这个专业的理想学生吗？所以，尽早确定你的专业选项（选择有理由），并为学习该专业做各项准备，你已经"赢在起跑线上"，也为成功进入名校迈出重要一步。

美国斯坦福大学教授威廉·戴蒙（William Damon）在他2009年出版的名著《目标感》（The Path to Purpose）中，把青少年分成4大类：疏离者、空想者、浅尝辄止者和目标明确者。戴蒙定位的目标明确者，其实就是学生明白自己的学术定位（专业选项），具体就是问自己3个问题：

1. 我是谁——我有哪些爱好和特长？
2. 我要去哪里——我将来想从事哪个领域（行业）的工作和研究？
3. 我如何才能到达自己的目的地——我如何准备，才能具有从事那个领域工作和研究的本领？

把心仪大学和专业写下并挂在墙上，每天大声读一遍（如我的目标是进哥伦比亚大学材料科学专业），有助你名校梦成真。

第一节
家庭兴趣教育，影响孩子终身

法国画家塞尚说："母亲是孩子未来命运的创造者。"这句名言形象地说明了家长在教育孩子中的重要作用。

给孩子一个光明的前途（华人家长口中的"成龙成凤"），首先要给孩子一个良好的家庭教育。家长要清醒地认识到，自己是孩子的第一个老师，从婴儿开始，家长和孩子的交流时时刻刻地影响着孩子。统计表明，在孩子很小的时候，家长留意到孩子在某一方面的爱好和特长，并积极创造良好的家庭氛围培养孩子，是许多杰出人才的经历。

华裔美国工程学博士尹永义说："其实每个小孩都有天赋，家长要认真思考的是如何引发他对探索和思考的兴趣，从而挖掘小孩自身的特点。"在孩子很小的时候，尹博士就喜欢给孩子出这样或那样的"难题"：人站在穿衣镜前，人体如何成像？刷信用卡时，对方如何取走钱？坐地铁时，刷卡机是如何把钱刷走的？在这样的引导下，尹博士的儿子和女儿高中时就有令人惊叹的创造发明。后来儿子进入斯坦福大学，女儿进入范德堡大学深造。

一位单亲妈妈，从儿子3岁开始就有意发掘孩子的兴趣爱好。她不断让孩子尝试各种兴趣班，报名参加钢琴、提琴、手风琴、吉他、小号、架子鼓、足球、篮球、乒乓球、唱歌、跳舞、太极剑培训。3年后，大人小孩都有点筋疲力尽。后来，孩子要上1年级了，妈妈要求儿子在音乐和体育中各选一项，并要求一旦选定，必须坚持不放弃。经过慎重考虑，7岁的孩子选了吉他和篮球。孩子从小学到大学，从中国到美国（10岁随母移民美国），都坚持打篮球和弹吉他，而且养成了一旦决定做什么事就坚持做好的好习惯。他后来进入名校斯坦福大学深造。

家长发掘孩子兴趣，鼓励孩子坚持发展兴趣，会影响孩子终身。

如果一时尚未发现孩子具体的爱好兴趣，可以从4至5年级开始培养他的编程能力，这对孩子今后的学习和工作有很大帮助。

中国江苏省某市4年级的一位学生，参加编程兴趣班后一发不可收，一天学习8小时也不觉得累。这个兴趣一直保持到高中毕业，后来他成为2016—2017年江苏省唯一进入斯坦福大学计算机专业的本科生。

上海华东师范大学第二附属中学学生张奇正的家人很爱学习。小时候，爷爷奶奶经常有意识地引导小奇正看报纸，所以上幼儿园之前，他的识字量已经达到两三千了。爷爷和爸爸都很喜欢历史，张奇正从小耳濡目染，每天坐车去学校的时候，都会戴着耳机收听《三国演义》《隋唐英雄传》之类的历史故事。后来，张奇正对二战历史很感兴趣，就自己主动买书来研究。

在良好家庭氛围的影响下，张奇正的学习成绩一直保持优秀，后来被芝加哥大学录取。他选择的科学历史和哲学研究专业，仍然与他小时候对历史的着迷有关。

在《中国诗词大会》上，以2,000首诗词的储备量闻名全国的武亦姝，曾经也是一个让父母头疼的"差生"。一次偶然的机会，武亦姝的父母去拜访一位学者好友，看到好友的儿子沉迷于读书，他们很羡慕。一问才知，好友全家得空就一起读书，互相讨论，在这样的氛围中孩子自然而然地变得手不释卷。

全家一起学习，这是一个有价值的经验。

武亦姝的父母自此改变家庭教育方式，把家庭娱乐从下棋、看电视转变为看"二十四史"和《山海经》。她父亲每天下班后，就把手机关机，专心陪女儿读书学习。

武家在学习方法上也很有新意。学诗词不靠死记硬背，而是玩名著角色扮演、改编故事结局（这是为了培养口头表达和写作能力）、成语接龙等小游戏，将文化熏陶和诗词教育融会到生活中。

很多进顶尖名校的孩子的家长，都有类似武家那样营造与孩子"共同阅读"和从小培养口头表达和写作能力的"共同学习"经历。

从小培养孩子阅读的兴趣，对孩子的成长有不可估量的作用。许多家长引导孩子阅读是从讲故事开始。一位在美国担任数据架构师的妈妈从小为女儿讲故事，到精彩之处，就来个"欲知后事如何，且到小人书中寻找"，带孩子到图书馆看小人书和漫画书，要孩子自己找到故事结局。等到女儿有初步表达能力了，就要求女儿复述听到的故事，鼓励她多讲。经过大量练习，她会越讲越熟练，越讲越生动。让孩子复述故事，就是口头作文，讲故事不是背书，而是对故事进行总结和提炼。当孩子讲的故事与刚才听到的不一样时，千万不要打断孩子，孩子可能是忘记了故事情节或有意重新编撰，这其实是一种再创作。这时父母要鼓励孩子，多给孩子表达的机会，做他们最忠实的听众。

这位妈妈在学龄前培养女儿阅读和口头表达能力，使孩子从小学开始就喜欢阅读和演讲，并延续到在耶鲁大学求学期间。女儿进大学后，担任耶鲁大学《政治》期刊助理编辑、耶鲁大学《先驱》和《环球人》期刊编辑，并为多家报刊写稿。

旅居美国的高先生，在女儿只有三四岁时，就和女儿一起玩扑克牌24点游戏。每次发 4 张牌，把各张牌的点数，用加减乘除算出 24 点，每张牌只能被使用一次，谁先算出 24，就赢全部 4 张牌。为了增加孩子的比赛乐趣，父亲有时故意输给女儿。半年后，女儿的心算能力有了飞快的提高。女儿上小学时，数学水平已经接近小学毕业要求。通过自学，女儿在小学毕业时，把初中数学的内容学完了；初中毕业时，修完了高中的数学课程。女儿的 SAT、美国大学入学考试（ACT）和美国大学预修课程（AP）的数学都是满分，考入哈佛大学时，还是选修数学专业。高先生说："没有想到，当年和孩子一起玩数字游戏，能让她玩出兴趣，玩出特色，玩进哈佛。"

著名节目主持人白岩松的舅舅是位数学老师，白岩松上初中开始学习平面几何时，舅舅每天给他一个画有一条辅助线的几何图形，要白岩松画第二条。白岩松说："直到很多年后，当我被人夸赞有很多不一样的想法时，我才意识到是舅舅的游戏改变了我的思维，那就是不要给孩子一个标准答案。"

家长和亲友对孩子的家庭教育，会产生如此大的正面影响。

2022 年 1 月 1 日，中国《家庭教育促进法》正式实施。法律规定："父母或者其他监护人应当树立家庭是第一个课堂、家长是第一任老师的责任意识，承担对未成年人实施家庭教育的主体责任。"这意味着，中国家庭正式进入依法带娃的时代。

家庭责任体现在：第一，帮孩子适应学校；第二，帮孩子学会生活，让孩子成为有能力、有想法、能为自己创造幸福的人。

许多华人家长，天天期盼自己孩子能考上顶尖名校，希望子女完成自己没有实现的愿望。可是他们中间不少人，下班后、休闲时，总是热衷打麻将或看电视连续剧，把教育孩子推给学校、推给社会。

"家庭是第一个课堂，家长是第一任老师。"家长需要先改变自己，成为一名老师，才能教育好孩子。

本节小结

想给孩子一个光明的前途，首先要给孩子一个良好的家庭教育。

家长要清醒地认识到，自己是孩子的第一个老师。

在孩子很小的时候，家长需要留意孩子在某一方面的爱好和特长，并积极创造良好的家庭氛围（共同学习）培养孩子。

2022 年 1 月 1 日，中国《家庭教育促进法》正式实施，"家庭是第一个课堂，家长是第一任老师"。

家长需要先改变自己，才会改变孩子。

第二节
初中发现兴趣领域，高中选好大学专业

细心考察自然界和人类社会，人们惊诧地发现：起点上的微小优势经过关键过程的级数放大，会产生更大级别的优势积累，从而在终点处形成巨大差别。

上海同济大学王健教授在《先者生存——优势富集效应》中，对这种现象给出了一个解释：先者生存。在时间的凸显及关键节点上抢占优势，会一直保持着优势。

从初中进入高中，就是一个时间凸显及关键节点。如果在这个关键节点上确定了将来大学的专业方向，就会抢占先机，与其他同学产生差别。这个差别会使你在整个高中学习期间占据优势。

同时要意识到，从初中到高中，学生的思想、学习任务都有显著变化。教育专家认为这是一个"变革期"，这期间改变的关键不是"事"，而是"人"，是你——从初中升入高中学习的你。美国著名管理专家、畅销书作家吉姆·柯林斯（Jim Collins）说："变革就是让正确的人上车。"

"初中发现兴趣领域，高中选好大学专业"，就是让你成为一个"正确的人"，比他人"早上车"的举措，同时也是学生的"自我学术定位"。具体就是问自己3个问题：

1. 我是谁——我有哪些爱好和特长？
2. 我要去哪里——我将来想从事哪个领域（行业）的工作和研究？
3. 我如何才能到达自己的目的地——我如何准备，才能具有从事那个领域工作和研究的本领？

总结500多名中美两国优秀高中生的中学求学经验后发现，进入高中就选好专业几乎是他们的共同经历。

中国某位国际高中校长说过一句话："高一相差不大，高二始分高下，高三天上地下。"是什么原因让学生在高中3年（美国高中4年）产生这么大的变化呢？

答案是，表现优异的学生都是在进入高中之前（初中期间），就发现了自己的兴趣领域，早早确定将来大学的专业方向，不少学生甚至同时选好了心仪学校名单。有了这些非常清晰的目标，这些学生知道在高中如何选课、如何学习、如何安排课外活动和社会义工、如何参加有关竞赛、如何科学管理时间，以及如何准备申请美国大学。

在高中新生报到时，绝大多数学生刚刚长途旅游归来，尚未恢复体力，而你已经

明确了大学申请名单和专业方向，会比其他同龄学生具备更大的优势。因为你心中有蓝图，而这些是其他同年级学生尚未意识到的。

大学专业的确定，就是人生目标的确定。

1997年，诺贝尔物理学奖获得者——著名华裔科学家朱棣文博士在哈佛大学2009年的毕业典礼上致辞，他说：

> 请跟随你的爱好。如果你没有爱好，就去找，找不到就不罢休。
> 生命太短暂，所以不能空手走过，你必须对某样东西倾注你的深情。
> 我在你们这个年龄，是超级一根筋，我的目标就是非成为物理学家不可。
> Follow your passion. If you don't have a passion, don't be satisfied until you find one. Life is too short to go through it without caring deeply about something. When I was your age, I was incredibly single-minded in my goal to be a physicist.

朱博士的志向是成为物理学家，所以他的大学专业就是物理学。

英文谚语说："追随你的热情，成功就会随之而来。"（Follow your passions, and success will follow.）

任教于长江商学院的曾鸣教授说过："没有方向，所有努力都没有结果。"他谈的是创业者开创一个新企业时，心中要有一个明确的方向——我究竟要办一个怎样的企业。一个高中生也必须有明确的方向，就是今后申请大学的专业领域。

学生凭什么确定自己将来的专业呢？

许多进入中美名校深造的优秀高中生，都以自己的兴趣爱好作为将来申请大学专业的依据。

老师和家长不难发现，学生从初中开始，会表现出对文科还是对理科更有兴趣。在文科中，写作、文学、历史、地理、政治、经济、哲学，他们对哪一门更有兴趣？在理科中，数学、物理、化学、天文、计算机、人工智能，学生更喜欢哪一门？一般认为，相当多的学生都有自己特别喜欢的一门课目，而且这门课目的成绩也相对优秀。这门课目就是学生的兴趣爱好领域，大学专业也应该以此为目标。

有些家长说，自己孩子各科成绩都很平均，对有些课目的兴趣也是"3分钟热度"，维持不了几天。

这时家长需要仔细观察，如果孩子对某一课目、某一学术领域有兴趣，他会对这个领域充满好奇和热情。如果孩子兴趣多变，对某一学术领域的激情转瞬即逝，家长不必过分着急，因为随着时间推移，孩子会慢慢显示出对某一学术领域持续关注并能保持激情。

如何发觉孩子的激情呢？

《自主学习》（*Free at Last*）一书的作者丹尼尔·格林伯格（Daniel Greenberg）提出了一些激情的表现特征：

1. 专注：一般人只能做10分钟的事，他能专注1小时，不会被轻易打断或分心。

2. 坚持：始终坚持到底，即使失败了，也会收拾残局，从头再来。

3. 不觉得疲倦：经常废寝忘食，忘记了时间，只要他开心，即使体力透支也不觉得苦，他可以因此不休息、不睡觉。

4. 动力十足：短暂休息之后，他会很容易继续工作，如果需要他人协助，他会找人帮忙，解决问题后，又投入工作。

兴趣变成热爱，热爱产生自驱力。

无数事实证明，兴趣会产生最持久的学习动力，并且孩子更容易在这个领域中获得成功。这方面，家长和孩子要经常交流，确定孩子的真正兴趣领域在哪里。有了明确的兴趣领域，在选择专业时就容易了。

讲几个真实的案例。

2021年2月26日，中国科技大学宣布，该校26岁的年轻教授陈杲，在世界知名数学期刊《数学新进展》（*Inventions Mathematica*）上发表论文《J方程和超临界厄米特－杨振宁－米尔斯方程的变形》（*The J-equation and the supercritical deformed Hermitian-Yang-Mills equation*），攻克了复微分几何领域世界难题，引起世界数学界关注。

陈杲从小喜欢数学，11岁就以全国数学竞赛一等奖的成绩免试进入温州瑞安中学，后进入中国科技大学，之后留学美国，在纽约州立大学石溪分校攻读数学博士。他在2020年写给母校的信中说，自己能取得一些成绩，"除了勤奋和机遇之外，和我远大的志向和较强的自学能力有关"。

陈杲的"远大的志向"，就是选择数学专业，一门心思钻研数学。

美国洛杉矶女学生艾玛有一个患自闭症的弟弟，艾玛从小就学会帮忙照料弟弟。她立下一个志愿：要用一生的时间去寻找自闭症的治疗方法。她计划申请的大学专业是生物，选好的心仪大学是斯坦福，所以选了高中程度最难的生物、化学、公共卫生3门课程，并取得优异成绩。她的课外活动和社会义工，是选择到社区青年会，每周照顾自闭症小孩40小时。

艾玛的全部业余时间都花在了解自闭症及其最新治疗方法上。她喜欢看探索节目，尤其是关于医疗技术突破方面的内容。有时为了看完一个有意思的节目，她甚至会熬到深夜。

艾玛清晰的专业目标、专注和激情获得美国顶尖名校的青睐，这些名校全部表示愿意提供奖学金，争相录取艾玛入学。最后，艾玛选择了离家近的斯坦福大学。

第一章
锦囊一：高一确定专业
——明确学术定位，搞清3个问题

华裔学生尹渭博，从小就立下学习生物和医学专业、解决医学难题的志愿。他得知动脉粥样硬化是诱发冠心病和中风的重要因素，而一般人却无法及时预知和检验自己的病情。经过数月的实验，他独立研发出一种能检测动脉硬化的膜片。人们不需要去医院，就能自行检测病情，掌握了治疗的主动权。这个发明让他拿下美国高中生的最高荣誉——总统学者奖，相继而来的是6所常春藤名校和斯坦福大学、麻省理工学院（MIT）的录取通知和奖学金。

尹渭博后来还研发出一种有助于治疗癌症的纳米组件——一个可以及时检测阿尔茨海默病（老年痴呆症）的生物传感器。他进入斯坦福大学后，继续在生物和医学专业进行研究和发明创造，并获得全美仅有20个名额的戴维森奖学金，以支付学费和科研费用。

戴维森奖（The Davidson Fellows Scholarship）是世界十大奖学金之一，被《美国新闻与世界报道》评为7项著名本科生奖学金之一。2018年获奖的4位华裔学生，都是刚进入高中就确定了研究方向。他们将高中课余时间全部用于钻研自己的兴趣爱好领域，发表过论文并参加过专业级竞赛。

——Amy Jin的研究方向是"将人工智能应用于外科手术评估，以降低手术后感染概率"。

——Maggie Chen则重点研究"细菌感染和抗生素耐药性的关联"，她的研究将可以应用于解毒（医疗透析等）领域。

——Franklin Wang爱好数学，致力于研究有理函数，解决了一个困扰数学家近100年的数学难题。

——还有一位David Wu，也是数学爱好者，在研究质数和质数排列模式方面，取得令人刮目相看的成绩。

上述4位华裔学生中，David Wu被麻省理工学院录取，其余3位则被哈佛大学录取。这些学生都提前规划了想申请的大学。

所有立志申请名校的高中学生和家长，最好在学生8年级结束时的暑假，花一周或数周时间仔细想想学生对哪一个课目、哪一个领域感兴趣（一般来说这个课目的成绩也最好）。如果有答案，就在整个高中期间"咬定青山不放松"，专心研究这个课目、这个领域，并把这个领域作为大学学习的专业。

许多家长和学生认为，8年级结束时就要确定大学专业好像太早。但相当多有声望的美国升学咨询顾问强烈建议，学生在8年级结束时，确定将来大学的专业方向和申请的心仪大学，是在一个关键时间节点做的一个正确的决定。因为这是高中期间的一个"纲"，"举一纲而万目张"。学生的高中选课（包括社区大学选课）、参加竞赛、课外活动、社会义工都要紧紧地环绕这个"纲"。

不仅美国的升学顾问认识到这一点，中国的一些知名国际高中的招生人员也发现进高中之前，学生就有明确的兴趣爱好、申请专业、申请大学的名单，这对将来学生申请美国名校具有很大的帮助。这些学生申请美国常春藤名校和其他顶尖名校的成功率在全国名列前茅。这充分证明，及早确定大学专业，是成功申请名校的第一步。

北京一所知名的国际高中新生面试问题是：你最喜欢的课目是什么？为什么喜欢这个课目？你想考哪所美国大学、哪个专业？

北京四中国际校区招生要求是：申请者用英文的"不超过300字的文章介绍你自己的兴趣、特长、学习能力和职业规划"。招生办也发邮件提醒申请者，"也许以前你没有做过梳理，以下问题可能会给你一些启发：比如，你最喜欢做什么？你是从什么时候开始对它产生兴趣的？它有哪些地方让你着迷？在学习中你遇到哪些困难？为了克服困难，你做过哪些努力？最让自己引以为豪的是什么？你以后想从事什么职业？你有什么具体的学习计划？……这么多问题你不用一一回答，我们欢迎通过具体的故事实例来陈述一个兴趣突出的你。"如果要问为什么该校每年都有许多学生成功申请到美国常春藤名校和其他顶尖名校，答案就是在招生时学校就要求学生有明确的爱好和特长、明确的大学专业方向。

确定了专业，又该选择哪一类的美国名校呢？根据大部分学生的经验，选择大学应该考虑在大城市或临近大城市、综合排名靠前的常春藤名校和其他顶尖名校，如哈佛大学、麻省理工学院、耶鲁大学、哥伦比亚大学、普林斯顿大学、宾州大学、芝加哥大学、西北大学、斯坦福大学等。这些大学具有无与伦比的优势：

- 大城市优越的环境让学生可以体验更多大学里无法学到的东西。正如位于纽约曼哈顿的哥伦比亚大学学生所说："我们可以在华尔街学金融，在联合国学政治，在百老汇学戏剧。"
- 这些大学的财务状况非常好。可以聘请诺贝尔奖获奖者、顶级教授及学者、行业专家任教或作为兼职教授。
- 教学资源和环境好（实验室、图书馆、教学辅助设施）。像哈佛、耶鲁、哥伦比亚大学的图书馆有世人难以窥见的孤本和珍本。
- 开设课程多。哈佛有6,000多门选修课供学生选择，这在其他大学是无法想象的。
- 著名的科技专家、企业家、政治家、思想家、文学家都非常乐意接受邀请，到这些名校演讲，介绍他们所在领域最前沿的知识，分享他们的成功经验，同时希望吸引优秀的学生将来参加他们的研究团队。
- 优质的同学人脉，同学是全球精英家庭出身居多。
- 同学在世界500强就业多，你被介绍进这些企业的机会大，升迁也快。

- 比他人有更多更便利的寻找终身伴侣的机会。
- 这类大学更愿意录取国际学生。据美国国际教育协会（Institute of International Education）2020年年底的统计，美国大学招收国际学生最多的前10所大学（按录取人数排列）是：纽约大学、东北大学、南加州大学、哥伦比亚大学（Columbia University）、伊大香槟分校（UIUC）、亚利桑那州大（Arizona State University）、加大洛杉矶分校（UCLA）、加大圣地亚哥分校（UCSD）、普渡大学（Purdue University）、波士顿大学（Boston University）。

许多家庭问：选文理学院还是综合大学？

文理学院的最大优势是师生比率高，小班制教学多，能关心到每一位学生，学习内容扎实。学校往往处于郊外风景优美地区，学习环境好、食宿条件好，所以深得富有家庭喜欢。但文理学院的问题是研究资源少、开设专业不多、学生课目选择少、学生之间交流和思想碰撞机会少，校区远离大城市，名人访校演讲机会也少。中国留美学生许多要回国发展，在亚太地区求职时学校知名度是个重要因素。许多大公司的亚太地区代表都没有听过这些文理学院的名字（哪怕是排名靠前的文理学院），误以为是一般大学。譬如，哥伦比亚大学（Columbia University）和威廉姆斯学院（Williams College），相信不少招聘官都会觉得哥伦比亚大学是牛校，而没听说过威廉姆斯学院的大名，其实威廉姆斯学院是排名第一的文理学院。

还有一个重要考量：文理学院的理念基本是鼓励学生本科4年毕业后去攻读研究生，继续深造。如果本科4年后不想马上读研，就会产生一些问题。所以建议想回国发展的学生，特别是没有绿卡的学生，选择综合大学为宜。

确定专业和心仪大学名单，在名校申请填报时也有帮助。

美国名校的招生官员，特别留意申请学生所填写的专业。2018年10月，哈佛大学招生办主任威廉·菲茨西蒙斯在一次法庭答辩时透露，哈佛大学将申请学生的"意向专业"作为审核申请者的一项重要指标。

哈佛大学甚至在申请学生填完专业后，再要求申请者表明专业申请意向的强弱程度，用数字1-5表示"绝对明确"到"很可能改变"［On a scale of 1（absolutely certain）to 5（very likely to change）, how definite do you consider your academic plans to be.］。

不仅哈佛大学，其他名校也有类似表格要求申请者填写。可见名校非常在意学生申请的专业以及对专业的热爱程度。

相比较，如果你在申请大学时，在"专业"一栏填"尚未决定"（undecided），这绝对是"一步错棋"，会降低你的录取概率。请设想一下，两位申请者，一位自称从小就立志当一名化学家，在作文里表示，读完所有著名化学家的传记，参加各种化学竞赛获得过好成绩，他填的专业是"化学"；另一位学生说，专业"尚未决定"。你会录取谁？所以一定要填一个专业志愿。这个选择并没有"捆绑"意味，一般大一、大二期间，都是选的通才教育课程，到大三、大四，才开始选专业课。

关于选择专业，还有3个建议。

第一，如果兼顾将来读研究生时的专业选项，则需考虑本科专业的"通用性"。如数学专业，将来容易转商业和计算机专业；选计算机专业，将来转管理专业相对容易。同理，数学专业适应性比生物要广得多，管理专业比会计要广得多。之后如果想要继续深造，从"万金油"专业转到很专、很窄的专业有可能，而反过来几乎不可能。

第二，选择专业还要看今后20年的发展。中国未来一定会继续开放，和国际上的交流会越来越多，并且会引领世界潮流。华人学生如果计划今后回国发展，学习任何跟国际化相关的专业将来都会吃香，如大国关系、外交、农村发展规划等专业，即使今天这些专业并不热门，但将来对中美两国关系健康发展却大有用武之地。

第三，不少大学的专业领域中，还有详细的分类匹配专业，如细胞生物学、经济心理学、计算机经济等，你需要深度探索专业的细分领域，仔细了解这些细分专业的学习知识要点、学位要求和对口职业。

如果你想更多地了解美国大学的专业和职业生涯规划，下面4个网站可以帮助你：

https://bigfuture.collegeboard.org/majors-careers

https://www.collegemajors101.com

https://www.mymajors.com

https://www.myplan.com

如果你已经进入高中阶段，不管读几年级，请尽快确定将来的大学专业和想申请的大学名单，迅速调整学习内容和课外活动的时间安排，为你申请名校加分。

目标想清楚，出发永不晚。

高一确定大学专业，是申请美国大学的要求，尽早确定专业对申请中国名校也大有好处。

把心仪大学和专业写下并挂在墙上，每天大声读一遍（如我的目标是进哥伦比亚大学材料科学专业），有助于你名校梦成真。

本节小结

高中之前，发现兴趣领域；进入高中，确定专业方向，选好名校名单，你就赢在起跑线上了。因为你在一个关键时间节点，做了一个关键的决定。这是整个高中期间的一个"纲","举一纲而万目张"。学生高中的选课（包括社区大学的选课）、学习、竞赛、课外活动、义务活动都可以紧紧地环绕这个"纲"。

尽早确定专业，不仅是申请美国名校的需要，也能帮助你在个人规划上领先一步。

要选择美国藤校和其他顶尖综合性大学，因为那里能为你提供最好的学习资源和环境：那里有世界著名的教授、丰富的图书资源、前沿的实验室，还有来自全球的最优秀的高中毕业生。这是你一生的财富。

把心仪大学和专业写下并挂在墙上，每天大声读一遍（如我的目标是进哥伦比亚大学材料科学专业），有助于你名校梦成真。

第三节
你喜欢大学新型专业，甚至"自定专业"吗

家长和孩子一起研究商讨大学专业的选择，是一幅很温馨的家庭画面。现代社会发展迅猛，没有什么学科是王道，没有什么学科能保证将来赚大钱，没有什么学科能保证是"铁饭碗"。家长要尊重和支持孩子的专业意向，因为专业反映了孩子的爱好和兴趣。

在科技日新月异发展的时代，美国名校的专业也"与时俱进"。下面是近几年一些名校新开设的非常受欢迎的本科和研究生专业，值得家长和学生细细思量。

本科专业

西北大学　　　（Northwestern University）
　　　　　　　学习与组织变革（Learning and Organizational Change）

耶鲁大学　　　（Yale University）
　　　　　　　计算机和艺术（Computing and the Arts）

麻省理工学院（Massachusetts Institute of Technology）
　　　　　　　城市科学规划与计算机科学
　　　　　　　（Urban Science and Planning with Computer Science）

斯坦福大学　　（Stanford University）
　　　　　　　象征系统（Symbolic Systems）

芝加哥大学　　（The University of Chicago）
　　　　　　　基础知识：问题和文本（Fundamentals: Issues and Texts）

研究生专业

耶鲁大学　　　（Yale University）
　　　　　　　系统管理研究硕士（Master of Management Studies: MMS）

哥伦比亚大学　（Columbia University）
　　　　　　　学习分析硕士（M.S. in Learning Analytics）

佐治亚理工学院（Georgia Institute of Technology）

可持续能源与环境管理硕士

（Master of Sustainable Energy and Environmental Management）

塔夫茨大学（Tufts University）

海上风能工程硕士

（Master's in Offshore Wind Energy Engineering）

约翰·霍普金斯大学（Johns Hopkins University）

公共卫生空间分析应用科学硕士

（Master of Applied Science in Spatial Analysis for Public Health）

纽约大学（New York University）

计算机、企业家与创新硕士

（MS-CEI，Master's Degree in Computing, Entrepreneurship, and Innovation）

近年来，美国高校不断革新通识教育，探索多专业及跨专业的培养模式，在满足学生个性化需求的同时，实现交叉学科创新人才培养的目标。其中，东海岸的纽约大学和西海岸的加州大学伯克利分校做了非常有意义的创新。

纽约大学早在1972年就创办了加勒廷个性化学习学院（Gallatin School of Individualized Study），该学院鼓励学生跨学科和个性化研究（Interdiscipli-nary and Individualized Study）。学生可以自行设计想要学习的专业，也可以在不同学院自由选择课程。导师会指导学生进行跨学科、跨学院选课，确保学业的严谨性。例如，音乐加数学、编程加公共健康、商科加教育、数学加写作，自由度非常高。

加勒廷个性化学习学院要求大一学生必须完成3门课程，分别为"交叉学科研讨"（first-year interdisciplinary seminar）、"写作研讨"（first-year writing seminar）、"学术研究探讨"（first-year research seminar）。这3门课程的授课形式为教授引导讨论，课后需要进行大量的阅读、写作和专题研究。在完成以上3门必修课之后，大二的学生就可以在选课导师的协助下在各个学院之间挑选课程了，并且学生需要逐步确定自己的研究方向（concentration），在大二结束之前每个学生都要完成自己的"研究方向计划与解析"（IAPC-Intellectual Autobiography and Plan for Concentration），可以简单地理解为毕业论文的大纲，解释清楚自己设计的专业构造。

下面是一些学生的"自选专业"：

- 作曲和话剧编剧
- 博物馆研究和法语

- 哲学和复杂系统分析
- 纪录片、电影、摄影和伦理学

西海岸的公立名校加州大学伯克利分校则提供"跨学科研究领域"课程（ISF, Interdisciplinary Studies Field），该项目以问题为导向，为学生提供参与个性化跨学科研究计划（包括学习课程和高级论文）机会。学习课程由社会科学、人文科学、专业课程以及ISF的必修课程（如跨学科方法课程）组成，学生将在教员顾问的帮助下设计个人课程计划，完成一篇名为"顶峰体验"（capstone experience）的高级论文。该论文具备较强学术性和较高研究质量，体现学生在跨学科研究的基础上对社会科学和人文科学进行研究的持续性。ISF专业鼓励学生通过视角转换的方式研究跨学科问题，充分认识特定学科知识的优势，同时探究特定学科知识的局限性，所以学生在完成"顶峰体验"时，所选择的研究领域必须是跨学科的，整合至少3个学科（院系或项目）的研究方法。完成ISF"跨学科研究领域"的本科生将获得跨学科研究学位证书，毕业生可以选择继续攻读研究生学位，也可以从事所学专业领域、商业、政府或社区服务等工作。

学生一年有两次机会可以申请ISF"跨学科研究领域"。有申请意向的学生必须在申请截止日期前向ISF教员顾问咨询和讨论自己想要进行研究的领域，且所选取的研究领域必须包括一个有意义且可解决的研究问题。同时，申请该专业必须达成的条件还包括：完成ISF两门必修课程之一（成绩达到B以上）并报名参加第二门必修课程。

ISF的课程由加州大学伯克利分校汤森人文中心（Townsend Center for the Humanities）开发，包括6大部分：文化与全球化（Culture and Globalization）、历史与现代城市（Historical and Modern City）、人权（Human Rights）、人文与环境（Humanities and Environment）、写作技巧（Technologies of Writing）、视觉文化（Visual Cultures）。

除了纽约大学和加州大学伯克利分校提供这类跨学科和个性化专业外，其他顶尖名校也开设类似专业。哈佛大学设置了"特别专业"（Special Concentration Program）项目；普林斯顿大学提供了"独立专业项目"（Independent Concentration Program），为学生提供可跨越多个学科的专业项目，完成项目学习的学生可以获得一个"独立专业项目"的学位；斯坦福大学工程学院也设置了"个性化专业项目"（Individually Designed Majors, ID），如果学生认为学校已有的专业不能满足他们的需要，可以申请自行设计一个4年专业设置方案及学习计划，顺利完成学业的学生将被授予工程学学位及个性化专业证书；加州理工学院设有"独立学习项目"（Independent Studies Program, ISP）；加州大学洛杉矶分校的类似项目为"个性化专业"（Individual Major）。可见美国大学开设跨学科和个性化专业，已经成为共识了。

所有国家的大学都面临引进新型教学模式和新型课程的设置问题。对这些问题的解决之道，美国大学的毕业生最有发言权。

创办经营自己的企业需要用到多种多样的技能。令很多大学毕业的创业者遗憾的是，有些技能他们没能在学校里学到。如果在大学期间读了必要的课程，他们就能更好地应对各种复杂局面。

下面总结美国大学毕业生强烈建议在大学里开设或加强的课程。

一、商务谈判课程

专注于美国商务咨询业务的兰盟智库创始人李哲先生，在新著《现代商务谈判的艺术》中总结了许多美国企业家的感叹："学生如果能在大学里学习商务谈判的课程，该多好啊。"为了给许多大学毕业生补上这一课，李哲先生特地花数年编写了这样一本"商务谈判"的指南书。

一位工商管理专业的美国大学毕业生，决定和他的朋友创办一家主营中南美洲某国的旅行社。但很快他发现自己缺少一些技能，无法处理有关交易结构、基本谈判以及设计起草双赢交易协议方面的工作。他在谈判和起草各种条款时感到力不从心，从和旅行社、酒店等供应商签协议到与员工签合同都是如此。他说："如果你在这类事情上犯了错误，有时可能要忍受很久由此带来的后果。"

二、管理心理学课程

布朗在华盛顿特区创办了一家建筑公司。他以前攻读过建筑学位，同时还选修了一般心理学课程。管理公司的 25 名员工是他工作的重要组成部分，他现在觉得如果自己上过那些讲授如何充分利用人才、如何解决职场冲突的课程就好了。

现在他不得不从工作中学习管理。他深切体会到，如果具备一定的管理心理学上的学术背景，他就能更好地发现人才并用好人才，就能更好地解决职场冲突，甚至采取措施防止冲突。

三、消费者心理学

南希女士 7 年前获得美国大学的市场营销学位，她在中国经营一家在线备考教育机构，花了大量时间为自己的网站撰写文章。如今，她很希望自己以前学过与消费者购买行为有关的心理学课程，这样她就可以写出能够吸引点击并提升销量的好文章。她说，类似课程将帮助她更好地了解影响决策的方式，以及更好地了解客户在浏览网站或考虑购买产品时的想法和心态。

四、编程课程

住在纽约州皇后区的芭芭拉开办了一个在线穆斯林艺术和家居装饰交易平台。2007 年，她在纽约一个著名设计学院获得设计和管理的商科学位，数年前又在另一个商学院获得了工商管理硕士学位。遗憾的是，她没学过编程。现在她经常需要对网站进行修改，例如，修复加载时间过长导致的网站故障，这样的工作需要具备基本的编程知识。因为自己不具备解决这些问题的技能，她不得不一直聘请开发人员来修复一些非常容易的问题。

五、创意写作

加州一位华裔学生，8 年前在加利福尼亚州立大学获得了工商管理本科和工商管理硕士（MBA）学位，并在加州尔湾市创建了一家提供商务电话解决方案的公司。这位 ABC 说，自己当年如果选修了创意写作课就好了。他估算自己现在有一半的时间都花在写作上，研究如何写出对现有用户和潜在客户更有宣传力度的文章。他现在找人代笔撰写自己署名的博客文章，但他希望能够亲自撰写、策划自己的内容、分享自己的想法、拥有自己的个人博客。学会简洁和有说服力的写作会使他的工作变得更轻松。

六、传播和交流

在印度出生和长大的拉德库什，2019 年在波士顿大学获得了计算机硕士学位，并在波士顿成立了一家科技创业公司。他说，在学习计算机专业时，应该选修那些着重沟通的课程，这样可以帮助自己适应美国的社交场合，更好地在社交活动中交际。"有效的社交对每个企业家来说都是必不可少的，但这对单纯学习理工科的学生而言，感觉挺难的。"他建议理工科学生一定要补上这一课。

七、财务管理

玛丽在南卡罗来纳州经营一家公关机构，她 2013 年获得了公共关系相关学位，但当时的她并没有料到以后会创业，所以从未上过任何商科课程。她说，回想起来，财务管理课程可以帮助她解决预算、预测和税务问题，这些都是她在创业过程中被迫自学的。"虽然可以搞一套快账（Quick Books）之类的程序，但如果具备全面的财务规划专业知识会更好。"

当然，大学课程不可能满足学生毕业后创业时面临的所有问题。但以上 7 个课程，还是有启发意义的。

美国劳工统计局前几年预测，从 2016 年到 2026 年，环境科学家和专家的就业率预计将增长11%，高于所有职业的平均水平。这几年美国的经济发展，证实了这些预测。

为什么环境科学家和专家会这么抢手呢？

有一本畅销书给出了答案。大卫·华莱士·威尔斯（David Wallace-Wells）在2019年出版新书《不适宜居住的地球》（*The Uninhabitable Earth*），该书的序言描述了全球变暖在不久的将来可能发生的最坏情况："如果你对全球变暖的担忧被对海平面上升的担忧主导，那么你仅仅触及了可能出现的恐惧的表面。在加州，野火终年肆虐，摧毁了数千座房屋。在美国，持续500年的风暴一个月又一个月地袭击社区，洪水每年导致数千万人流离失所。"

对于环境问题，常春藤名校布朗大学的研究人员和教职员工总结为两句话："21世纪许多最紧迫的挑战都是环境方面的。我们必须设法养活不断增长的人口，同时维持地球生态系统提供的自然生命支持系统。"（Many of the most pressing challenges of the 21st century are environmental ones. We must find ways to feed a growing human population while maintaining the natural life support system provided by the Earth's ecosystems.）

西北大学的布拉德·塞格曼博士（Dr. Brad Sageman）指出，包括洪水、飓风在内的越来越多的环境灾难凸显了研究绿色环境的必要性。这位地球与行星科学专业教授在《芝加哥论坛报》（*Chicago Tribune*）上提出："我怀疑，除了将可持续性发展的绿色环境作为我们所做一切事情的一个关键部分之外，真的没有别的办法。我们必须竭尽所能。"

越来越多的大学和高中学生意识到这个趋势。

康奈尔大学最近启动了康奈尔数字农业倡议（Cornell Initiative for Digital Agriculture, CIDA），将独特的可持续性努力与数字创新相结合，旨在解决当今的环境问题。CIDA最近举办了他们第一次36小时编程马拉松，200多名学生参与其中，回答的问题是：如何在不破坏世界的前提下，在2050年前养活100亿人口。涉及的主题包括数字农业、乳制品技术和鱼类养殖等。

还有一些大学正在采取重大步骤来开设或深化成长环境科学、可持续性研究等领域的大学专业（environmental science/sustainability studies college majors），如：

- 波莫纳大学（Pomona College）：
  环境分析专业（Environmental Analysis）
- 北卡罗来纳大学教堂山分校（UNC Chapel Hill）：
  环境科学与工程（Environmental Sciences and Engineering）
- 得州大学奥斯汀分校（UT Austin）：

地球系统工程和水文地质学（Geosystems Engineering and Hydrogeology）
- 威斯康星－麦迪逊（UW-Madison）：
  森林科学（Forest Science）
- 布朗大学（Brown University）：
  土地、水和粮食安全（Land, Water and Food Security）

如果你关注可持续发展专业，正在努力争取奖学金，并且目标是顶尖大学，你应该去查阅并选择上面提到的一些创新的专业，在访问大学校园之前联络你的意向专业的大学教授，并在夏秋两季进行专题学术研究，明确向大学展示你的主要学术兴趣。

下面是5条切实可行的建议。

1. 参加康奈尔大学的一些课程，获得康奈尔大学本科学分，如参加在纽约州北部贝尔克里克进行的年轻仙女树木年轮实地研究（Younger Dryas Tree-Ring Field Research at Bell Creek in Upstate New York）。这个项目包括现场实地考察、树木年轮分析和教授们的古气候学讲座。

2. 参加"船头座位海洋知识比赛"（Bow Seat Ocean Awareness Annual Contest），创作一部有关因气候变化而受到威胁、改变或消失的海岸、海洋物种的作品。提交的作品可以包括视觉艺术、诗歌、散文、电影、音乐。它对全球11—18岁的学生开放。

3. 参加如伊利诺伊大学－香槟分校（UIUC）的8周在线课程：可持续发展介绍（Introduction to Sustainability）。教授是乔纳森·汤姆金博士（Dr. Jonathan Tomkin），他是地球、社会和环境学院的副院长，也是伊利诺伊大学地质学系的研究副教授。这门课不给学分，但你完成后可获得课程证书，然后在你大学通用申请表中注明。

4. 如果你住在华盛顿附近，可以申请成为弗吉尼亚州大瀑布市占地400英亩的河边公园的野外自然学者和环境管理员（Field Naturalist and Environmental Steward at the 400-Acre Riverside Park in Great Falls, VA.）。你将参加有关资源管理和研究项目，包括流域清理，进行野生动物调查等。这会培养你的领导能力。

5. 争取机会参加有关学术会议，如注册参加每年的"美国水利协会年会"（American Water Works Association's Annual Conference）。你可以接触到水研究和可持续发展领域的行业和学术领袖，了解新技术和创新的环境科学解决方案等。2019年6月的主题是"创新水的未来"，会议聚焦于资产管理、公用事业风险、恢复水质生态管理等，参加会议的学生注册费用仅为35美元。

美国大学推出新型专业，这是教学改革的趋势，可以满足学生个性化发展需求，获得市场好评。但是作为学生，考虑选择这些新型学院（如纽约大学加勒廷个性化学习学院）和相关课程（如加州大学伯克利分校的跨学科研究领域课程）时，需要和家长仔细探讨。因为这种学习方式更具挑战性，难度也高于一般专业。建议学生在申请前，通过邮件和有关教授充分沟通，或访问相关大学，与大学招生办和选课导师直接交流后再做决定。

不仅是美国名校开设跨学科专业（又称交叉学科专业），中国名校北京大学也设立了多层次的交叉学科本科教育项目，包括跨院系选课、辅修双学位。从选课开始，每位同学都要修12学分的通识课，在限选课和自主选修课部分则可以自由选修其他院系课程。2016年教学改革之后，北大开放了全校性跨院系自由选课。学校领导认识到，要"培养引领未来的人"，北大必须致力于不断创设推动学生跨学科学习的条件和氛围。

2021年年初，中国国务院学位委员会、教育部联合发布通知，正式把交叉学科作为第14个学科门类（其他13个门类是哲学、经济学、法学、教育学、文学、历史学、理学、工学、农学、医学、军事学、管理学、艺术学）。这是一个重要信号，是中国进一步提升创新能力的重要举措，这会完善创新激励机制，包括"交叉学科"的研究人员有独立的经费和荣誉体系，会吸引更多的优秀人才进入这个领域。

中美名校都重视跨学科专业，你有什么打算？

本节小结

美国大学推出适应学生个性化发展的新型学院和新型专业，都有跨学科、多专业的特点，但这些学院和专业的课程设置更具挑战性。学生申请前，要反复考虑，并和学校相关人员沟通后再做决定。

第四节
目标美国名校：读中国高中，还是美国高中

这是笔者在中国各地演讲时，被家长问及次数最多的一个问题。

答案很明确：如果计划申请美国常春藤名校和其他顶尖名校，强烈建议选择4年美国高中（9—12年级），这样具有明显的申请优势。

美国常春藤名校和其他顶尖名校，都将非美国籍和没有永久居留权（俗称有绿卡）的学生计入"国际学生"一类，来自中国在美国读高中的持F-1学生签证的学生也被计入"国际学生"一类。尽管同属"国际学生"，但由于这些学生在美国读完4年高中，名校在审阅时会将这些学生和在中国读完3年高中的中国学生区分在不同的"群"（Pool）里考虑。以哈佛大学为例，每年给在国内读完高中的中国学生的名额只有5—8个，给在美国读完4年高中的中国学生的名额是50个左右，10倍之差。

其他常春藤名校和顶尖名校录取中国籍学生的比例，同哈佛不相上下。

考虑到申请美国名校的中国籍学生在国内和在国外读高中的人数比例，在美国读高中的优势不言而喻。

为什么会出现这种现象？

虽然中美两国都要求学生在大学前完成12年的课程，但是美国一般以9—12年级作为高中阶段（相当于中国初三到高三），两国学制不同。在课程设置上，中国高三基本不开设新课（中国普通高中如此，国际高中12年级仍有新课开设），学生的主要精力是全力复习，迎接高考。美国名校招生办公室认为："中国高中学生实际是从10年级念到11年级，而美国学生则要念完整个12年级，且美国12年级的课程是整个高中最艰深的，不少已经是大学水准了。"

美国高中的课程设置及其知识结构与美国大学的教学体系相接轨，都是学分制，除了必修课，还有各种选修课，学生可以学习不同的知识，而在中国高中，基本是学习被规定的课程。

从美国高中直接过渡到美国本科，在能力培养和专业衔接方面，更加清晰顺畅。

首先，一个中国学生选择在美国高中就读，一般美国大学招生官会"先入为主"地认为，该学生从9年级开始在美国读书，应该已经具备这些"软实力"：熟悉西方的通识教育，满足对思辨和写作能力的要求，能够适应不同的教育环境，等等。

其次，美国高中的课外活动丰富，有不同类型的科技研究小组、读书分享会、文艺社团、校外实践课程。许多美国高中老师，还会布置相当数量的英美名著，要求学生限时完成并写读书笔记。大部分美国高中都会要求学生参加一些公益、志愿者或爱心活动，这些是要计入学分的，这样不仅可以引导学生培养社会责任感，更可以让孩子懂得付出和做出贡献。

最后，美国高中组织的各类学术竞赛获得国际认证，在美国名校的认可度很高。相反，中国国内举行的各类学术竞赛在美国名校的认可度不高。

所以建议国内学生初三毕业后去美国读高中。这里有两种选择，一种是重新读一遍美国的9年级，通常称为9申9；另一种是直接申请读10年级。

实践证明，9申9的学生比起直接读10年级的学生，在申请美国常春藤名校时有较大优势。但公立高中对高中毕业生有年龄要求，9申9基本都是去美国的私立高中。孩子初三毕业后移民去美国的家庭，如果想让孩子进入美国公立高中，一般只能进10年级。

许多家长希望孩子进入美国排名前20的私立高中，但申请成功率非常低。一般这些高中，每年只给中国国内2个名额，还要面试家长。所以美国华人社区调侃说，进这些所谓的名校"附中"（美国称这些私立高中是哈佛或普林斯顿的Feeder School）比进哈佛和普林斯顿本身还要难。

在美国上高中，不必一定进入美国前20名的私立高中。许多案例证明，美国公立高中或一般私立高中前2名学生比著名私立高中前50名更有申请优势。主要原因是美国常春藤名校和其他顶尖名校对新生有生源分布的考量——私立学校和公立学校的分布考量。

另外，就算没有机会就读最好的美国私立高中，学生也都有机会选修高中难度最高的课程并取得优异成绩，这同样能为你申请名校加分。

计划留美的学生也可以就读国内高中，一般有以下3种：普通公立高中开设的国际部；私立国际学校；只招外籍学生的国际学校。第3种学校的教学设施比较齐全，但收费较高。中国籍学生可以就读前两种国际学校。目前在中国各大城市，这两类国际高中甚多，家长和学生选择国内国际高中时，务必留意以下几个问题。

1. 学校提供的课程完整吗？是否有完整的A-Level课程、国际文凭课程（IB课程）、大学预修课程（AP课程）？

一般国内国际学校只提供英语、数学、物理、化学、商务课程，没有能力开设国外高中的其他优质课程，如领导力、哲学、设计、天文、舞蹈、艺术、法语等。缺少这些课程，就限制了学生将来申请美国名校的专业选择，这就是国内国际学校学生大多选择美国大学理工科专业的原因。

2. 学校聘请的外国老师能胜任教学任务吗？

有些国内国际学校家长反映，学校的外国老师教学进度奇慢。中国老师一节课可以讲 3—4 个概念，而外国老师一节课只讲 1 个概念。虽然有所谓的研究型学习任务，但学生不自觉，学校也不检查。到了第二年，家长发现孩子不仅数学、物理、化学进度晚于国内普通高中同龄学生，英语也不如他们。

3. 学校的入学门槛高不高？

有些学校的入学要求不高，不需要学生的托福或雅思成绩，对初中成绩没有具体要求，对生源基本是来者不拒。这说明学校资金有限，需要通过扩招来补充办校经费。而生源成绩参差不齐，会影响教学进度和教学质量。

4. 学校提供的申请美国大学服务成效如何？

了解学校数年来提供申请美国大学服务的记录，特别是近 5 年成功进入常春藤名校和排名前 30 名校的记录，就知道该校的教育质量和服务团队的水平了。我曾在微信中看到一张照片，一所国内国际高中，外墙挂着一张大幅标语："热烈祝贺 ××× 同学进入美国 ×× 州立大学！"这是美国排名第 70 的大学，可见该校提供的升学服务非常一般。有些家长说，孩子就读的国内国际高中的升学服务办公室只有 3 名老师：1 名刚从美国留学回国的学生、1 名中国老师、1 名美国的退休老师（没有升学辅导经验）。这样的升学服务是远远不够的。

5. 这所高中有否参加美国 Naviance 系统？

因为美国名校认可这个系统提供的学生申请材料，所以这是一个非常重要的考核因素。不管学生选择在美国、英联邦国家还是中国上高中，一定要确定该校已经参加美国 Naviance 系统。该系统由美国公司 Hobsons 设计，为高中学校和学生提供处理学生申请大学材料的平台。

学生和家长可以利用 Naviance 系统，查询想申请大学的信息。学生在填完通用申请表后，所在的高中会把这些信息通过 Naviance 系统发送给学生想要申请的大学，同时也会把学生的成绩单（Transcript）、高三期中成绩单（Mid-Year Report）、高中概况报告（High School Profile）、老师推荐信（Letters of Recommendation）发送过去。

升学顾问提供的高中概况报告（High School Profile）是一份至关重要的文件，相当于该校的简介。这份报告是每所高中自行设计的，内容格式不尽相同，多含有以下内容：

（1）该高中的地理位置、建校历史、师资力量、杰出校友；

（2）学校学生总人数、12 年级学生总人数；

（3）学生 SAT 和 ACT 平均成绩；

（4）毕业生成绩排名的计算方法、平均成绩点数（Grade Point Average, GPA）的评定标准；

（5）学校提供哪些荣誉课程、AP课程或其他有较高水平的课程；

（6）学生参加全国统一AP考试的成绩分布；

（7）学生中获得"国家荣誉学者"（National Merit Scholar）称号的人数；

（8）学校有哪些课外活动、学生社团以及这些社团的获奖情况；

（9）学校最近几届毕业生进大学、军校、社区大学的学校名称及学生人数或直接就业的人数。

大学招生官在很大程度上依靠这份报告来了解各个高中的实力并决定该校学生成绩单GPA的含金量，同时将申请学生与已经被本大学录取的该所高中前两三届学生进行对比，然后决定录取名单。

Naviance系统还有一个非常实用的功能，学生和家长可以看到就读高中历届毕业生申请某所大学的录取情况，这可以让学生和家长预估学生被该大学录取的可能性。学校升学顾问也可利用这些信息，向学生和家长提出申请大学的建议名单。

如果你已经入读某所高中，得知该高中仍未加入Naviance系统，可以考虑帮助学校申请加入Naviance系统，利己的同时也帮助其他同学提高录取概率。

本节小结

想进美国常春藤名校和其他顶尖名校，要尽力争取在美国读完4年高中，其次选择在中国读办学认真的国际学校或著名高中的国际部。

选择学校前，可以咨询意向学校的校友或学生家长，也可通过亲自访校做详细了解：

1. 该校历年来进入常春藤名校及其他排名前35的名校的学生记录。

2. 学校是否加入Naviance系统。

3. 学校有无去年的高中概况报告（High School Profile）可供参考。

第二章

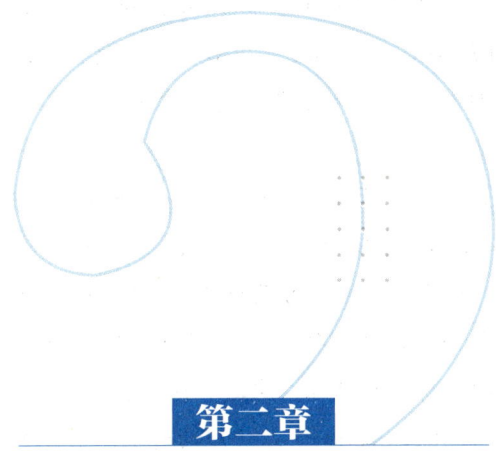

锦囊二：
占据选课优势
——选课准备从 8 年级开始

美国资深升学顾问玛乔里·谢维茨（Marjorie Shaevitz）2012年出版《让录取变为可能》（*Admission Possible*）一书。书中说："大学考虑的最重要的申请因素是课程的难易程度。大学希望看到学生们每年学习越来越艰深的课程，并取得优秀成绩。"

美国升学顾问塞缪尔·西尔曼（Samuel Silverman）2018年出版的《如何被名校录取》（*How to Get Admitted*）一书说，"孩子成绩单上的选课内容在申请中起着重要作用。这意味着要学习荣誉课程、AP和IB课程并取得好成绩，您和您的孩子需要仔细筹划从9年级到12年级的所有课程，孩子的成绩单要证明他（她）能挑战负荷大的课程，这是一种学术成就。"

杰夫·塞林戈（Jeffrey Selingo）是《纽约时报》教育专栏作家和畅销书作家，2020年他的新书《谁被录取，原因何在》（*Who Gets In and Why*）被评为2020年100本重要著作之一。他在书中说："研究表明，学生选修的课程和他们在这些课程中的表现，是预测学生在大学里表现的两个主要指标。"

第一节
8年级暑期预修高中课程

笔者曾建议一位计划来美国读高中的中国学生程同学，在8年级开始学习法语。程同学来美后，高中法语老师对她进行测试，同意让她9年级学习法语Ⅱ（其他同学只能学习法语Ⅰ），10年级选修法语Ⅲ，11年级选修AP法语课程和法国文学课，12年级选修大学的高级法语课程。程同学后来被美国常春藤名校布朗大学录取。

这个案例符合许多美国优秀高中生的成功经验，即在8年级或8年级暑期，选修美国高中的数学、英语、外语课程。高中一开始，在9年级直接选10年级的课程，这样就比其他同龄学生课程领先一年，该优势会一直持续到高中毕业。

美国学生的高中"起跑线"，就是9年级的选课。9年级的课程一旦确定，就决定了高中4年的全部选课。

美国公立或私立高中都要提供5门必修课：英语、数学、自然科学、社会科学、外语。必修课按照科目难度，又分为普通课程（Regular Course）、荣誉课程（Honor Course）、AP课程等不同等级。在同一所高中，同样是9年级学生选英语课，两个学生可以选不同等级的课程内容：学生甲选荣誉英语课（Honors English Ⅰ），学生乙选普通英语课（Regular English）。又譬如数学选课，同学甲选代数Ⅱ（Algebra Ⅱ），学生乙选代数Ⅰ（Algebra Ⅰ）。

为什么会出现这种情况？

美国高中每一门课程的选择，都有相关规定。譬如，数学课程的选修顺序是这样的：代数Ⅰ—几何学—代数Ⅱ—微积分预科—AP微积分AB—AP微积分BC。甲同学在8年级或8年级暑假选修代数Ⅰ并通过考试，9年级就可以选修代数Ⅱ。而乙同学9年级开始上代数Ⅰ，正常情况下无法在12年级修完AP微积分BC。

9年级选课时，学校各科老师会进行一次"编班摸底考试"。根据考试成绩，学生的英语、数学、外语会被安排不同等级的课程。同样学校、同样年级、同样科目，依照科目难易程度，甲同学与乙同学已经拉开距离，他们已经不在同一条"起跑线"上了。

甲乙两同学，在9年级以后的科目选择方面，也会一直拉开距离。如甲同学在10年级结束时（或者加上11年级上学期），已经完成高中毕业要求的课程（Academic courses required for graduation）。他在接下来的11年级和12年级，全部选了大学预

修课程（AP 课程），达到了名校申请的要求（Academic courses desired for top college planning）。而乙同学，12 年级结束时，仅仅达到高中毕业要求（Academic courses required for graduation）。

谁会被名校录取，答案已经很清楚。

如果你目前已经进入 9 年级，像乙同学一样只能选代数 I，你仍有补救方案。你可以在晚上去社区大学选修高中几何学并通过考试，在 9 年级春季，升学顾问就会同意你选修代数 II。这样在数学选课上，就可以与甲同学"齐头并进"了。

统计表明，几乎所有成功进入常春藤名校和其他顶尖名校的美国高中学生，都在 8 年级的暑假，选择一般学生 9 年级的英语、数学、外语课程，并顺利通过考试。有些学生准备得更早，从 8 年级开始，就利用课余或周末，通过网络课程、加拿大提供的课程（CBE）学习，或去社区大学进修了有关课程。

下面是部分成功进入常春藤名校和其他顶尖名校的美国高中学生，在 8 年级暑假（部分课程利用 8 年级周末选修）的选修科目目录。

- 代数（Algebra）
- 几何（Geometry）
- 化学（Chemistry）
- 西班牙语 I（Spanish I）
- 法语 I（French I）
- 经济学（Economics）
- 美国政府（American Government）
- 几何，CBE 课程（Geometry, CBE：Competency-Based Education）
- 艺术，网络和 CBE 课程（Art, Online and CBE）
- 演讲和沟通（Speech & Communications）
- 暑期健康（Summer Health）
- 9 年级数学原理（Principles of Mathematics 9）
- 9 年级科技（Science 9）
- 加拿大历史（Canadian History）
- 中文，CBE 课程（Chinese, CBE）
- 健康，网络课程（Health, Online）
- 几何，荣誉课程（Honors Geometry）
- 化学，荣誉课程（Honors Chemistry）
- 法语，荣誉课程 I（Honors French I）

- 西班牙语Ⅰ，荣誉课程（Honors Spanish Ⅰ）
- 代数Ⅰ，荣誉课程（Honors Algebra Ⅰ）
- 代数Ⅱ，荣誉课程（Honors Algebra Ⅱ）
- AP 生物，网络课程（Online AP Biology）
- AP 化学，网络课程（Online AP Chemistry）
- AP 计算机科技，网络课程（AP Computer Science，Online）
- AP 音乐理论，网络课程（AP Music Theory，Online）
- 世界文明，缅因大学课程（World Civilization，University of Maine at Fort Kent）

笔者建议中国国内初二学生，通过自修或去有关补习学校，增加 1—2 门外语课程的学习，语种首选西班牙语或法语（甚至希伯来语或拉丁语）。如果学生从初二暑假开始坚持学习西班牙语或法语，到高二参加 AP 西班牙语考试（AP Spanish Language and Culture）和 AP 法语考试（AP French Language and Culture）都能取得 5 分好成绩，该学生肯定会受到美国名校青睐，因为名校喜欢掌握多种外语能力的学生。如果学生掌握中文、英文、西班牙文、法文，该学生明显比美国同龄学生有外语优势。如果学习两门外语有压力，至少也要学习一门外语——西班牙语。

印度男孩 Ahaan Rungta 很小就喜欢听"麻省理工学院开放式课程"（MIT Open Course Ware, MITOCW），而且每门课都完成授课要求：听讲座、做习题、通过考试。他写信给麻省理工学院："我取得了巨大的进步，从只能答对 10% 到现在能解决 60% 的习题。我看待习题的角度也不同了，现在在解题的时候有更细致的思维方法。无论我走到哪里，我都在做 OCW 上面的习题。"16 岁时，他就被麻省理工学院提前录取。

建议中国国内学生可以通过网络课程，如"可汗学院"（Khan Academy）、"大规模开放在线课堂"（Massive Open Online Course, MOOC）、"麻省理工学院开放式课程"等选修数学、历史、金融、物理、化学、生物、天文学等科目，为今后进入高中奠定基础。如果全英语课程有难度，可以先参考网易公开课提供的课程。

有些中国高中也开始为初中毕业生提供"高一衔接课程"。据报道，2019 年暑假，山东师范大学附中骨干教师开设"新高一衔接课程"。衔接课程包括：初中步入高中的英语、数学、物理、化学衔接课程。

这个衔接课程使用网络形式——"山师附中空中课堂"，在周末和假期时间为学生授课，这是山东省首所基于"互联网＋教育"技术模拟课堂实景的高中学校，教师和学生同步互动，学生根据需要自主选择课程。学生可向自己计划就读的高中建议，学习山东师范大学附中的教学模式，开设类似课程。

总之，中国学生不能"安于现状"，必须为自己"加课"。美国名校喜欢能"主动

接受挑战"的学生。

领先者容易获得成功，起点的优势（初三选课就开始占据先机）让学生一开始就处于领先位置；由于领先，他们容易获得更多的资源，有助于实现随后的优势聚集与个人发展。美国优秀高中生的选课充分证明了这一点。

本节小结

在8年级或8年级暑假，选修美国高中的数学、英语、外语课程，这样可以从9年级一开始的选课就比其他同龄学生占据优势。该优势会一直持续到高中毕业。

如果9年级错过优势选课，可以利用晚间或周末，选修社区大学的有关课程，以便在下学期选课时，与优秀同学选课同步。

中国学生要尽可能增加外语选修，也可以通过网络课程如"可汗学院""大规模开放在线课堂""麻省理工学院开放式课程"等，选修数学、历史、金融、物理、化学、生物、天文学等科目，为今后进入高中奠定基础。

中国高中学生，如果想在某一学科比同龄学生学多学深，可以请这门学科的老师为你单独"开小灶"，使你具备更多申请美国名校的知识优势。

第二节
在辅导员指导下明智选课

斯坦福大学招生官员曾谈道:"申请者的成绩以及所上课程的难度是被优先考虑的因素。"

美国资深升学顾问玛乔里·谢维茨在她的著作《让录取变为可能》中说:"大学考虑的最重要的申请因素是课程的难易程度。大学希望看到学生们每年学习越来越艰深的课程,并取得优秀成绩。"(One of the most important application factors that colleges consider is the rigor of students' course loads. Colleges want to see students taking increasingly difficult courses each year and performing well in them.)

谢维茨女士提到课程的难易程度时说,即使两名学生同一课程的GPA都是A(满分),他俩的成绩单含金量也是不同的,因为两人所选课程虽相同,但课程的难易程度相差大(教科书不同)。美国名校招生官员会仔细查看学生的课程教材,评估两人的实际学习水平。

上节谈到,在美国高中,同样学校、同样年级,学生可以选不同的课程;即使选同样的课程,也会依照课程难易程度区分为不同班级。这与中国高中课程设置相当不同。

美国高中的5门必修课包括英语(英语写作、美国文学、英国文学等,要修4年)、数学(几何、代数、三角函数、微积分等,要修3—4年)、社会科学(世界历史、美国历史、欧洲历史、美国政府、经济学等,要修3—4年)、自然科学(生物、化学、物理、地理、环境科学、天文学等,要修3—4年)、外语(西班牙语、法语、德语、拉丁语等,要修2—3年)。而选修课是让学生按照兴趣爱好并结合将来专业进行挑选,一般有艺术(音乐、舞蹈、戏剧等)、视觉艺术(画画、雕刻、油画、摄影)、行为艺术(合唱、戏剧、舞蹈、电影、乐队、管弦乐)、职业课程(木工、金属加工、汽车修理)、计算机/商科课程(文字处理、编程、图像设计、计算机俱乐部、网页设计)、体育(美式足球、棒球、篮球、网球、田径、游泳、水球)、新闻/出版(校报、年历、电视制作)、家庭和消费者科学、健康(家庭经济学、营养学、幼儿发展)等。

仔细研究数百名成功申请进入常春藤名校和其他顶尖名校的美国高中学生的选课表格,会发现他们的选课有以下特点。

1. 选有难度的课程，如荣誉课程（Honor Course）等，且这些课程的成绩全为 A。

2. 选 6—10 门 AP（Advanced Placement）课程。所有名校都希望申请者选 AP 微积分课程，最好能修完 AP Calculus BC，不管将来是否申请数学专业。

3. 选修 AP 计算机科学原理（AP Computer Science Principles）和 AP 美国政府和政治（AP United States Government and Politics）的学生，AP 成绩全部为 5 分更能获得名校青睐。

4. 选课要与将来计划学习的大学专业有关联。如想申请理工类（STEM）专业的学生，必须选 4 年的数学和科学课程，11 年级和 12 年级要选修 AP 微积分 BC、AP 物理 C、AP 生物、AP 化学、AP 计算机科学原理。想申请商学院的学生，12 年级一定要选修 AP 微积分 BC 和统计方面的课程（高中不提供，可以去社区大学或通过网络课程学习）。

5. 高中 4 年 GPA 一直保持优秀，所有科目的成绩都是 A，所有 AP 课程的成绩达到 5 分，学校成绩排名年级前 10%。

6. 名校招生办公室会自行重新计算你的 GPA。A－或 B＋，他们只会计算成 A 或 B，所以"＋"或"－"号没有意义。

7. 若学科成绩有下降，学校任课老师或辅导员需向大学招生办写信说明具体原因（即使这样，还是较为被动）。

有些美国大学下属的学院，对申请者的高中选课有专门规定。譬如，位于美国首都华盛顿的乔治城大学（Georgetown University）下属的乔治城学院（Georgetown College），要求申请学生在高中期间至少学习 4 年数学和 3 年科学课程；麦克多诺商学院（The McDonough School of Business）要求申请学生完成至少 3 年的数学课程，以及一门计算机科学课程；沃尔什外交学院（The Walsh School of Foreign Service）要求申请学生除了英语外，还要至少熟练掌握一门外语；护理和健康研究学院（The School of Nursing and Health Studies）要求申请学生至少学习 3 年的数学及 1 年的生物和化学。

下面是计划申请九大本科专业的美国学生在高中期间所选课程一览表。

（汇总申请学生经验和大学招生办官员的建议，供参考）

Accounting/Finance /Banking 会计/金融/银行	Business 商业	Communications 传媒
Accounting 会计 Economics 经济 IB Math SL/HL IB 数学 Calculus 微积分 Statistics 统计 Computer 计算机 （Excel/PowerPoint）	Accounting 会计 AP Psychology AP 心理学 Business 商业 Economics 经济 Computer 计算机 IB Business Management SL IB 商业管理 IB English HL IB 英语 Statistics 统计 Web Design 网站设计	Art I, II 艺术 I、II Digital Photography 数码摄影 IB English HL IB 英语 IB Visual Arts SL/HL IB 视觉艺术 Journalism 新闻 Yearbook/Newspaper 年鉴/报刊 Music Technology 音乐技术 Web Design 网站设计

续表

Graphic /Video Game Design 图形/视频游戏设计	Engineering 工程	Law 法律
Art Ⅰ, Ⅱ, Ⅲ, Ⅳ 艺术Ⅰ、Ⅱ、Ⅲ、Ⅳ Digital Photography 数码摄影 Graphic Design Ⅰ, Ⅱ 平面设计Ⅰ、Ⅱ IB Visual Arts SL/HL IB 视觉艺术 Computer 计算机 Web Design 网站设计 Computer Modeling 计算机模型 Animation 卡通片制作	AP Calculus AB/BC AP 微积分 Multivariable Calculus 多变量微积分 IB Mathematics SL/HL IB 数学 IB Physics IB 物理 AP Physics AP 物理 AP Chemistry AP 化学 Pre-Calculus 微积分预科 Robotics 机器人制作 AP Computer Science AP 计算机科学 Computer（Coding）计算机编程 Drafting /Design 制图设计	AP Government AP 政府管理 AP Psychology AP 心理学 Speech 演说 Drama 戏剧 Statistics 统计 IB English HL IB 英语 IB History HL IB 历史 Physics 物理 AP U.S. History AP 美国历史 Journalism 新闻 AP English AP 英语
Pharmacy 药剂学	Forensic Science 法医科学	Medicine/Dentistry/Veterinary 医疗/牙科/兽医
Anatomy 解剖学 AP Psychology AP 心理学 AP Chemistry AP 化学 IB Chemistry HL IB 化学 IB Biology HL IB 生物 AP Biology AP 生物 Statistics 统计	Anatomy/Physiology 解剖学/心理学 AP Psychology AP 心理学 IB Biology HL IB 生物 AP Biology AP 生物 Statistics 统计 AP Chemistry AP 化学 IB Chemistry HL IB 化学	Anatomy/Physiology 解剖学/心理学 AP Psychology AP 心理学 IB Biology HL IB 生物 AP Biology AP 生物 IB Physics SL/HL IB 物理 AP Chemistry AP 化学 IB Chemistry SL/HL IB 化学 Economics 经济

下面是一位进入常春藤名校的美国高中生选课表：

8年级和8年级暑期选修：世界文明（World Civilization，大学选课）、AP 电脑网络课程（AP Computer Science, online）、AP 音乐理论网络课程（AP Music Theory, online）。

9年级	10年级	11年级	12年级
荣誉英语Ⅰ Honors English Ⅰ	荣誉英语Ⅱ Honors English Ⅱ	AP 英语课 AP English Language and Composition 语言和写作	AP 英语课 AP English Language and Composition 语言和写作
荣誉西方文明课程 Honors Western Civilization	AP 美国历史 AP US History	荣誉政府和经济课程 Honors Government and Economics	全球意识课程 Global Awareness

续表

9 年级	10 年级	11 年级	12 年级
荣誉生物课程 Honors Biology	荣誉化学课程 Honors Chemistry	大学物理课程 University of Maine	AP 生物课程 AP Biology
荣誉几何课程 Honors Geometry	荣誉代数课程 2 Honors Algebra 2	荣誉微积分先修课 Honors Pre-Calculus	大学微积分 University of Maine
健康/身体课程 Health/Physical Education	AP 心理学课程 AP Psychology	戏剧课程 Theater	技术实习课程 Technology Internship with school technology coordinator
音乐欣赏课程 Music Appreciation	戏剧课程 Theater	法语Ⅲ French Ⅲ	戏剧课程 Theater
法语Ⅰ French Ⅰ	法语Ⅱ French Ⅱ		法语Ⅳ French Ⅳ
乐队 Band			

下面是一位进入常春藤名校的美国华裔高中生选课表：

8 年级和 8 年级暑期选修：代数（Algebra）、几何（Geometry）、西班牙语Ⅰ（SpanishⅠ）。

该学生出生在美国，所以她的母语是英语，在高中她选了两门外语：西班牙语和中文。

9 年级	10 年级	11 年级	12 年级
英语课程 9 English 9	英语课程 10 English 10	AP 英语文学 AP English Literature	AP 英语语言 AP English Language
代数Ⅱ AlgebraⅡ	高级微积分先修课程 Advanced Pre-Calculus	AP 微积分 BC 课程 AP Calculus BC	AP 欧洲历史 AP European History
普通生物课程 General Biology	化学介绍课程 Intro Chemistry	普通化学 General Chemistry	AP 生物课程 AP Biology
世界地理 World Geography	物理介绍课程 Intro Physics	AP 美国历史 AP U.S. History	AP 心理学课程 AP Psychology
西班牙语Ⅱ SpanishⅡ	现代世界历史 Modern World History	IB 西班牙语课程 IB Spanish B SL	IB 西班牙语课程 IB Spanish B SL
健康/驾驶教育课程 Health/Drivers ED	中文 6 级 ChineseⅥ	IB 中文课程 IB Chinese B HL	IB 中文课程 IB Chinese B HL

续表

9年级	10年级	11年级	12年级
越野训练课程 Cross country	身体和健康课程 Physical & Health Education	编剧 Stagecraft	编剧 Stagecraft
	摄影课程 Photography		

曾看到一位美国华裔学霸晒出12年级的课程表如下：

第一学期：大学英语Ⅰ、遗传学、大学统计Ⅰ、有机化学、美国政府、高等力学、经济学。

第二学期：大学英语Ⅱ、C++语言、大学统计Ⅱ、微分方程、波与电、微积分、现代物理。

近10年间，中国的一些国际高中聘请外国教员，参考美国的高中课程设置，引进不少AP课程和AP考试。这些国际高中学生成功申请进入美国常春藤名校和其他顶尖名校的数量逐年递增。

对于想留美的中国一般高中学生，学校没有提供AP课程，该如何通过选课提高美国名校的录取率呢？

首先，把本校的课程学好，考出优异成绩，争取进入全校前10%。

其次，通过各种途径学习一门外语，美国名校喜欢会多种外语的学生。

最后，中国学生也可以登记注册美国名校的网络公开课，选修数学、历史、金融、物理、化学、生物、天文学等课程。有不少网络课程在通过考试后，会给你一个学习证明（Certificate），你可以在大学通用申请表中注明，为今后进入美国本科奠定基础。

本节小结

高中4年全A成绩是申请常春藤名校的首要条件，学生要成为全年级前10%的优秀学生。

学生要选择本校开设难度大的"荣誉课程"（Honor Course）。

要选6—10门AP（Advanced Placement）课程，所有名校都希望申请者选AP微积分课程，最好修完AP微积分BC。修AP计算机科学原理（AP Computer Science Principles）与AP美国政府和政治（AP United States Government and Politics）的学生，

更易获得名校青睐。AP 成绩要求全部 5 分。

选课与将来计划的大学专业有关联，想申请工学院和商学院的学生，在 11 年级和 12 年级，应该选相应的课程。

对中国学生而言，如果学校开设 AP 课程，要尽量参加并考试。还要自修一门外语（英语除外），尽可能利用网络课程选课，以增强竞争力。

中国学生还可以通过自学某些学科（有许多网络辅导课程），加深对学科的理解，这也能获得美国名校的青睐。

第三章

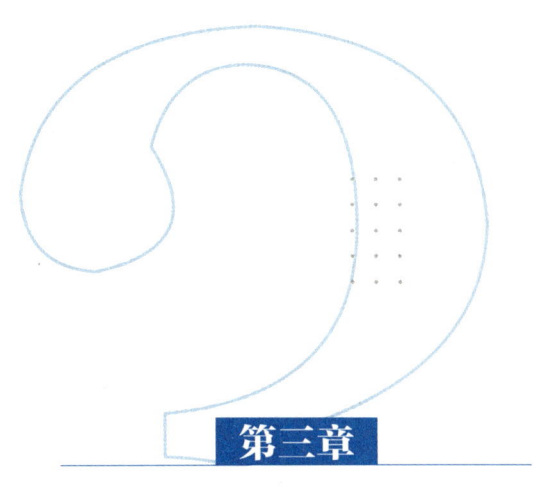

锦囊三：
科学管理时间
—— 合理安排日程，兼顾校内校外

哈佛大学一位华裔大一学生的宿舍墙上有这样一段文字：It is either a small piece of a big thing, or a "big" of nothing.（它要么是一件大事的一小部分，要么是一件无关紧要的"大事"。）这位大一学生说，这是他成功进入哈佛大学的"秘诀"——做任何事情都要与你的大目标有关，不要被其他事情干扰。

考上清华的山东焦姓双胞胎姐妹说："每个大年三十，我们吃完了饺子就看书；大年初一当鞭炮声响起的时候，我们还在做题。"迎考中国名校，学生需要珍惜时间，申请美国名校同样如此。当你以为自己很努力的时候，环顾四周，才发现有更多的人比你还要努力。

科学安排学习和休息时间，你才能获得最佳学习效果。

第一节
做好时间管理，确保学业优秀

上述哈佛大一学生的墙上座右铭体现了时间管理的核心理念：专注大目标。高中期间的大目标是保证你的学业优秀，为申请名校加分。

学生进入高中后，很快会发现学习压力陡然增大，不仅课程比初中多，作业量比初中显著增加，还要参加校内校外的各种团体活动，各种竞赛也需要时间准备。从9年级开始，每一学期都有各种标准化考试，如PSAT、SAT、ACT、AP、TOEFL、IELTS等。"时间不够用"是许多高中生的切身体会。因此，"管理好你的时间"，绝不是心灵鸡汤式的说教，而是每一位高中生必须面对的实际问题。

一位哈佛的华人新生告诉笔者，他高中生涯的每天时间基本安排是：四分之一在学校上课，四分之一用来预习、做作业、复习，四分之一参加课外活动，四分之一用来睡觉。同时，他还有一个用来提醒自己的好方法，就是在墙上画了一张大大的高中学期日历图，上面清楚地标出每门课的平时考试时间（regular tests）、期中考试时间（midterm test）、期末考试时间（finals）、读书报告递交时间（paper）、课堂讨论指定发言时间（presentations）、节日假期（holidays）。这样可以时时检查，天天提醒自己。

另一位成功进入常春藤名校的学生这样介绍自己的时间管理经验，他认为最有效的学习方法是：在每一个题目（Topic）、学科或者任务（Task/Assignment）开始时，他都会按照它的大小、难易程度和要求完成的时间做一个全面的规划，然后把这个大的任务（Task）拆分成一个个小的动作（Action），再把每个小动作具体落实到每一天，甚至是每个时间段，并且规定在每天或者每个时间段要达到的效果。比如，要阅读一本书并写一篇读后感，他的规划是：首先必须在规定日期借到这本书，其次根据书的厚度来规定每天要读的页数并认真做好读书笔记，然后规定某天之前必须写好文章概要，再在规定的时间结合读书笔记和文章概要完成整篇文章的写作，最后再根据老师的要求重新调整一下自己所写的文章。

对于每次考试，他会根据考试的要求和内容做一个全面的规划。首先把要考试的内容分成一个个小的动作（Action），再根据所剩的时间把每个动作分配到每一天。每天在完成当天的动作之前先把已经完成的动作（已经复习了的内容）从脑子里过一遍，看看有没有需要重新学习和补充的地方，如果有，就要先完善或重复以前的动作，再

开始当天的学习内容。他强调，真正掌握当天的复习内容至关重要。他一般把重温以前内容的时间控制在半小时以内，这样就有大量的时间和精力处理当天的学习内容。该学生还强调，把一个很大很难的学习任务变成一个个小的动作，会让人感到学习不是一个负担。只要每天完成所规定的学习内容，日积月累，学习就变成了一个享受的过程。

在一次招生工作论坛上，笔者遇到美国宾州大学招生办副主任莎拉·哈伯逊（Sara Harberson）女士，问了她一个问题："你认为高中学生首先需要做到哪一点？"她立即说："明智地利用你的时间。"（Invest your time wisely.）她补充说，宾州大学非常留意一个申请者是如何妥善安排作息时间、兼顾校内学习和校外活动的。时间管理能力是一位优秀高中学生的必备技能。

许多美国优秀高中学生对时间管理有很深的体会。这些体会包括：

1. 自律不是一场和别人的竞赛，是自己和自己的战斗。
2. 应该做的事，即使不喜欢，也要坚持做。
3. 目标明确，不要把时间花在无聊的人和事上。
4. 明确自己需要完成的事情，有主次缓急之分，同一时间关注一件主要事情。
5. 将时间分成20—30分钟的一个个小段。
6. 注重总结和必要的计划调整。
7. 做更少但更重要的事。

美国高中一般要求学生7:30到校，8:00—12:00上课，13:00—15:00上课。课后大部分学生会参加健身、课外兴趣俱乐部活动、校外社会义工。18:30左右回家，吃晚餐、做作业、阅读、淋浴，基本在23:00就寝。中国高中的时间安排和美国高中很相似。

下面是南京某国际高中梁同学的作息表。他的精确时间管理效果明显，老师特地请他把自己周一至周五的日程安排公布在学校的"告示牌"上，让大家参考。

梁同学作息时间表

06:00—06:30	准时起床，洗脸漱口，早餐。
06:30—07:00	乘公交车去学校，复习英语单词。
07:00—07:30	在学校早自修，预习上午要上的课程，当天如有考试，则复习要考试的这门课程。
07:30—11:45	上课，认真听课，做好笔记。
11:45—12:15	午餐。
12:15—13:00	午休。

续表

13:00—13:30	预习下午的课程。
13:30—15:30	认真听课，做好笔记。
15:30—16:00	学校健身房锻炼。
16:00—17:30	参加课外学科俱乐部活动或校外义工活动。
17:30—18:00	乘公车回家，复习英语单词。
18:00—18:30	晚餐。
18:30—20:00	晚自修，做家庭作业。
20:00—20:30	阅读英美报纸杂志，做读书笔记。
20:30—22:00	晚自修，做家庭作业。
22:00—22:45	阅读英美名著，做生词卡片。
22:45—23:00	写中英文日记。
23:00	上床就寝。

梁同学在整个高中期间，严格按照作息表规定执行。他在晚上先利用90分钟做学校作业，接下来30分钟读英文杂志，再花90分钟做作业，最后利用45分钟读英美名著，做家庭作业和进修英语交叉进行。许多专家认为，学习内容越具体（同样是进修英语，规定读英文杂志和英美名著的具体时间不同），学习效率越高。周末时间，梁同学除了坚持写中英文周记，还集中准备托福和SAT考试，并且每月向英美报纸杂志投稿一次。

梁同学后来被耶鲁、哥伦比亚大学、宾州大学同时录取，最终选择去耶鲁深造。

如果连续一个半小时专注做某件事（如做作业），一些学生会把时间分成3个时间段，譬如，工作25分钟后，休息5分钟（或者做其他事情），让大脑适当休息片刻。这是不少人推荐的"番茄工作法"。

科学安排学习和休息时间，会让你获得最佳学习效果。

2019年的广西高考状元杨晨煜，以总分730分（数学、英语双满分，语文140分，理综290分）的惊人成绩成为广西恢复高考以来的最高分学生。

杨晨煜谈到自己的学习经验时强调，要严格规划时间。他把与学习相关的一切都安排得井井有条，具体到每天要做什么，每月的重点有哪些，都会一一罗列出来。

许多学生反映，他们执行自己的时间管理表时遇到的最大挑战是拖延。一位"学霸"这样介绍自己避免拖延的方法：在正式的截止时间（deadline）之前设一个自己的提前截止时间（before deadline），争取在提前截止时间之前完成任务。该学生后来进入芝加哥大学习。

坚持做好时间管理的关键是自律——自我约束，自我执行，克服拖延。

中国高考大省河北省的衡水中学在全省高中中独占鳌头，每年都有200人左右考入北大、清华，全校文理科650分以上的人数超过河北全省的1/4，连续多年一本升学率保持在90%以上。

衡水中学为什么这么牛？

因为他们有精确到分钟的作息管理和以时间管理为基准的优秀学生！

学生每天5:40起床，22:10就寝。学生在校的最常用姿势是"跑"——跑着去教室，跑着去食堂，跑着回宿舍。这里的时间单位不是"小时"，而是"分钟"，是"秒"。

自觉管理好你的时间，高效利用你的时间，注意劳逸结合，才能确保你的学业优秀。

本节小结

中美两国优秀高中学生都有"时间管理"意识，这是保证学业优秀的前提。

"四分之一时间在学校上课，四分之一时间用来做作业、复习或预习，四分之一时间参加课外活动，四分之一时间用来睡觉"成为许多中美高中生的时间安排。

时间管理要求你"不要在无聊的人和事上浪费时间""做更少但更重要的事"。

让时间管理变成你的生活习惯，对你今后大学学习和走上社会大有益处。

时间如子弹，必须"弹无虚发"。每天做的每一件事都要为你的"总目标"——申请美国藤校和其他顶尖名校——服务。

自觉管理好你的时间，高效利用你的时间。

科学安排学习和休息，让你获得最佳学习效果。

第二节
大学申请时间表（初三到高三）

时间管理涉及两个关键因素：第一，设置清晰的总目标和阶段性目标；第二，有具体完成目标的方法和时间。

如果总目标是申请进入美国顶尖名校，那么阶段性目标就是从9年级到12年级不同年份的具体安排。每个时间段都要有实施方法和要求完成的截止日期（deadline）。

下面是进入美国常春藤名校和其他顶尖名校的数百名美国高中学生从9年级至12年级（中国初三到高三）的一份典型申请准备内容和完成时间表。

9年级

- 与学校升学辅导员（Guide Counselor）充分交流沟通，让辅导员了解自己的兴趣爱好和意向大学专业，以及自己在8年级选修过的9年级外语和数学课程，请辅导员在此基础上安排9年级外语和较高难度数学课程，其他课程尽可能选荣誉课程，为今后安排高难度课程奠定基础。同时请辅导员推荐学校的课外兴趣小组。
- 上好每一堂课。上课时积极发言提问，在课堂讨论时，与同学们热情交流心得，做好每堂课的上课笔记。
- 认真完成老师布置的每一项课后作业，准备好每一场考试（不管哪种等级考试）。有任何难点，及时联系任课老师、辅导员或同学寻求帮助，力求尽快解决。
- 有些高中鼓励或同意9年级学生参加10月的PSAT考试，你可以尝试参加。虽然正式PSAT是11年级学生参加，但是你从9年级开始参加PSAT考试，即使没考好，也不会有任何影响。通过PSAT考试的演练，你会知道哪些方面的知识和技能需要加强。
- 有体育专长的学生可以向学校升学辅导员了解全国大学体育协会（NCAA）和全国大学校际体育联合会（NAIA）的体育特长生入学申请要求。
- 结合你的兴趣爱好和理想大学专业选项，尝试参加2—3个课外兴趣小组。在小组里积极配合组长，争取成为小组领导。如果没有自己喜欢的，也可以在有关老师支持帮助下，尝试创建一个兴趣小组。
- 参加一个社区帮扶弱势团体的义务活动。

- 参加社区、市、全国一级的文学、科学、艺术等竞赛，如 Scholastic Art & Writing Award；各种科目奥林匹克选拔赛的各级初赛，如 American Mathematics Competitions（AMC10），物理、化学、生物、计算机的竞赛；还有模拟联合国或模拟法庭、高中生辩论、各种乐器演奏比赛、各种体育项目比赛等。
- 1月开始规划暑期活动，可以集中时间阅读喜欢的书籍、准备 SAT 或 ACT 考试、去社区大学选课、参加各级义务活动、旅行、参加各种技能培训、访问大学、寻找实习机会（参考 https://www.internships.com）、做各种科目的研究等。记住，所有参加的活动一定是你最喜欢的、想挑战自己的及与将来专业选项有关的。
- 每天写英文日记和英文分类笔记（包括英文报纸杂志阅读笔记、课外活动记录、社会义工记录、竞赛准备记录等），每天读英美名著15页左右，所有生词都要记录下来。
- 每周写英文周记，每月向著名英文报纸杂志投稿。

10 年级

- 经过一年的学习，如果发现自己兴趣有所改变，意向大学专业也随之变化，请立即与学校升学顾问交流。开学前与升学辅导员汇报9年级选课及成绩，再选好10年级难度较大的课程（Honors，AP，IB）。AP课程至少有一门与你将来大学专业选项有关（如果学校没有相关 AP 课程，可选择去社区大学选修）。
- 有体育专长的学生，向学校升学辅导员了解自己的选课是否符合 NCAA 的要求，并落实 NCAA 和 NAIA 的登记，联系大学各种体育项目的教练。
- 将高中课程、AP 课程考试日期（5月）有机结合，这样容易考出好成绩。AP 考试成绩力争每门5分。
- 10月参加 PSAT 热身赛。
- 比较 SAT 和 ACT 考试的不同之处，看看更适应哪一种考试。至少参加20次模拟考试练习，并确保已经把所有"考试薄弱环节"都搞通搞懂了，才能参加 SAT 或 ACT 的正式考试。SAT 成绩至少要得1,500分，ACT 成绩至少为33分。
- 积极主动参与学校现有的课外兴趣小组，争取担任领导者并带领组员参加各种竞赛，发动组员利用专长为社区弱势团体提供义务服务。如果你的兴趣爱好在学校中没有相关的兴趣小组，可以考虑创建新的兴趣俱乐部，自己担任发起人和领导者。
- 继续参加社区、市、全国一级的文学、科学、艺术等竞赛；各种科目奥林匹克选拔赛，如美国高中数学竞赛（American Mathematics Competitions, AMC10），物理、化学、生物、计算机的竞赛等；还有模拟联合国或模拟法庭、高中生辩论、各种乐器演奏比赛、各种体育项目比赛等。
- 1月开始规划适合的暑期活动：参加哈佛暑校至少两门哈佛本科学分课程；参加奥林匹克数学、物理、化学、生物、计算机科学的各级比赛培训；参加有全国影响的各种竞赛，准备自己喜欢的文艺或科学的比赛项目。请一位有经验的教练（mentor）可以大大增加你获奖的可能。
- 了解和熟悉自己喜欢的学术领域的最新趋势，与该领域的专家建立联系。
- 创建一个学术方面的网站或开设一门网络课程。
- 利用春假或长周末时间，去附近参观1—2所大学。
- 每天写英文日记和英文分类笔记（包括英文报纸杂志阅读笔记、课外活动记录、义务活动记录、竞赛准备记录等），每天读英美名著15页左右，所有生词都要记录下来。
- 每周写英文周记，每月向著名英文报纸杂志投稿。

11年级

- 11年级是非常关键的一年。你需要保持你的成绩领先，至少保持在年级前10%。因为许多大学招生官审核申请者的高中成绩，以9年级至11年级的全部成绩为主。
- 开学前与升学辅导员商定11年级选课，争取多选AP课程。到11年级结束时，加上10年级的AP课，确保已经通过8门AP课程考试，争取申请到AP学者奖（National AP Scholar Award）。
- 体育特长生要请教高中升学辅导员，准备好个人简历和表现体育特长的视频材料，发给计划申请的大学的教练，并按每所大学的具体要求填写体育招生申请表格。
- 计划申请声乐、乐器、美术专门学校的学生，开始准备声乐和乐器类的表演视频或表现自己美术专长的作品集（Portfolio）。申请综合大学文艺类的学生也需要准备类似文件（不一定每所大学都有此规定）。
- 参加10月的PSAT考试，力争考出好成绩。每个州PSAT考试成绩优胜者，可以进入全国优秀半决赛选手（National Merit Semifinalist）名单，继而进入美国优秀学生奖学金（National Merit Scholar）。
- 1月开始规划有意义的暑假活动：参加美国名校举办的各种高级暑期实习或研究活动，或参加哈佛暑期本科学分课程学习。
- 春假期间，安排参观1—3所心仪大学。如果参观后计划申请的大学名单有改变，继续请教高中升学顾问或上网（https://www.corsava.com）查询，并参观其他大学。

- 如果第一次SAT考试成绩低于1,500分，ACT成绩低于33分，则要安排参加第二次SAT（3月、5月或6月）或ACT（4月或6月）考试，力争SAT过1,500分，ACT过33分。
- 5月参加AP或IB考试。
- 继续参加全国一级有影响的文学、艺术、科技等学科竞赛，力争获得优异成绩。
- 继续参加义务活动，科学安排学校、课外活动、社会义工、体育锻炼的参加时间，做到有机统一、保持平衡，并努力在这些活动中发扬积极主动精神，成为领导者。
- 在有关学术杂志上发表专业论文（至少投稿一次到The Concord Review杂志）。
- 为自己的研究争取资金资助或者至少申请到一个机构的奖学金。
- 了解和熟悉自己喜欢的学术领域的最新趋势，与该领域的专家建立联系，聘请一位专家或心仪大学的专业教授为你的导师。
- 创建一个学术方面的网站或开设一门网络课程。
- 每天写英文日记和英文分类笔记（包括英文报纸杂志阅读笔记、课外活动记录、义务活动记录、竞赛准备记录等），每天读英美名著15页左右，所有生词都要记录下来。
- 每周写英文周记，每月向著名英文报纸杂志投稿。
- 在暑假前与升学辅导员和任课老师联络沟通，请他们在暑假中为你准备推荐信。
- 暑期前再一次请教高中升学顾问，询问自己的申请大学名单和专业是否妥当。这件事非常有必要，而且很有价值。如果你同时聘请了私人升学顾问，也要与私人升学顾问仔细商议。
- 熟悉申请大学的文件，暑期中完成通用申请表中的初稿填写，完成通用表的命题入学作文和心仪大学的额外作文初稿，并从每所心仪大学的官方网站了解申请需要递交的所有文件和申请截止日期（特别是不接受通用申请表而使用单独申请表的那些大学），检查自己是否准备妥当。

12年级

9—11月

- 高中最后两学期，继续选择高难度课程，并保持优异的GPA。
- 如果SAT或ACT成绩不理想，抓紧最后的考试机会（10月、11月）。
- 秋季一开学，就要进入申请大学的准备工作。请老师和升学辅导员尽快落实推荐信。
- 准备好通用表内需要填写的所有内容，重点是入学作文和课外活动梳理。

- 充分利用提前决定（Early Decision, ED）优势，在 11 月 1 日之前递交一所最心仪的大学 ED 申请，同时递交提前行动（EA）的大学申请（通常申请截止日期为 11 月 1 日）。
- 许多艺术类专门大学申请截止日期为 12 月 1 日，记得提前递交作品集和视频等材料。
- 提醒高中升学顾问，及时向自己申请的 ED 和 EA 大学递交高中成绩和推荐信。有些大学要求申请者自己递交成绩单（Self-Reported Scores），你要及时提供。
- 年底之前准备助学金申请（Financial Aid）的材料。
- 如果有全国范围内有影响力的竞赛成绩，要及时提供，如英特尔科学奖（Intel STS）、谷歌科学挑战赛（Google Science Fair）、可口可乐学者计划（Coca Cola Scholars Program）等。

12月

- 如果获得 ED 心仪大学的录取，首先恭喜你。但切忌张扬，要考虑同学们正在奋力申请中。获得心仪大学的录取后要保持清醒，如果高中成绩下滑或有任何触犯法律法规行为，或在脸书、微信中发表不当言论，仍有被取消录取的可能性。
- 如果 ED 没有录取，还有一些学校可以让你申请 ED 2，你可以抓紧时间继续申请。
- 12 月 31 日是许多大学常规决定（RD）的申请截止日期。如果你需要申请 15 所大学，请务必在 12 月中旬完成。因为圣诞期间，特别是年底，大学申请网站通常会"堵车"，甚至无法完成递交申请手续。

1—3月

- 如果这期间有了新的竞赛成绩或获得奖学金，请立即向所有申请大学递交这些材料。
- 准备递交 12 年级期中考试成绩（Mid-Year Report）。

4—5月

- 4 月上旬，你会收到所有大学的通知。如果有两所大学同时录取而无法决定去哪一所，可以利用周末去实地考察，同时考虑两所学校的费用区别。
- 5 月 1 日之前，明确表态愿意去的大学，并向该校支付学费和住宿定金；同时向录取你的其他大学表示你已有去向，向这些学校表示感谢。
- 向所有帮助过你申请大学的人写感谢信：高中老师、升学辅导员、SAT 培训老

师、体育或艺术教练、实习指导老师、同学、父母及兄弟姐妹等。
- 参加 5 月的 AP/IB 考试。
- 如果收到心仪大学的等待名单（Waiting List），可以发信表示非常有意愿进该校。如果幸运被"转正"，写信通知 5 月 1 日表态去的那所大学并说明情况。

6—8 月
- 向计划秋季入学的大学递交 12 年级全年成绩单。
- 继续努力申请各种奖学金。
- 参加计划报到大学的大学介绍会（Orientation Sessions），与导师商定第一学期的选课。
- 与未来大学室友联络，增进了解和友谊。
- 继续每天写英文日记和英文分类笔记（包括英文报纸杂志阅读笔记、课外活动记录、义务活动记录、竞赛准备记录等），每天读英美名著 15 页左右，所有生词都要记录下来。
- 每周写英文周记，每月向著名英文报纸杂志投稿。

想成功申请美国名校的高中生，都可以参照这个 4 年申请准备内容和完成时间表，再制定适合自己的时间管理表。只要有计划，出发永不晚。不管你现在处于哪一个年级，都可以参照上述申请准备内容和完成时间表来规划你的个人升学计划。

本节小结

美国高中 4 年，学生要完成学业，还要兼顾课外活动、义务活动，参加学术竞赛，准备标准化考试，任务非常繁重。没有一个科学管理时间的方法，是无法实现的。

本节提供 9 至 12 年级中每年的大学申请计划，极具参考价值。

第四章

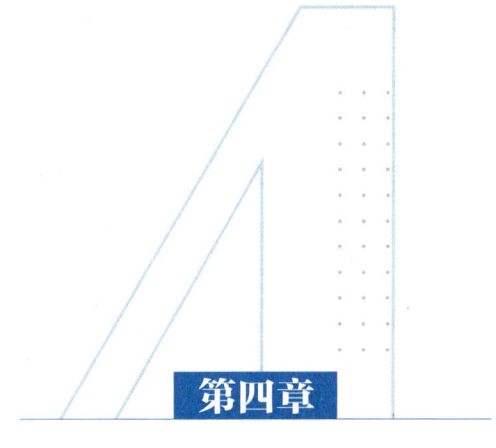

锦囊四：
保持成绩靠前
——学习和考试独辟蹊径，成绩进入前10%

清代左宗棠接任醴陵渌江书院山长（校长）时，立了新规，学生必须将所学功课之要点及心得详尽记载，放学前由他逐一审阅，笔记最差的学生当日生活补贴奖给笔记最好的同学。实施后，校风为之一振，学生们学业猛进。100多年后，纽约一位私立高中老师，听了笔者介绍的左宗棠管理法后马上仿照。该班学生不敢怠慢，每堂课认真听讲，做好科学化课堂笔记。之后，该班学生不但考试成绩优异，进常春藤名校的比例也明显超过同校其他各班。可见成功的教学管理经验，古今中外皆通。

一位哈佛的学生说，高中时期，他和班上几位笔记做得详细的同学约定，每次考试前每人根据自己的笔记出一份模拟考卷。后来他们惊奇地发现，他们的模拟考卷中竟然包含80%的真实考题。

作为一名高中生，要做一个新事物的探索者和实践者，可以向自己高中的领导或老师建议进行新型教学模式的尝试和探索，这肯定会受到美国名校的关注和青睐。

第一节
成绩保持在年级前 10% 的诀窍

美国大部分高中，一学年分为春、秋两个学期。每学期开学第一周，每个任课老师给学生的见面礼就是所任科目的教学大纲（Syllabus），用以解释本课程的学习目标、内容、计划、考核方式等。学生们最为关心的当然是考核和记分方式（Grading Policy），因为这将直接影响学生的 GPA。美国高中如何打分？是否也和大部分中国学校一样，主要由期中、期末两次成绩决定？

为了确保每个学生和家长都知晓教学大纲，老师通常会把这份资料打印出来，让学生和家长签字确认。根据每门课的特点和每个老师的要求，学习成绩的评定方法会稍有不同。一般来说，一个学生的成绩由下列几方面内容组成。

平时作业（Assignment, 15%）

平时作业通常占总成绩的 15% 左右，包括课堂和课外作业。任课老师决定哪些作业计入评分，哪些作业不计入评分，且通常并不提前告诉学生。因此，学生需要认真对待每一次作业，不能掉以轻心。特别是"大"作业，如写作（Write-Ups）、实验报告（Lab Report）等，通常是计入评分的。

每个老师对迟交作业的态度也不太一样，一般在大纲里面会规定好。有的老师不接受迟交作业，直接按 0 分计入评分；有的老师允许迟交作业，但成绩会有一定折扣。如果学生因为生病请假或合情理由缺课（如外出参加比赛等），建议尽快说明理由并补交作业。

教学考核（Formative Assessment, 40%）

这类考核通常占总成绩的 40% 左右，目的是评估学生在学习过程中对所学知识的掌握情况。如果学生没考好，通常允许学生复习后，重新和老师约定时间进行补考（Re-test），最后以分数较高的成绩为准。教学考核不是为了评判学生的学习能力，而是用来督促学生掌握平时所学的内容，目的是保证学生达到学习目标。

教学考核包括：

课堂小测验（Quiz）：为了评估学生对课堂所学知识的掌握，通常老师们会在课上安排小测验，有时是不提前通知的临时性小测验。这些小测验的分数也和作业一样，会计入课程总评分。

课堂考试（Test）：一般都会提前通知学生准备，比如，一章学习结束后，老师会安排一个章节考试。

小组作业（Group Project）：由 3—5 位学生共同完成一份较复杂的作业，如一份读书报告或一次实验记录。通常需要应用计划、研究、讨论及报告等能力，最后由学生轮流做口头汇报。这些报告一般都提前 2—3 周布置，使学生们有足够的时间准备和完成，对学生们的时间管理能力是一大考验。

总结性考核（Summative Assessment,40%）

总结性考核通常分为期中（Midterm Exam）和期末（Final Exam）考核，占总成绩的 40% 左右。期中考试考查从开学到期中所有的学习内容，期末考试考查整个学期所学的内容。老师通常会在考试之前带领学生进行所有重要知识点的复习。

课堂参与程度（Participation,5%）

这部分通常会占总成绩的 5%。美国老师非常看重学生们在课堂上的表现，希望学生们认真听课，积极参与，主动提问，参与讨论，提出自己的想法，和老师互动。如果上课不专心，从不发言，对老师的问题不做回应，都会被认为是参与程度不够，从而影响课堂参与分数。

学生以上几方面的平均分数，乘以权重，再相加，就得到该门课一学期的综合成绩。通常满分为 100 分，学校根据相关政策，把分数转化为分级的成绩（Grade），赋予对应的"点数"（Point）。例如，有的学校规定学年综合评分 93 分以上为 A，90—92 分为 A−，以此类推。对于绝大多数的课，A 对应 4 个点，A− 对应 3.7 个点，B+ 对应 3.3 个点，B 是 3 个点，C 是 2 个点。

每一门课都有对应的学分。一般来说，美国高中一学年的课是 1 学分（Credit），有些选修课（比如电影欣赏、视频编辑等）是半个学年的课，也就只有半个学分。只有最终成绩在 D 以上，才能得到学分。4 年高中毕业通常需要修满 23—26 个学分。

把一位学生所有课的点数乘以学分数，相加求平均，就得到这位学生的平均点数，就是 GPA。假如一位学生每年上 6 门课，4 年就是 24 门课，想拿到 GPA4.0 的话，就意味着 24 门课都必须拿 A（因为拿到 A 可以得到 4 分，B 才 3 分）。一般计算总平均分是把你每一门课得到的分数加起来除以课程数量。比如，你英语得到 C，2 分；代数得到 A，4 分；生物得到 B，3 分；3 门课加起来一共是 9 分，除以 3 门课，得出 3，也就是你的 GPA 为 3.0。

大部分高中对荣誉课的 A 会增加 0.5，给 4.5 个点，AP 水平课程的 A 会增加 1，给 5 个点。因此，你会发现有的学生的 GPA 会超过 4.0。比如，林书豪申请哈佛大学时，他的高中 GPA 是 4.2，说明他是一个高中学习成绩非常好的学生。

美国高中通常每学期向学生发放两次成绩单（Report Card）。成绩单包括学生每门课程获得的分数、各个组成部分的学习目标以及学生相应的达标情况。成绩单上还有各任课老师的评语。成绩单需要学生带回去给家长签字，确保家长了解孩子的学习状况。

出于隐私保护，美国学校不向家长和学生公布全班学生的排名或平均成绩。在高中最后一年（Senior Year）秋季，学校会根据学生们从 9 年级到 12 年级上学期这三年半时间的成绩，计算出毕业班学生的平均分以及每个学生在毕业班里的总体排名。GPA 排在前两名的学生，会获得特殊的荣誉——"第一名毕业生"（Valedictorian）和"第二名毕业生"（Salutatorian）称号，他们有资格在毕业典礼上代表本人或毕业班做演讲。

大学招生办要看学生 4 年高中每一个科目的学期总评成绩和在高中的年级排名。美国公立的州立或市立大学非常喜欢看排名，因为这些学校招生数量庞大，无法对申请者进行全面了解。

哈佛大学的招生官曾说："我们不会对不同学校的成绩单进行横向对比，但是同一所学校内，比如说这一年该校有 5 位学生申请，那么我们还是会对 5 位学生做一些对比的。"

布朗大学前招生办主任吉姆·米勒（Jim Miller）说："班级排名可以证明一位学生的真实水平。比如，一位学生的成绩可能只有 B＋，但如果该学校根本就不给学生 A，B＋就是个非常好的成绩。我们必须了解学生在同一个年级中的相对排位才能正确评估他。"

排名前 30 的名校特别青睐高中年级排名前 5%—10% 的学生，这是一个重要的评定指标。学校的升学顾问（Counselor）会在推荐信中对这些学生给予特别说明。

北京和上海有一些国际高中，外籍老师给分很严格，有些优秀学生 GPA 并不高，但是在年级排名前 3%，美国一些常春藤名校还是会录取他们。

美国高中要求学生们不要把所有的希望都寄托在期中考试和期末考试上，而是要认真上好每一堂课、做好每一次作业、考好每一次测验考试。

优秀学生的学习方法都是相似的。笔者总结近 500 名中美两国优秀高中学生的学习经验，发现他们能成为全年级前 10%，主要做到了以下 4 条。

一、预习动脑：课前进行"备课式预习"

传统的预习就是简单地提前看一下教科书的内容，而优秀高中生采用的"备课式预习"强调动脑：把自己想象成一位老师，明天要在课堂上"教"这门课，你需要去"备课"。

许多研究学习方法的专家都说，"教"是一种高效学习方法。

不管明天是学习一个新的数学概念、一个新的物理定律，还是一篇新的英语文章，都要进行"备课式预习"。通常按照以下几个步骤进行。

1. 快速看一遍教科书有关章节内容，了解大意。

2. 遇到生词或不理解的术语，务必查字典或利用网络搜索含义。

3. 再通读一遍教科书有关章节内容，特别留意第一段（大部分是简介）和最后一段（大部分是总结），这是这一章节的重点部分。

4. 其他段落基本是答案、证明、举例，留意这些段落的第一句和最后一句，这也是这个段落的核心内容，体会教科书阐述的内容是如何层层展开的。

5. 如果教科书章节后面有思考题，试试自己能否回答这些思考题。

6. 看看自己能否找出生活中的例子，证明教科书上讲的定律或概念，或思考文学名著中提到的生活场景或对人的思维描写，是否对眼下现实生活有启发意义。

7. 再通读一遍教科书，看看有哪些是自己并不理解的内容，在这些内容下方画上红线。

8. 把以上的"备课"过程，通过问题（question）、答案（answer）、证明（evidence）、举例（example）的格式归纳一下，试着用自己的语言写出来。这就是你的"备课式预习"提纲。

随着这种练习的增加，你在"备课式预习"上面花费的时间会越来越短，但学习效果会越来越显著，能大大增强你对教科书基本概念的理解和应用。

千万不要小看"备课式预习"的功效。上海某高中的一位班主任，挑选班上成绩排名靠前的学生，要求他们在学习语文、英语、数学、物理、化学、生物、历史、地理、政治科目时，采用"备课式预习"。下课后，全班一起听这些学生的"备课内容"。后来，这些有"备课式预习"经历的学生，全部考进985名牌大学，班上其他同学的一本大学入学率，也居全校第一。

二、上课听、看、记：听老师讲解，看PPT或黑板，记笔记

上课是高中学生最主要的学习方式。优秀高中学生的课堂学习经验包括以下几条：

1. 选择好听课位置。如果你能自己选择座位（譬如在大厅上大课），选择离老师最近的前排中心座位，这样你上课会更专注。因为老师离你那么近，你很难分散注意力。同时老师对你的印象会加深，特别是在大报告厅中，老师和前排的同学有更多互动。

2. 集中注意力，认真听讲。预习时不理解的部分内容，要特别留意老师如何讲解。如果对老师讲的内容不理解或有疑问，及时记下，不要在这时反复思考这部分内容，千万要跟上老师的讲解进度。对不理解的问题，你可以在课后问老师或发邮件向老师请教，也可以去办公室面见老师。不要担心会给老师添麻烦，其实老师希望和学生有

互动，说不定你提到的问题，也是其他学生没搞清楚的地方，便于老师下节课向全班再解释一遍。儿子进哈佛的王建军老师说过："不懂的内容，要'追问'老师。"

3. 积极参与课堂教学讨论。当老师要求学生回答问题时，踊跃回答；当老师组织分组讨论时，积极参与。有位从国内到美国读高中的女学生，开始对美国老师组织大家课间讨论不以为然，感觉一些学生讨论时的发言常常跑题，甚至有点语无伦次，好像太浪费时间了。有一次，老师要大家讨论美国作家塞林格的名著《麦田里的守望者》。老师认为，主人翁荷顿的苦恼和孤独，有些是他父母的错。这位学生认为老师的观点不对，于是和老师争论了10分钟。下课后，这位学生对书中的人物产生了一种亲切的感情，在为荷顿父母辩护时，她好像在为一个自己熟悉的人物辩护，甚至好像在为自己的父母辩护。她突然感到书中的人物是有血有肉、有悲欢离合的"人"。在老师的引导下分析书中人物的处境，理解他们的行为，从而对他们的感受有了切身的体会。这位学生说："我进入了书中的现实。"课后，老师给这位学生的课堂表现打了满分，以表彰她敢于和老师辩论的表现。

4. 做好课堂笔记。老师准备的PPT或黑板上的提纲、重点句子，一定要记在笔记本上。

5. 老师补充的内容或案例（课本上没有提及）一定要记下。这些能帮助你"开脑洞"，理解教科书的内容。譬如，老师问如何使用一把普通的尺子测量一页纸的厚度（答案是用尺子量一下300页书的厚度，再除以300）；如何使用简单工具测量纽约哈德逊河的长度（读者可以试着思考一下）。

6. 对于不同的学科，记笔记有不同的方法。例如，数学中的一些概念和定理，书上都有，而且内容完整、语句严谨，科学性与逻辑性都很强，所以不必记。着重记下老师对概念的解释，理解上要注意的地方以及解题技巧、思路和方法。

7. 善于利用符号，快速做课堂笔记。可使用不同颜色的荧光笔和钢笔来做笔记，这有助于加强记忆。同时注意不要把笔记本记满，要留有余地，以便课后反思、整理，添加感想，这样既可以提高听课效率，又有利于课后有针对性地复习，从而达到事半功倍的效果。

8. 避免记笔记的误区：一种是不分主次，记下老师所有讲课内容；另一种是太过简略。

三、动手复习：整理笔记，写课堂总结，做家庭作业

1. 课后复习的第一步是整理笔记。

（1）首先拿出课前"备课式预习"小本子，看看自己准备的重点和老师讲的重点有哪些相同、哪些不同？特别留意那些不同之处，这可能是你没有注意到的重点。

（2）使笔记有"完整性"。讲课速度要比记录速度快，于是笔记就会出现缺漏、跳跃，这就需要及时回忆有关的信息，补充相关内容。如果实在回忆不起来，可以借同学的笔记参考。

（3）使笔记有"正确性"。仔细审阅笔记，对错字、错句及其他不够确切的地方进行修改。

（4）使笔记有"条理性"。编用统一的序号，对笔记内容进行提纲式、逻辑性的排列，注明号码，梳理好笔记的先后顺序。

（5）使笔记有"系统性"。以文字（最好用红笔）或符号、代号等划分笔记内容的类别。以语文为例，哪些是字词类，哪些是作家与作品类，哪些作品（课文）是分析类，哪些是问题质疑、探讨类，哪些是课后练习题解答等等。

（6）使笔记有"资料性"。同类的知识，抄在同一笔记本或一本笔记的同一类别里，也可以用卡片分类抄录，这样日后复习、使用就方便了。按需查找，纲目清晰，快捷好用。

2. 做好当天的课堂总结。

课后规定自己必须为今天的每一堂课写课堂总结，浓缩一堂课的内容，找出重点及各部分之间的联系，掌握基本概念、公式、定理，融会贯通课堂知识。也可以使用"图案法""树枝法"等，用来理解和巩固所学的内容。一些优秀高中学生告诉笔者，用自己理解的方法总结课堂授课内容，是他们考第一的秘诀。

中国珠海某高中的李同学，每次下课后，都会把老师的板书和自己的笔记快速在脑中过一遍，小结一下。她后来被美国常春藤名校宾州大学录取。她中学时代这种"小结每节课"的方式非常有效果。

清末左宗棠任醴陵渌江书院山长（校长）时，给每个学生发了一个日记本，要求他们将所学功课之要点及心得体会逐日记载。放学前，学生将当日所记的笔记呈上来，他逐一检阅，对于上课笔记不得要领的最差学生，将他的生活补贴扣除，奖给笔记最好的学生。实施后，大生奇效，学生们学业猛进。100多年后，纽约一位美国私立高中老师，听了笔者介绍的左宗棠管理学校的要诀后，要求每一位学生每天离校前，必须逐一向他递交今天每堂课的简要授课内容。这使得该班每位学生每堂课都认真听讲，并做好科学化的课堂笔记。这个班的学生考试成绩优异，进常春藤名校的比例明显超过同校其他两个12年级班级。可见成功的教学管理经验，古今中外皆通。

3. 做家庭作业，是最有效的复习。

美国高中老师布置的家庭作业有各种形式：可以是一篇论文、一道习题、一份编程作业、一个体现物理原理的装置，甚至是一段视频。内容有大有小，需要花一天或几个星期的时间不等。作业可能不计任何成绩，也可能关系到你该学科的整个成绩。

不管是什么样的家庭作业，老师布置作业的目的都是帮助学生们巩固、复习、运用所学的知识。

要把做作业当作自我考试，写作业前可以先复习相关的教科书章节和你的笔记，但一旦开始做作业，就不要再翻书或笔记本，遇到不会做的作业，先思考，有困难的部分先跳开，继续做下面的作业。做完后再看前面不会做的作业，看看有否解题思路。不少学生做作业时，按照书中的例题做，或照着课本中的字词抄，这样不经过思考地做作业其实不会帮助你真正掌握知识重点。

教科书上的例题都是经典例题，值得反复做。10小时解10道难题，不如10小时研究1道难题的10种解法更能培养学生的解题能力。举一反三，才能应付各种变化的题型。

如果是小组作业，一定要清楚了解作业要求。如果有不清楚地方，要与布置作业的老师联络，务必搞清题意，每人都要明确自己负责需要完成的内容。在共同讨论时，注意倾听他人的思路，对扩展你的思路大有好处。

美国高中老师布置的小组作业往往十分有创意。有次一位老师布置了一道需要两个学生（一男一女）合作的小组作业：根据刚读完的美国作家霍桑（Nathaniel Hawthorne）的小说《红字》(*The Scarlet Letter*) 编写一出独幕剧，表现女主人海丝特（Hester Prynne）和蒂姆斯蒂尔（Arthur Dimmesdale）最后在森林相遇的那一幕，但在剧本里要改写书中的情节，让他们两人做出与原著不同的决定。剧本写完后，还要自导自演，进行彩排，两周后在班上"公演"。

老师布置的作业让两位学生非常兴奋。他们开始研究写剧本，怎样才能有情节，既让同学们爱看，又要保持原著的创造思路和艺术风格？合理的结尾究竟要怎样处理？两人最后决定改写成：海丝特和情人在森林中激烈地讨论罪恶与惩罚的关系后，来了个中国式"大团圆"结尾——两人重归于好，双双逃离令人窒息的小镇，寻找美好的明天和崭新的爱情。

两周后的班级"公演"，大获成功。女学生胸前贴着大大的"A"字（在小说《红字》中是羞辱淫妇的标志），在学校"招摇过市"，显示自己当了一天的"明星演员"。

递交作业后，要仔细查看老师的批复评语。对自己做错的作业，要搞清楚错在哪里、当时为什么会做错。许多中国各省高考状元都介绍过，他们把每次作业的错误都记在一个单独的名为错题集的小本子上，每道错题，都用一句话总结，避免今后犯类似错误。

做家庭作业要固定时间、固定地点，环境要安静，尽量避免干扰。关掉手机，网络是用来收集学习资料而不是看八卦新闻的。做作业前尽量清除干扰，这样才能保持专注不分心。做作业30分钟后需要短暂休息5分钟。绝对不可借口没有时间而抄袭同学的作业。

四、考前梳理：备考是梳理知识的过程，梳理清晰，考试成绩就好

许多同学将考试视为畏途，其实考试是考核你对所学知识的掌握程度，而备考是一个知识梳理的过程，梳理清晰，就能考出好成绩。

2011年，美国普渡大学的研究者做了一个实验，有80位大学生参加，他们分成4组，学习一篇科学文章。

第1组——学习组（study），只学一遍科学文章。

第2组——重复学习组（repeated study），先学一遍，后来又学了4遍。

第3组——思维导图组（concept mapping），用概念图的方法学习，一边读材料，一边画出学习材料里各个概念的关系图。

第4组——回忆练习组（retrieval practice），学完第一次之后，进行回忆练习，能回忆多少就回忆多少；回忆完之后，再学一次材料，然后再继续回忆。

1个月后对4组学生进行考试，了解他们对科学文章的理解，第4组学生的成绩明显超过其他3组学生。这个结果中包含着认知原理。

回忆练习就是给自己的一次考试，它逼着大脑去梳理自己刚学习过的知识。这种考试不仅能促进你对单个概念的记忆，还能促进深度学习。科学界称这种现象为"考试效应"：大脑判断一个知识点将来是否有用的标准之一，就在于它是否被梳理过。你每次从记忆中唤醒一个知识点，它在你脑子里的信号就更强、更稳定。

梳理知识的最好方法是仔细翻阅自己的笔记。几乎所有老师的考试题目都是他们在课堂上讲过的内容，如果你的笔记足够详细，你对笔记内容又充分理解，就有把握获得考试高分。当然，把教科书再翻阅一次，更能加深对基本概念、公式、证明等的理解。

曾有一位进哈佛的高中生说，每次考试前，他和班上几位笔记做得详细的同学约定，每人根据自己的笔记，出一份模拟考卷。后来惊奇地发现，他们的模拟考卷中，竟然包含80%的考试真题。

有些高中任课老师会提供去年的考题让学生参考，这时你千万要仔细做一遍，务必搞清每一道题背后的道理。因为今年的考题在题型方面和去年的考题会有惊人的相似之处。

如果去年的考题是多项选择题测试，那今年的考卷会非常接近，你复习时要关注纯粹的信息和细节。第一次遇到A、B、C、D 4个选项，你凭直觉选了一个答案，最后复查时，对自己的首次选择有怀疑。在这种情况下许多老师说，坚持第一次的直觉，不要改动。但万维钢老师在"精英日课"中说，心理学家认为老师的建议是错的。很

多心理学家对此做过很多项研究，他们的结论一致：应该改。统计表明，如果你改答案，把对的答案改错的可能性只有1/4，而把错的答案改对的可能性有1/2，剩下1/4的可能性是把错的改成错的。

如果老师宣布，考试完全是以作文为基础的，你应该花更多的时间思考更广泛的概念，以及它们如何与其他概念联系起来。

万一遇到难住你的考题，先完成其他考题，最后再来思考困难的题目。

考试前一夜，要休息好。考试当天不要喝太多饮料，避免在考试期间内急。

备考期间，保持科学饮食，确保精力充沛。

考出好成绩，成为全年级前10%，取决于你平时的努力学习和考前的合理准备。

高中成绩是美国名校审阅申请材料时非常看重的一部分。一些著名的公立大学，如加州大学伯克利分校等，主要录取标准就是高中的成绩。

本节小结

总结近500名中美优秀高中生的学习经验，发现他们能成为全年级前10%，主要做到了以下4条。

1. 预习动脑：课前有"备课式预习"。
2. 上课听、看、记：听老师讲解，看PPT或黑板，记笔记。
3. 动手复习：整理笔记，写课堂总结，做家庭作业。
4. 考前梳理：备考是梳理知识的过程，梳理清晰，考试成绩就好。

在不同地点场景下，用不同的方式学习同一个内容。一个知识点，先"备课式预习"一次，这是动脑；课堂上看老师演示一遍，这是加深听觉、视觉印象；回家做作业，这是读写巩固。而考试，是一种"反馈"。通过这种"反馈"，看看自己是否真的掌握了相关知识点。

高中成绩是美国名校审阅申请材料时非常看重的一部分。一些著名的公立大学，如加州大学伯克利分校等，主要录取标准就是看高中的成绩。

第二节
向高中老师建议尝试新型教学模式

先来看一下几个新型教学思维和教学模式的尝试案例。

案例一：一位著名写作老师，只给学生看一篇小说的开头和中间部分，要求学生创造出3个不同的结尾。这是目前深受欢迎的问题导向式学习模式。

案例二：新学期第一堂历史课，历史老师走进教室，向大家提议说："同学们，这个学期我们尝试一下，运用当年的制造技术和工艺，把哥伦布发现美洲大陆时坐的船造出来吧！"这可不是什么小说或电影里的虚构情节，而是实实在在发生在一所美国大学的历史系课堂上的事。这样的课堂，乍一看似乎匪夷所思，这不是不务正业吗？

但是仔细想想你就会明白这种课程设计的巧妙之处：他让学生穿越回15世纪的欧洲，扮演海员和工匠的角色。他们要去了解，在15世纪，木材要如何做防腐处理，远洋船只的龙骨如何拼接，船的舱室结构是什么样的；当时的船长如何确定航向，如何了解船所在的位置，遇到突发状况会怎样决策；水手们会打几种绳结，如何绘制海图，怎么保存食物……

你看，学生们甚至不用老师布置作业，就自己忙不迭地到网络上、图书馆里去查找文献资料了。你根本不用担心他们学得不扎实，因为这些知识，不是别人灌给他们的，而是自己带着强烈的好奇心主动去找来的。这种获取知识的方法，恰恰是最扎实的。

更奇妙的是，即便是这个学期的课程结束了，造船的任务完成了，学生们对相关知识的兴趣也不会因此而消退，因为他们的学习过程完全出于自觉自愿。

主动学习，快乐学习，学有所得，还学得扎实，这简直是每一个教育者和家长都梦寐以求的结果。但是，这些学生的收获还远不止于此。

在大家分工合作完成造船任务的过程中，有的学生发现了自己的领导才能，有的学生发挥了出色的沟通协调能力，有的学生体现出良好的规划和设计能力，还有的学生重新认识了自己的动手能力。每一个人都更好地认识了自己。

这种教学方法或有争议，但不可否认，这堂历史课会让这些学生非常难忘。这是项目型学习模式。

案例三：加州中学历史老师指导学生主动学习加州历史。老师不是简单考核学生所了解的加州历史，而是布置这样一道题：假设要举办一个历史大宴会，要求学生每人邀请几位加州历史人物参加，学生要讲出邀请这些历史人物的理由，并根据这些人物的特点和喜好，安排餐桌位置，避免不愉快的尴尬场面出现。还要求学生模仿某个历史人物的生平特点，撰写一篇宴会即兴发言稿。

学生们需要通过查阅资料，仔细分析这些历史人物的性格特点、生平逸事，甚至衣帽服饰。大家可以想象，这些学生不仅能通过做这道历史题了解加州历史，还写出一篇简单的"历史小说"。这样的学习方式，肯定会产生长久且难忘的效果。

案例四：北京某高中的语文作业要求以曹操的将领、曹操的妻妾或汉献帝的口吻，为曹操写一篇祭文。要完成这份作业，你得阅读有关曹操的书籍，还要学习如何写祭文，参考历史上有名的祭文典范。最后，祭文都是只能写好话，不能说坏话，所以你还得设法为曹操的污点辩护。

案例五：北京某中学的语文作业是在《西游记》第30回到第31回中间，模仿原作者笔法，增补一回内容，要求：妖怪不重复；和前一回、后一回衔接合理；故事情节要曲折，语言风格要一致。学生为了完成这个作业，不但要仔细阅读《西游记》，还要研究原著的创作手法、分析人物性格等。

在世界各地，尤其是教育发达地区，都开始尝试问题导向式学习模式和项目型学习模式。除了以上两种模式，还有体验式学习、团队合作学习、多学科融合学习、人工智能辅助学习、探究式学习等模式。

著名数学家、哈佛大学丘成桐教授曾讲过两个哈佛教授讲课的故事（虽然是大学教授上课，但对高中学生仍有启发）。哈佛大学为1年级新生提供有趣味的新生讨论班，邀请校内名教授在小教室里讨论各种有趣的问题。有一位教授喜欢帆船，他花一学期时间向学生介绍风帆的种种物理问题，又带学生们到帆船上实验这些原理。学生在亲身实践下学习力学和流体原理，新鲜而有意义。

还有一位哈佛物理教授，找了12部电影，要求学生找出电影里不符合物理基本原理的镜头，给那些名导演一个"忠告"。学生们"找茬"劲头十足。这种学习方式，使学生和教授之间有密切交流，对学生今后如何做一流学问很有启示作用。

丘成桐教授还讲了自己在大学学习数学的故事，他的一位数学教授拿出一本数学书，要求学生寻找书中的错误。这个教学模式给丘成桐教授留下深刻印象。

在芬兰，他们的学习方式可以是这样的：以小组为单位，在规定时间内完成自找材料搭建房子的任务。

在英国，一篇课文可以学习一天，因为他们还要进行角色体验、表演、对话和重新创作。

在新加坡，他们已经不在乎学校的排名，而是注重培养学生解决实际问题的能力。

比如，他们采用任务驱动式合作学习方式，要求学生根据新加坡的气候条件和地质特点，建造一栋绿色环保的大楼，用什么材料、如何安排施工流程等都由学生自己决定，这样一来，学生在合作学习中就会擦出很多的创造性火花。

所有诺贝尔奖获得者都是靠解决尖端问题获奖。培养解决尖端问题的能力，需要动手动脑，而绝不是单纯靠死记硬背拿高分。

许多家长反映，自己孩子的动手能力太差，查其原因，就是学校里学生的学习方式单调又孤立，脱离实际。

以上所述的教学模式，让我们看到新型教学模式的显著教学效果。

全世界的教学专家都在思考这些新型教学模式究竟有什么共同点。

答案是，新型教学模式不再沿用仅仅依靠书本传授知识，老师讲、学生记，考试内容全是教科书内容的学习方式，而是要改变学习任务。无论是要求学生仿造哥伦布当年发现美洲大陆时坐的船，还是要求学生邀请几位加州历史人物参加模拟宴会，全部是"改变学习任务"。

这种改变学习任务的尝试，不仅在欧美开始流行，中国教育界也开始积极探索，并在中学和小学的教学中，取得喜人的成绩。

2020年年底，中国"罗辑思维"《启发俱乐部》发表沈祖芸老师的《全球教育报告》，报告中谈到两所小学改变学习任务的案例。

上海世界外国语小学4年级有一堂课，叫"食物在体内的旅行"。传统教学方法是在墙上挂一张人体消化系统图，指出食道、胃、小肠、大肠的位置及其功能，然后考考学生能记住多少。这种灌输式学习对孩子们来说多少有点枯燥。上海世界外国语小学就尝试为这堂课设计了一个新的学习任务，叫作"玉米粒儿的旅行"。具体就是让孩子把一颗玉米粒直接吞下肚，看看是否会排出完整玉米粒。

那几天校园里特别热闹，孩子们一进校门，就举起小盒子。有的成功排泄玉米粒，有的没有，老师就趁势带领孩子们继续做实验。他们把馒头、蔬菜、水果切成小块，装进塑料袋，再加水，反复揉捏挤压袋子，模拟胃的工作。然后把煮熟的玉米粒装进吸管，边揉袋子边吹玉米粒向前推移。孩子们发现，有时候玉米粒被卷到其他食物里碾碎了，有的被完整排出来。由此，孩子们明白了肠胃的蠕动状况是不一样的，所以结果也不一样。

第二个案例来自北京未来城学校。该校2年级学生的一个学习任务是给附近的动物园园长写一封信，希望增加一种动物园里没有的动物，并让园长相信，引进这种动物后，游客会翻倍增加。

可以想象，孩子们要完成这封信，需要做不少工作：要了解动物园现在都有哪些动物，了解推荐引进的动物是否适宜北京的生存环境，思考如何说服园长引进这种动物，还要用证据说明引进后能增加游客，等等。做完这些工作，学生是否就掌握了引进动物的生活习性、熟悉了书信格式、了解了成本核算等基础知识？原本要通过语文、数学、科学、社会等课程实现的教学目标是不是也都达到了？

实际效果是动物园园长被说服了，引进了小学2年级学生推荐的新品种动物。这种来自真实世界的反馈，是这些小学生终生难忘的。

沈祖芸老师提出，任何一种能吸引学生们的学习兴趣和增进学习动力的新的学习任务，一定要使学生们心里确认3个问题：

1. 我是否喜欢这件事？
2. 这件事对我重要不重要？
3. 我能否做好这件事？

只要在这3个问题上保持肯定回答，一个人就会持续地处于学习状态。这就是学习任务设计能够激发动力的原因，它会让学习过程发生3个转变：有意思、有意义和有可能。

改变学习任务的意义，不仅体现在教学上，也可以体现在职场和生活上。任何人从事的工作都是由大大小小的任务构成的。有的人总能从工作中获得成就感，有的人却总觉得工作无聊，区别就是你是否获得有意思、有意义和有可能的深度体验。学习任务的改变就是让学生获得这种深度体验。

2020年北京高考语文有一道微写作题：学校举办"生活技能大赛"，同学们可展示烹调、插花、手工制造、修理器具等技能，请介绍一项你擅长的生活技能。如果学生平时没有经历过这样的学习任务，写这类题目就很苍白，很难获得好分数。

沈祖芸老师经过沉浸式调研，提炼出设计新型学习任务的6条黄金法则：

1. 从孩子熟悉的生活半径开始，让学生们在学习过程中不断调用已有的经验。
2. 具有适度的挑战性。保持孩子们的好奇心，让孩子们始终跃跃欲试。
3. 没有标准答案，只有解决方案。最终攻克一个具体问题，获得成就感。
4. 创造各种各样合作的可能性。让孩子在协同他人、连接资源、人际互动中适应不确定性。
5. 学习成果作品化。通过公开展示，从他人的评价和反馈中看到不一样的自己。
6. 高度承载学习目标。在解决问题的过程中，悄无声息地达到预期的知识、能力标准。

照本宣科灌输知识不难，而要设计一个新型学习任务却不容易，但这是一个大的教学改革趋势，不可避免。可贵的是，不但老师们在积极努力，学生们也在积极探索。不少美国优秀高中生，实地考察美国南北战争期间著名的葛底斯堡战役发生地，体会在最南端的小圆顶之战中，为什么张伯伦上校要命令剩下的80名士兵，换上刺刀冲下

山与南军展开出人意料的肉搏战。在公墓山上,双方的军旗短时间内轮流出现在山顶上,可以想象当时战斗的激烈和对山头的反复争夺。学生们结合地形,思考当时作战双方的指挥官为什么做出如此决策,对这场战役有了深切体会。这种对历史事件的地形考察和体验,大大增强了学习历史的真实感。

著名历史小说作家马伯庸2014年携3位同伴自成都一路北上,经剑阁,到汉中,穿祁山,过秦岭,直奔五丈原,自驾重走了一次诸葛亮北伐之路。这次出游他最想看的是山河形胜大势。在他看来,站在古人观察的位置,直观地看山河形胜,才能真正设身处地去体会古人所思,明白他们种种决定背后的考量。因此,他在经过了这一趟实地勘察后,对三国历史的认识也有了改变和加深,发现流传的一些故事和细节与现实是有差异的。同时,他也加深了对诸葛亮其人的理解,以前他觉得诸葛亮是智慧的化身,重走北伐路之后,彻底体会到了诸葛亮的坚强和执着。

2018年,苹果公司教育副总裁约翰·库奇(John D. Couch)和哈佛大学研究员贾森·汤(Jason Towne)合著的一本新书《学习的升级——技术如何释放学习者的潜能》(*Rewiring Education—How Technology Can Unlock Every Student's Potential*),一经出版,就造成很大的轰动。

该书谈到当下教育面临的最大问题,就是教育者仍然在用过时的、非数字时代的方式,去教育伴随数字化长大的孩子。所以,摆在教育者和家长面前的最急迫的问题就是:如何利用技术和对学习的研究,去创造个性化学习体验,以更好地满足学生的需求。在书中,约翰·库奇分享了自己50多年"教育+技术"的跨界研究经验,全面论述了为什么要对传统的学习动机、学习模式、学习场景进行升级,以及如何将科技成果和新的教学理念与实践应用到学习的升级中。书中还详细阐述了如何把被动教育升级为主动学习,如何从一对多的老师课堂讲授升级为实践学习,如何从"剧本式学习"变为"真人秀式学习",并且详细介绍了未来学习的三要素——"访问、建构、编程",主张通过学习的创新和技术的革命,释放每个人的无限潜能。

书中还提供了教育专家威廉·兰金博士(Dr. William Rankin)的一张图表,说明"教育模式"和"学习模式"的区别,很有启发意义。

	教育模式	学习模式
整体模式	传授知识	发现问题
社会结构	等级制度	共同体
授课环境	教室	自然世界
外界环境	模拟的	真实世界

续表

	教育模式	学习模式
授课内容	固定的	开发的
作业	食谱式	框架结构式
活动	消耗和重复式	建设性和创新性
基本办学理念	行政管理为中心	学生为中心
评估系统	教师导向	团体导向
流程	标准化	个体化
动机	外在的	本质的
期望	成绩等级和学位证书	学到技能和获得经验

虽然达到"学习模式"还有很长的路要走，但这是教育发展的大趋势，值得家长、老师和学生关注。

高中生要做新事物的探索者和实践者，可以向自己的高中校领导或老师建议进行类似的教学模式的尝试和探索，并率先做些准备工作，这肯定会受到美国名校的关注和青睐。

2020年7月，谷歌公司（Google）通过"在线学习平台"（Coursera）提供3个职业证书，包括数据分析、项目经理和用户体验设计。谷歌的专家亲自授课，学习者进行3—6个月的学习，平均每周投入5小时，并且完成动手实践任务，就能拿到证书。

这些证书有很高的含金量，也被英特尔、沃尔玛等大公司认可。学习者即便不被谷歌录用，这些证书也会增强自己在职场的竞争力，让自己获得其他机会。从2020年7月到12月，有近50万人报名学习。

现在有越来越多的大学认可谷歌的证书，有的大学甚至可以用其抵扣大学学分，最多可以抵12个学分，相当于4门本科课程。

谷歌这种企业直接培养学生的模式，促使大学主动向前一步，邀请企业参与课程的设计、招生、培训，在教育环节中发挥更大作用。

有编程基础的高中学生，如果能通过学习，获得谷歌推出的3个职业证书，你心仪的美国名校的招生办官员，肯定会对你刮目相看。

本节小结

全球各类学校开始应用问题导向式学习、项目型学习、体验式学习、团队合作学习、多学科融合学习、人工智能辅助学习、探究式学习等新型教学模式，并显示出显著的教学效果。

新型教学模式不再沿用仅仅依靠书本传授知识，老师讲、学生记，考试内容全是教科书内容的学习方式，而是要改变学习任务。

高中学生，如果自己在高中进行类似的教学模式的探索，无疑会受到美国名校的关注和青睐。

有编程基础的高中学生，如果能通过学习获得谷歌推出的3个职业证书，你心仪的美国名校的招生办官员，肯定会对你刮目相看。

第五章

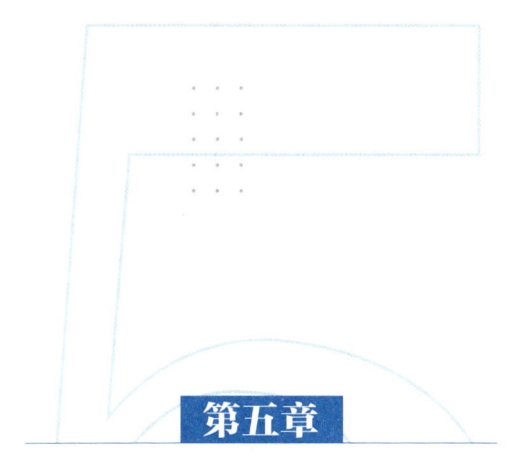

锦囊五：
强化读写训练
—— 读书近百本，单词过 2 万，赶超美国本土高中学生

一般美国高中生的英语词汇量是1—1.2万。作为英语非母语的中国高中生，要在英语的阅读和写作方面下苦功夫。这不但能帮助你顺利通过托福和SAT，更为你今后读研读博奠定扎实基础。

读书近百本，单词过2万，并非高不可攀。从初二暑假开始，每年按350天计算，每天只要读完15页英美名著、背15个英语单词，就能达成这个为你带来巨大人生红利的目标。

清代名臣曾国藩背诵经典，把大段落分成小段反复背诵。他把读书经验变成用兵之道，就是"结硬寨，打呆仗"。其核心就是稳扎稳打，步步为营，积小胜为大胜。许多进入中美顶尖名校的学生学习英语的经历，和曾国藩的经验如出一辙，可以总结为三句话：英文原著一本一本啃，英文单词一个一个背，英文作文一段一段练。

哈佛大学一位英语专业教授告诉笔者，据他观察，拥有2万个英语单词量的学生，将来第一年的薪水在10万美元左右，即掌握1个单词，价值约5美元。

第一节 "批判性阅读"五步骤

几乎所有的优秀高中生都是积极阅读者（active reader）。积极阅读者对所有的重点阅读对象，不论是教科书、老师指定的阅读书单，还是自学的课外读物、有关的学术论文，都实施"批判性阅读"（critical reading）的方法。

Critical reading，许多人翻译成"批判性阅读"，但近期许多学者都认为翻译成"思辨式阅读"更为恰当。Critical 在这里有"思考、分辨、评判"之意，但由于"批判性阅读"的说法越来越普遍，笔者还继续沿用"批判性阅读"这个说法。

30多年前，中国大学老师指导学生阅读英美原著时，要求学生采用泛读（extensive reading）和精读（intensive reading）两种不同的阅读方法。泛读是通过快速阅览以提高阅读速度，不要求逐句逐段仔细理解。"精读"则通过对每个单词、每个句子、每个章节的透彻理解，体会原著的整体布局和写作技巧。

批判性阅读与之前提倡的精读方法有部分类似之处，但比精读的要求更高。

许多教育专家认为，高中学生的批判性阅读，就是评估、掂量、思考读到的文章，然后在此基础上，得出自己的结论。具体应该有5个步骤：（1）理解内容（understanding the content）；（2）评估作者观点（evaluating the author's view）；（3）写读书报告或书评（writing a book report or book review）；（4）联络作者（contacting the author）；（5）组织讨论（setting up group discussion）。

一、理解内容

1.看书或文章的标题和副标题，出版社名称和出版日期，再看封底或其他部位的作者介绍，其他名家或读者评论信息，然后把书的前言和后记通读一遍。这时，读者应该对以下内容有一个大致了解：

（1）本书作者想表达哪些内容，传递什么信息。

（2）通过作者简介和出版年月，知道大体时代背景和作者背景。

（3）主要读者对象是谁。

2.把目录阅览一遍，了解作者的写作布局。如果指导老师要求写读书笔记，指定要回答几个问题，这时可以结合老师布置的具体问题，在目录里看一下，答案大致在

哪些章节里，在阅读时加以注意。

3.依次将每一章、每一节开头的第一句话，仔细看一遍，遇有生词，要查字典，务必透彻理解。再将这些章节的第一句话手抄一遍，加深印象，这样会对全书的内容有进一步了解。这是美国许多优秀高中生推荐的阅读方法，掌握此阅读方法一定会使学生受益良多。

4.现在开始阅读全书，这时要注意两点：（1）用你的食指，从左到右，在每一行文字中移动，使你的阅读与手指移动同步。（2）在书中空余地方，做读书随想笔记。在主要概念（big ideas）、次要观点（sub-point）、论据（arguments）、原因（causes）、说明（explanations）、不同意（disagree）、为什么（why）等处，写下简单的记录。同时，在不熟悉的单词和词组下面画线，并标注一个问号"？"，等看完这一章后，再重新翻书看一下该章，重点看一下这些标注问号的地方是否理解了。如果还不理解，借助字典，搞清句子含意。

5.再将全书至少通读一遍，体会作者是如何将几个小节汇成整个章节，再将章节汇成全书的。

二、评估作者观点

在完整理解全书（或整篇文章）的内容后，再就下面十大问题，深入思考一下，并随时扼要地（几句话即可）写下你的理解和体会。

1.作者想表达什么观点？作者是否清楚地阐述了自己的观点？

2.为什么作者想表达这个观点？作者的意图是什么？

3.作者用什么证据或案例来支持自己提出的观点？这些证据或案例是否能支持作者提出的观点？这些证据或案例是否符合逻辑推理？这些证据或案例有无瑕疵或弱点？

4.作为读者的你，能提出其他证据或举例来证明作者观点的正确性吗？

5.你有无阅读过类似题材的书或文章？当时你是什么感受？现在读了这本书或这篇文章，你有新的体会，还是和以前的感受相同？为什么？

6.你可以从作者的观点中受到哪些启发？能否指导你今后的学习和实践？作者的观点能否对社会、对大众有积极意义？这个观点能否适应其他领域？

7.作者使用哪些写作手法使读者印象深刻？

8.作为读者的你，是否完全同意作者观点？是部分同意，还是全部否认作者观点？为什么？

9.如果作者要出第二版，你可以向作者提供哪些建议、增加哪些内容、删除哪些内容？如果让你写类似题材的书，你计划如何写？

10.本书的读者和评论家的评价是否正确？如果要你写一篇评论文章，你如何写？

三、写读书报告或书评

高中老师一般都会要求学生写读书报告，通常在250—500字左右。学生如果参考以上评估作者观点中提示的10条，都可以写出不错的读书报告。写好读书报告的另一个参考资料是每本书的封底，那里一般都有名人的简单评论，可以根据名人的评论加以消化和拓展，或者上亚马逊网站，查阅对这本书的评论。如果是比较有名的书籍，在谷歌网站，也可以找到不少评论文章做参考。

有些老师可能会要求你在课堂上谈对一本书的读后感，你可以从这本书给你留下最深的印象开始谈起，因为印象最深刻的，也是对你产生最大影响力的地方。万一你一下无法谈及读书感受，也可以从一个否定开始你的发言。譬如，"×××对海明威的这本书提出这样一个观点……但我并不这样认为。我认为……"，这也是一个很好的，甚至会引起班上热烈讨论的话题。

如果你对美国或其他国家的某位作家作品有深入研究，你可以撰写一篇有质量的书评，向有关杂志投稿。你甚至可以把这篇评论作为高中毕业时申请名校的补充材料。

美国俄亥俄州的一位高中生，对同样出生在俄亥俄州的诺贝尔文学奖得主——美国黑人女作家托妮·莫里森（Toni Morrison）的作品颇有研究，他在《非洲文学研究》杂志（Research in African Literatures）上发表对托妮·莫里森作品的评论，获得该杂志总编辑的好评。这位学生后来进入布朗大学英语专业，他在谈体会时表示，写书评是高中生容易上手的写论文的形式。

华人学生李同学在读完奥地利作家弗兰兹·卡夫卡的名著《变形记》（The Metamorphosis）后，对作者的大胆想象颇为震撼。他收集有关变形的故事并仔细分析比较，特别是分析和比较了古罗马诗人奥维德（Ovid）的古希腊、古罗马神话汇集《变形记》，对这类题材的哲学基础和时代背景有了更深入的理解。他的读书报告受到哥伦比亚大学英文教授的赞赏，本人也被哥伦比亚大学录取。

四、联络作者

把你的读书报告或书评寄给作者，向作者请教和讨论，是一件非常有意义且具有学术价值的事。

琳达是一位爱好写作的高中生，她发现一本新书对她很有启发，就通过出版社联络到作者。她给作者发邮件，谈读书体会。当她获悉该书作者同她住在同一个城市时，就联络作者和附近几座城市的大型书店，举办作者和读者见面会，请作者介绍自己的新书并当场为读者签名。作者和书店都非常感谢琳达，因为她成了一个毛遂自荐的"义务经纪人"。这位作者还鼓励琳达写书并为她介绍有影响力的出版商。后来琳达在11

年级和 12 年级分别出了一本书，最后她被哈佛大学录取。

五、组织讨论

经过前面 4 个步骤，你对一本书有了非常透彻的理解和评估，如果想要更进一步推广和交流，可以组织一个读专著讨论会，邀请对这本书有相同兴趣的读者、同学一起讨论交流。如果能邀请作者也参加，则会产生更大的效果。

全世界最有名的读专著讨论会大概要数美国脱口秀女明星奥普拉·温弗瑞（Oprah Winfrey）的奥普拉读书俱乐部（Oprah's Book Club）。奥普拉会定期选定一本书进行推荐和解读。大多数情况下，她会邀请作者上电视秀，对作者进行采访。她曾邀请《哈利·波特》（*Harry Potter*）的作者罗琳女士（J.K.Rowling）上这个节目，对这本名著的传播产生过非常大的宣传效果。凡是奥普拉推荐过的书，一定会大卖，所以出版社和作者都乐意配合她。

你组织的读专著讨论会当然是小范围的。但这是一个锻炼机会，不但可以帮你加深理解书的内容、作者的观点，还可以让你认识更多的有相同爱好的朋友和同学，这都是你的资源。

当然，并不是每一本书都需要你联络作者和组织专题讨论。对有重大影响力的文章和书籍、学术论文等，举办这样的专题讨论，非常有价值。

被中国学生认为是"美国高考"的 SAT 的阅读部分，其实就是考你的批判性阅读能力，因为许多考题就是考你对文章的理解程度。批判性阅读五步骤，帮助你更深层次地理解文章，让你获得显著的学习效果。

本节小结

高中学生的批判性阅读，就是评估、掂量、思考读到的书籍或文章，然后在此基础上，得出自己的结论。具体应该有 5 个步骤：

1. 理解内容（Understanding the content）；
2. 评估作者观点（Evaluating the author's view）；
3. 写读书报告或书评（Writing a book report or book review）；
4. 联络作者（Contacting the author）；
5. 组织讨论（Setting up group discussion）。

第二节

4年掌握2万个英语单词
——年薪超过10万美元

哈佛大学一位英语专业教授告诉笔者，据他观察，拥有2万个英语单词量的学生，将来第一年的薪水在10万美元左右，即掌握一个单词，价值约5美元。

如果一位学生18岁开始读本科，22岁本科毕业后就业，或25岁硕士毕业后就业，到65岁退休，这位学生的一生工作时间大约为40年。按照每年年薪10万美元计算，他这一辈子将获得400万美元的收入（年薪的逐年递增可以抵消可能的失业等风险）。

高中4年，掌握2万个英语单词，不但为今后读本科、硕士，甚至攻读博士奠定良好基础，更为今后职业生涯带来可贵的经济效益。

耶鲁大学的教授曾在一次论坛上介绍说，英语单词量的积累主要是靠大量阅读。他的一位来自中国的女学生，以平均5天读一本英语原著的速度，每年读70本书，4年读了近300本书。英语单词量累积到4万。这位学生后来获得了美国本土优秀学生梦寐以求的职务——《纽约时报》社论编写小组成员，这是公认的英语写作顶尖职务。

要积累你的英语单词量，大量阅读是唯一途径。

中国学生从小学1年级开始学习"语文"这门主课。到了大学，还有"大学语文"要学习。即使如此，仅仅依靠"语文"教科书里学到的中文知识，如古汉语的理解、成语的运用、现代文献的分析等，是远远不能满足将来在社会实践中的需求的。每一年级的语文老师都教导学生，要多阅读古代名著和现代优秀作家名篇，多阅读各种享有盛誉的报纸杂志，多学习各种体裁的表现手法。事实证明，阅读量多的学生，在今后的学习和将来的社会实践中，中文的理解能力和写作能力，远比一般同龄学生要强，他们也更容易获得较高的成就。

英文学习同样如此，单靠一套英语教科书，是远远不够的。美国高中英语老师会定期在课堂上开出一些经典名著和享有盛誉的报纸杂志文章清单，要求学生课外选读并写读书笔记。这是培养美国高中生的英语阅读和写作能力的必经途径。

在本节中，你会看到美国高中老师推荐的报纸杂志和经典名著清单，并会强烈感受到美国高中学生的课外阅读量巨大。

中国高中学生的母语不是英语。去美国留学，没有英语的听、读、讲、写的能力

肯定是无法胜任留学任务的。如何提高学生的英语水平？这一问题让许多国内和美国新移民家庭都非常焦虑。书店里，几乎每月都有关于"如何学习英语"的新书问世，但好像这些书并不是"灵丹妙药"。

相传曾国藩小时候并不聪明，但他能持之以恒地背诵经典，靠的就是一遍一遍地重复，把大幅的段落分割后，分段反复背诵，一段段地啃。后来，曾国藩从一介书生，变成一位指挥千军万马的统帅，他把幼时的读书经验变成用兵之道，就是6个字——"结硬寨，打呆仗"，其核心诀窍就是稳扎稳打，步步为营，不取巧，不投机，这样才能慢慢掌握战略主动，获取最后的胜利。

笔者总结500多名进入中美顶尖名校学生在高中期间提高英语水平的经验，发现和曾国藩的经验如出一辙，可以概括为3句话：英文原著一本一本啃，英文单词一个一个背，英文作文一段一段练。

北京四中国际校区，在2014年至2017年间，学生中申请进入美国名校者甚多，在2015年至2016年间，每年有10多位学生进入藤校，取得这样傲人的成绩并非偶然。该校国际校区负责人石国鹏老师曾对笔者说，他的经验之一就是要求学生大量阅读英文原著，具体要求是每年读5,000页英美名著。一些学生说，按每年阅读天数350天计，平均一天读15页，一年可以读完20本左右。

有些老师说，要中国初三或高一学生每天看15页英美名著，似乎太难了。但实践证明，只要坚持，选的书本由浅入深，这个阅读量，学生完全可以胜任。一开始，有不少学生每天花45分钟，只能读完5页。这些学生利用周末，把平时拖欠的页数补上，每周100页是可以完成的。随着时间的推移，词汇量的增加，阅读速度会越来越快，学生也从中体会到成就感。

许多学生在完成这项作业时，都认为遇到生词，一定要查字典，并把生词做成卡片，正面写上生词，反面写上读音和解释，并把字典里提供的例句也写上（不是英语原著里的句子），这样便于记忆。生词卡片会越来越多，这时可以在上学和回家路上的公车上、地铁里，以及在食堂排队的琐碎时间，拿出卡片复习单词。如果从初二暑假开始发愤背单词，每天背15个单词，4年后你的英语词汇量就可以累积到2万。

简单总结，每年按350天计算，每天看15页名著，每年可以阅读20本名著；每天背15个单词，4年单词累计2万。这能为你带来巨大的人生红利。

上海初三学生李某，选的第一本书，是2018年出版的、备受推崇的侦探小说 *Where the Crawdads Sing*（中译本：《沼泽女孩》，又名《蝲蛄吟唱的地方》），全书370页，如果每天读15页，可以在25天之内读完。他是侦探小说和推理小说的爱好者，特别喜欢有悬念又刺激的作品。第一天读序言（Prologue，这个词本身就是生词），就碰到不少生词，但这难不倒他。下面是他读的第一页，斜体字是生词。

第五章
锦囊五：强化读写训练
——读书近百本，单词过2万，赶超美国本土高中学生

> ### *Prologue*
>
> *Marsh* is not *swamp*. Marsh is a space of light, where grass grows in water, and water flows into the sky. Slow-moving creeks *wander*, carrying the orb of the sun with them to the sea, and long-legged birds lift with unexpected grace-as though not built to fly-against the roar of thousand snow geese.
>
> Then within the marsh, here and there, true swamp *crawls* into low-lying *bogs*, hidden in clammy forest. Swamp water is still and dark, having swallowed the light in its muddy throat. Even night crawlers are *diurnal* in this *lair*. There are sounds, of course, but compared to the marsh, the swamp is quiet because *decomposition* is *cellular* work. Life *decays* and *reeks* and returns to the *rotted duff*; a *poignant wallow* of death *begetting* life.
>
> On the morning of October 30, 1969, the body of Chase Andrew lay in the swamp, which would have *absorbed* in silently, *routinely*. Hiding it for good. A swamp knows all about death, and doesn't necessarily define it as tragedy, certainly not a sin. But this morning two boys from the village rode their bikes out to the old fire tower and, from the third *switchback*, spotted his *denim* jacket.

李同学共发现21个生词（上述引文中的斜体字），他查阅字典，看懂"序言"后，马上被作者描写的风景吸引了。再加上安德鲁的尸体以及死者的夹克衫被发现的情节产生了悬念，吸引李同学津津有味地读了下去。

李同学制作的第一张卡片的正反两面是这样的：

> **prologue**
>
> prologue /ˈprəʊlɒɡ/ n. 开场白；序言
> The prologue to the novel is written in the form of a newspaper account.
> 该小说的前言是以新闻报道的形式写的。

其他20张卡片也按这样的正反两面方式做好，李同学每天有空就拿出来翻看。

回过头再谈阅读英美原著。

如果你怀疑每天读15页原著是否有必要，是否有真正效果，下面的真实故事可以回答这个疑问。

孔同学刚进上海世界外国语高中时，英语成绩尚可，但她深知，阅读英美名著是快速提高英语的有效途径。说干就干，孔同学直接选择阅读《简·爱》原著，她发现"一行10个词，能有8个不认识"。

77

这没关系。她将大目标拆分成每日小项，并坚持完成。具体做法是每天坚持阅读《简·爱》半小时，并把生词进行摘抄背诵。

通过时间的积累，将掌握的知识搭建成大厦，她参加 SAT 考试，获得了 1,580 分的好成绩，并成功申请成为全球著名的宾州大学奥顿商学院 2019 年秋季本科新生。

有一位学生谈过一个读英文原著的方法，就是先看第一章，再看最后一章，然后按部就班从第二章开始。这种读法有一个好处，就是从第二章开始，可以体会出作者"伏笔"和"布局"的匠心，看一次有读两次的感觉。

下面是大学理事会和一些著名私立高中英语老师近几年向美国高中生推荐的书籍名单，其中小说类作品 70 本，非小说类作品 25 本。这是非常有价值的推荐书名单（特别是有中译本书籍更值得对照阅读）。如果你在高中期间，能读完这些书中的 80 本（按每年阅读英文原著 20 本计算），笔者坚信，拥有这些阅读量的你，不仅会是中国高中生中的英语尖子，你的能力还会超过美国同龄高中学生的平均英语水平。

非常巧合，笔者推荐的第一本书，就是《简·爱》。希望你向孔同学学习，将这本书作为"攻克英语堡垒"的第一步。

		小说类
01	【书　　名】 【作　　者】 【中文译名】 【出版年份】	*Jane Eyre* Charlotte Brontë 《简·爱》 1847
02	【书　　名】 【作　　者】 【中文译名】 【出版年份】	*The Adventures of Huckleberry Finn* Mark Twain 《哈克贝利·费恩历险记》 1884
03	【书　　名】 【作　　者】 【中文译名】 【出版年份】	*100 Selected Stories* O. Henry 《欧·亨利短篇小说选》 1995
04	【书　　名】 【作　　者】 【中文译名】 【出版年份】	*Red Badge of Courage* Stephen Crane 《红色英勇勋章》 1990
05	【书　　名】 【作　　者】 【中文译名】 【出版年份】	*To Kill a Mockingbird* Harper Lee 《杀死一只知更鸟》又名《梅冈城故事》 1960

续表

		小说类
06	【书　　名】 【作　　者】 【中文译名】 【出版年份】	*The Scarlet Letter* Nathaniel Hawthorne 《红字》 1850
07	【书　　名】 【作　　者】 【中文译名】 【出版年份】	*Harry Potter* J.K. Rowling 《哈利·波特》 1997
08	【书　　名】 【作　　者】 【中文译名】 【出版年份】	*The Grapes of Wrath* John Steinbeck 《愤怒的葡萄》 1939
09	【书　　名】 【作　　者】 【中文译名】 【出版年份】	*A Tale of Two Cities* Charles Dickens 《双城记》 1859
10	【书　　名】 【作　　者】 【中文译名】 【出版年份】	*Two Can Keep a Secret* Mcmanus,Karen M. 不详 2019
11	【书　　名】 【作　　者】 【中文译名】 【出版年份】	*Where the Crawdads Sing* Delia Owens 《蝲蛄吟唱的地方》 2018
12	【书　　名】 【作　　者】 【中文译名】 【出版年份】	*Washington Black* Esi Edugyan 《华盛顿黑人》 2018
13	【书　　名】 【作　　者】 【中文译名】 【出版年份】	*Portrait in Sepia* Isabel Allende 《棕色肖像》又名《不褪色的肖像》 2001

		小说类
14	【书　　名】 【作　　者】 【中文译名】 【出版年份】	Bastard Out of Carolina Dorothy Allison 《卡罗来纳的私生女》 1992
15	【书　　名】 【作　　者】 【中文译名】 【出版年份】	In the Time of Butterflies Julia Alvarez 《蝴蝶情人》 1994
16	【书　　名】 【作　　者】 【中文译名】 【出版年份】	Bless Me, Ultima Rudolfo Anaya 《奥蒂莫，保佑我》 1972
17	【书　　名】 【作　　者】 【中文译名】 【出版年份】	The Handmaid's Tale Margaret Atwood 《女仆的故事》 1986
18	【书　　名】 【作　　者】 【中文译名】 【出版年份】	Rule of the Bone Russell Banks 《骨头的规则》 1995
19	【书　　名】 【作　　者】 【中文译名】 【出版年份】	Rules of the Road Joan Bauer 《旅途之道》 1998
20	【书　　名】 【作　　者】 【中文译名】 【出版年份】	Year of Wonders Geraldine Brooks 《奇迹的年华》 2001
21	【书　　名】 【作　　者】 【中文译名】 【出版年份】	Parable of the Sower Octavia Butler 《播种者的寓言》 1993

续表

		小说类
22	【书　　名】 【作　　者】 【中文译名】 【出版年份】	*Ender's Game* Orson Scott Card 《安德的游戏》又名《战争游戏》《致命儿戏》 1985
23	【书　　名】 【作　　者】 【中文译名】 【出版年份】	*Running Loose* Chris Crutcher 《脱缰奔跑》 1983
24	【书　　名】 【作　　者】 【中文译名】 【出版年份】	*The Farming of Bones* Edwidge Danticat 《耕耘骨头》 1998
25	【书　　名】 【作　　者】 【中文译名】 【出版年份】	*Ragtime* E.L. Doctorow 《拉格泰姆》 1976
26	【书　　名】 【作　　者】 【中文译名】 【出版年份】	*A Yellow Raft in Blue Water* Michael Dorris 《蓝水上的黄阀》 1987
27	【书　　名】 【作　　者】 【中文译名】 【出版年份】	*House of Sand and Fog* Andre Dubus III 《尘雾家园》 1999
28	【书　　名】 【作　　者】 【中文译名】 【出版年份】	*Love Medicine* Louise Erdrich 《爱药》 1984
29	【书　　名】 【作　　者】 【中文译名】 【出版年份】	*A Girl Named Disaster* Nancy Farmer 《一个叫灾难的女孩》 2003

续表

		小说类	
30	【书　　名】 【作　　者】 【中文译名】 【出版年份】	*Cold Mountain* Charles Frazier 《冷山》 1997	
31	【书　　名】 【作　　者】 【中文译名】 【出版年份】	*A Lesson Before Dying* Ernest Gaines 《生死一课》 1993	
32	【书　　名】 【作　　者】 【中文译名】 【出版年份】	*The Tin Drum* Gunter Grass 《铁皮鼓》又名《锡鼓》 1993	
33	【书　　名】 【作　　者】 【中文译名】 【出版年份】	*In This Sign* Joanne Greenberg 《手语之中》 1970	
34	【书　　名】 【作　　者】 【中文译名】 【出版年份】	*Snow Falling on Cedars* David Guterson 《爱在冰雪纷飞时》又名《落在香杉树上的雪花》 1994	
35	【书　　名】 【作　　者】 【中文译名】 【出版年份】	*Five Quarters of the Orange* Joanne Harris 《柳橙的四分之五》 2001	
36	【书　　名】 【作　　者】 【中文译名】 【出版年份】	*Plainsong* Kent Haruf 《圣歌》 1999	
37	【书　　名】 【作　　者】 【中文译名】 【出版年份】	*When the Elephants Dance* Tess Uriza Holthe 《当大象跳起舞来》 2002	

续表

		小说类
38	【书　　名】 【作　　者】 【中文译名】 【出版年份】	*A Prayer for Owen Meany* John Irving 《欧文·明尼的祷告》 1989
39	【书　　名】 【作　　者】 【中文译名】 【出版年份】	*Autobiography of an Ex-Colored Man* James Weldon Johnson 《一个前有色人的自传》 1912
40	【书　　名】 【作　　者】 【中文译名】 【出版年份】	*Andersonville* MacKinlay Kantor 《安德森维尔战俘营》 1955
41	【书　　名】 【作　　者】 【中文译名】 【出版年份】	*Home of the Braves* David Klass 《勇者之家》 2002
42	【书　　名】 【作　　者】 【中文译名】 【出版年份】	*She's Come Undone* Wally Lamb 《她的解脱》又名《她已无可救药》 1998
43	【书　　名】 【作　　者】 【中文译名】 【出版年份】	*The Diagnosis* Alan Lightman 《诊断》 2000
44	【书　　名】 【作　　者】 【中文译名】 【出版年份】	*In Country* Bobbie Ann Masson 《这个国家》 1985
45	【书　　名】 【作　　者】 【中文译名】 【出版年份】	*Waiting for Odysseus* Clemence McLaren 《等待奥德修斯》 2000

续表

		小说类
46	【书　　名】 【作　　者】 【中文译名】 【出版年份】	*A Canticle for Leibowitz* Walter M. Miller 《莱博维兹的赞歌》 1964
47	【书　　名】 【作　　者】 【中文译名】 【出版年份】	*El Bronx Remembered* Nicholasa Mohr 《纪念那个叫布朗士的地方》 1975
48	【书　　名】 【作　　者】 【中文译名】 【出版年份】	*Shizuko's Daughter* Kyoko Mori 《静子的女儿》 1993
49	【书　　名】 【作　　者】 【中文译名】 【出版年份】	*Beloved* Toni Morrison 《宠儿》 1987
50	【书　　名】 【作　　者】 【中文译名】 【出版年份】	*Devil in a Blue Dress* Walter Mosley 《蓝衣魔鬼》 1990
51	【书　　名】 【作　　者】 【中文译名】 【出版年份】	*The Other Side of Truth* Beverley Naidoo 《真理的另一边》 2001
52	【书　　名】 【作　　者】 【中文译名】 【出版年份】	*Dancing on the Edge* Han Nolan 《舞在边缘》 1997
53	【书　　名】 【作　　者】 【中文译名】 【出版年份】	*The Things They Carried* Tim O'Brien 《由他们承担的事》 2004

续表

		小说类
54	【书　　名】 【作　　者】 【中文译名】 【出版年份】	*The English Patient* Michael Ondaatje 《英国病人》又名《英伦情人》 1992
55	【书　　名】 【作　　者】 【中文译名】 【出版年份】	*The Grass Dancer* Susan Power 《在草地上起舞的人》 1994
56	【书　　名】 【作　　者】 【中文译名】 【出版年份】	*The Shipping News* E. Annie Proulx 《真情快递》 1993
57	【书　　名】 【作　　者】 【中文译名】 【出版年份】	*Killer Angels* Michael Shaara 《天使杀手》 1974
58	【书　　名】 【作　　者】 【中文译名】 【出版年份】	*The Stone Diaries* Carol Shields 《石头日记》 1993
59	【书　　名】 【作　　者】 【中文译名】 【出版年份】	*On the Beach* Nevil Shute 《在海滩上》 1975
60	【书　　名】 【作　　者】 【中文译名】 【出版年份】	*Ceremony* Leslie Marmon Silko 《庆典》 1986
61	【书　　名】 【作　　者】 【中文译名】 【出版年份】	*A Thousand Acres* Jane Smiley 《一千英亩》 1993

续表

		小说类	
62	【书　　名】	*Maus: A Survivor's Tale*	
	【作　　者】	Art Spiegelman	
	【中文译名】	《幸存者的故事》	
	【出版年份】	1986	
63	【书　　名】	*Dracula*	
	【作　　者】	Bram Stoker	
	【中文译名】	《吸血僵尸》又名《惊情四百年》	
	【出版年份】	1897	
64	【书　　名】	*Bless the Beasts & Children*	
	【作　　者】	Glendon Swarthout	
	【中文译名】	《保护那些野兽和孩子》	
	【出版年份】	1970	
65	【书　　名】	*Johnny Got His Gun*	
	【作　　者】	Dalton Trumbo	
	【中文译名】	《强尼有枪》	
	【出版年份】	1959	
66	【书　　名】	*The Samurai's Garden*	
	【作　　者】	Gail Tsukiyama	
	【中文译名】	《武士的花园》	
	【出版年份】	1996	
67	【书　　名】	*Picture Bride*	
	【作　　者】	Yoshiko Uchida	
	【中文译名】	《照片上的新娘》	
	【出版年份】	1987	
68	【书　　名】	*Jubilee*	
	【作　　者】	Margaret Walker	
	【中文译名】	《欢乐佳节》	
	【出版年份】	1967	
69	【书　　名】	*Montana 1948*	
	【作　　者】	Larry Watson	
	【中文译名】	《1948年的蒙大拿》	
	【出版年份】	1993	

续表

		小说类	
70	【书　　名】 【作　　者】 【中文译名】 【出版年份】	*Briar Rose* Jane Yolen 《野玫瑰》 1992	

		非小说类	
01	【书　　名】 【作　　者】 【中文译名】 【出版年份】	*Bird By Bird* Anne Lamott 《鸟接着鸟》 1994	
02	【书　　名】 【作　　者】 【中文译名】 【出版年份】	*Garlic and Sapphires* Ruth Reichl 《大蒜和蓝宝石》又名《美食评论家的乔装秘密生活》 2006	
03	【书　　名】 【作　　者】 【中文译名】 【出版年份】	*Circe* Madeline Miller 《喀耳刻》 2018	
04	【书　　名】 【作　　者】 【中文译名】 【出版年份】	*The Power* Naomi Alderman 《力量》 2017	
05	【书　　名】 【作　　者】 【中文译名】 【出版年份】	*Mythology: Timeless Tales of Gods and Heroes* Edith Hamilton 《希腊罗马神话：永恒的诸神、英雄、爱情和冒险故事》 1942	
06	【书　　名】 【作　　者】 【中文译名】 【出版年份】	*A Collection of Essays* George Orwell 《奥威尔散文集》 1946	
07	【书　　名】 【作　　者】 【中文译名】 【出版年份】	*Slaughterhouse-Five* Kurt Vonnegut 《第五号屠宰场》 1968	

续表

		非小说类
08	【书　　名】 【作　　者】 【中文译名】 【出版年份】	*The House on Mango Street* Sandra Cisneros 《杧果街上的小屋》 1991
09	【书　　名】 【作　　者】 【中文译名】 【出版年份】	*Tuesdays with Morrie* Mitch Albom 《相约星期二》 1997
10	【书　　名】 【作　　者】 【中文译名】 【出版年份】	*Nickel and Dimed：On (Not) Getting By in America* Barbara Ehrenreich 《我在底层的生活：当专栏作家化身为女服务生》 2001
11	【书　　名】 【作　　者】 【中文译名】 【出版年份】	*Barrio Boy* Ernesto Galarza 《巴里奥男孩》 1971
12	【书　　名】 【作　　者】 【中文译名】 【出版年份】	*An Inconvenient Truth* Al Gore 《难以忽视的真相》 2006
13	【书　　名】 【作　　者】 【中文译名】 【出版年份】	*A Briefer History of Time* Stephen Hawking 《时间简史》 2005
14	【书　　名】 【作　　者】 【中文译名】 【出版年份】	*Schindler's List* Thomas Keneally 《辛德勒名单》 1982
15	【书　　名】 【作　　者】 【中文译名】 【出版年份】	*Among Schoolchildren* Tracy Kidder 《学童之间》 1989

续表

		非小说类	
16	【书　　名】 【作　　者】 【中文译名】 【出版年份】	There Are No Children Here Alex Kotlowitz 《这里没有孩子》 1991	
17	【书　　名】 【作　　者】 【中文译名】 【出版年份】	Savage Inequalities: Children in America's Schools Johnthan Kozol 《野蛮不公：儿童在美国学校》 1991	
18	【书　　名】 【作　　者】 【中文译名】 【出版年份】	Into the Air Jon Krakauer 《在空中》 1997	
19	【书　　名】 【作　　者】 【中文译名】 【出版年份】	Devil in the White City Erik Larson 《白城魔鬼》 2003	
20	【书　　名】 【作　　者】 【中文译名】 【出版年份】	The Ugly American William Lederer 《丑陋的美国人》 1958	
21	【书　　名】 【作　　者】 【中文译名】 【出版年份】	The Color of Water James McBride 《我的特异母亲》又名《水的色彩》 1997	
22	【书　　名】 【作　　者】 【中文译名】 【出版年份】	Makes Me Wanna Holler: A Young Black Man in America Nathan McCall 《我想大声呼喊：一个美国黑人的生活》 1975	
23	【书　　名】 【作　　者】 【中文译名】 【出版年份】	Angela's Ashes Frank McCourt 《天使的孩子》 1996	

续表

		非小说类
24	【书　　名】 【作　　者】 【中文译名】 【出版年份】	*Fathering Words: The Making of an African American Writer* Ethelbert E. Miller 《文字之父：如何成为一名美国黑人作家》 2000
25	【书　　名】 【作　　者】 【中文译名】 【出版年份】	*Night* Elie Wiesel 《夜》 1972

前新东方老师李笑来在他的著作《把时间当作朋友》中谈到一个中国学生在准备 GRE 时，变"背单词苦差事"为"挣钱快乐事"。他是这样想的：他必须掌握 2 万个英语单词，才能在 GRE 考试中获得高分，这样他将获得每年 4 万美元的奖学金。当时 1 美元兑换 8 元人民币。第一年 4 万美元奖学金等于 32 万元，差不多等于税前 40 万元，这样一来，每个英语单词价值 20 元。当他每天临睡前，在单词表中画一个钩时，他仿佛看到口袋进了两张 10 元。

本节小结

每年按 350 天计算，每天看 15 页名著，每年可以阅读 20 本名著；每天背 15 个单词，4 年单词累计 2 万个。这能为你带来巨大的人生红利。

贵在坚持。

地球不爆炸，我们不放假；

大海不干枯，每天读原著。

第三节 每天阅读著名英美报纸杂志

很多优秀高中学生保持每天阅读著名英文报纸杂志文章的好习惯，不但能提高英语阅读能力，还开拓了国际视野。

美国顶尖名校也关注申请学生平时阅读的报纸杂志。

哥伦比亚大学的入学申请表就要求申请者列出经常接触的纸质或数字出版物、网站、期刊、播客或其他阅读材料的标题（List the titles of the print or digital publications, websites, journals, podcasts or other content you engage with regularly.）。

一位美国华裔高中生是这样填写的：

- *The New York Times*（纽约时报）
- *The Wall Street Journal*（华尔街日报）
- *The Economist*（经济学人）
- Bloomberg News（彭博新闻社）
- *The Atlantic*（大西洋月刊）
- Sohu Business（搜狐财经频道）
- *China Daily*（中国日报）
- *The New York Review of Books*（纽约书评）
- *Reader's Digest*（读者文摘）
- Thinking Allowed（BBC 电台 4）
- Cue Think（思路提示：数学解题网站）
- Math Nation（数学国度：佛罗里达大学创建的数学交流网站）
- MIT Open CourseWare（麻省理工学院开发的多学科学习网站）
- edX（哈佛大学和麻省理工学院等联合开发的学习网站）
- Coursera（斯坦福大学、普林斯顿大学、宾州大学等联合开发的学习网站）

哈佛大学等美国顶尖名校，十分关注申请学生是否有阅读英美著名报纸杂志的习惯。学校会从老师推荐信和面试官的报告中了解这一点。

哈佛某面试人员说："我知道他们大多是18岁左右的青少年，他们可以和同龄人互动。但与此同时，我们还是希望看到学生也有一个严肃的心态，想看他们是否能读《纽约时报》，是否会读其他的新闻杂志，而不仅仅是脸书。"

笔者的许多犹太朋友都介绍过一个犹太学生的"笨办法"，就是每天从享有盛誉的严肃报纸杂志中，挑选一篇文章细细阅读，在笔记本上把最后一段抄5遍，并翻译成希伯来文（这样可以全面理解该文的重点）。他们发觉，采取这种"笨方法"的学生的英文水平通常会有显著提高。

中国高中学生，完全可以仿照这个方法，最后翻译成中文即可。

上海一位高一学生，2019年8月1日登录《中国日报》网站（https://www.chinadaily.com.cn）后，看到一篇关于美联储降息的消息，全文如下：

US Fed cuts interest rates for first time since 2008

WASHINGTON - US Federal Reserve on Wednesday lowered interest rates for the first time since the 2008 global financial crisis, amid rising concerns over trade tensions, a slowing global economy and muted inflation pressures.

The Federal Open Market Committee (FOMC), the Fed's rate-setting body, trimmed the target for the federal funds rate by 25 basis points to a range of 2 percent to 2.25 percent after concluding its two-day policy meeting, in line with market expectation.

"Through the course of the year, weak global growth, trade policy uncertainty, and muted inflation have prompted the FOMC to adjust its assessment of the appropriate path of interest rates," Fed Chairman Jerome Powell said at a press conference Wednesday afternoon.

Despite strong job growth and solid consumer spending, the central bank chief pointed out that manufacturing output has declined for two consecutive quarters, business fixed investment fell in the second quarter, and domestic inflation shortfall has continued.

"The Committee moved from expecting rate increases this year, to a patient stance about any changes, and then to today's action," Powell said.

"It's primarily about risk management and a recalibration in response to rising risks associated with global growth and trade tensions," Tim Duy, professor at the University of Oregon and a Fed expert, wrote in a Bloomberg opinion piece earlier this week.

> Joseph Gagnon, senior fellow at the Peterson Institute for International Economics, told Xinhua in a recent interview that he thinks the Fed regrets its last two hikes last year and "kind of want to chase it back basically," adding that there may be another cut before the end of the year.
>
> Calling it a "mid-cycle adjustment" to the central bank's monetary policy, Powell said the rate cut is "not the beginning of a long series of rate cuts."
>
> The Fed approved four rate hikes in 2018, continuing a move toward policy normalization that began in 2015, after holding rates near zero for seven years. Since the beginning of this year, the central bank has left interest rates unchanged.

她仔细阅读了全文，并把最后一段在自己的笔记本上抄写了5遍，并把这一段翻译成中文，如下：

> 美联储在2018年批准了4次加息，延续了自2015年开始的政策正常化进程。此前7年，美联储将利率维持在接近于0的水平。自今年年初以来，中央银行一直保持利率不变。

完成这个作业，她共花费半小时。通过阅读抄写和翻译英文文章，她的英语水平有了长足的进步。

美国名校招生官员推荐给高中学生阅读的报纸杂志有：

——《纽约时报》（*The New York Times*）
——《华尔街日报》（*The Wall Street Journal*）
——《华盛顿邮报》（*The Washington Post*）
——《波士顿环球报》（*The Boston Global*）
——《中国日报》（*China Daily*）
——《经济学人》（*The Economist*）
——《大西洋月刊》（*The Atlantic*）
——《时代周刊》（*Time*）
——《科学美国人》（*Scientific American*）
——《国家地理》（*National Geographic*）
——《纽约书评》（*The New York Review of Books*）
——《彭博商业周刊》（*Bloomberg Businessweek*）

——《读者文摘》(Reader's Digest)

——《外交政策》(Foreign Policy)

以上杂志中，许多中国学生可能对《纽约书评》稍感陌生，其实该杂志在美国出版界名气很大。

1962年12月8日至1963年3月31日，纽约市发生规模空前的报业工人大罢工，包括《纽约时报》和《纽约前锋论坛报》(The New York Herald Tribune)在内的7份报纸受到劳资纠纷的波及而停刊。在无报可看的苦闷日子里，纽约知识分子最怀念的就是《纽约时报》和《纽约前锋论坛报》每周日的书评特刊。

一天晚上，在书店做编辑的芭芭拉·艾普斯坦（Barbara Epstein）及其丈夫举办家宴，邀请了诗人罗伯特·罗威尔（Robert Lowell）和他的太太作家伊丽莎白·哈维克（Elizabeth Hardwick），他们在酒酣耳热中产生了出版书评杂志的想法，并且立即行动。1963年2月1日，《纽约书评》创刊号出版了。这本书评杂志一经问世便获得巨大成功。

如今，《纽约书评》已经和《纽约客》(The New Yorker)齐名，成为纽约最著名的、美国知识分子最爱阅读的杂志。《纽约书评》不只是书评，它已成为一份包含时事评论、外交、社会、文化、文学和艺术等内容的综合性杂志，扩大并丰富了书评的定义，使书评变成既深又广的文化论述。《纽约书评》的作者都是名家，主编不限制他们的字数，不干预他们的立场，让他们尽情发挥，所以这份杂志越来越受广大读者欢迎。

学生不必盯着一种报纸或杂志阅读，建议经常变换翻阅，这样可以接触不同的视角，有利于拓展国际视野，开阔眼界，同时有利于学习各个名家的写作风格。

据介绍，中国国内高中生可以订阅《经济学人》数字版，一年400元，可以使用VISA或者万事达信用卡支付。还可以订阅《经济学人》商论APP，付费之后可以学习里面的双语文章，一年500元。

每天阅读著名英美报纸杂志，坚持数月，便会为你带来显著的收获。

本节小结

保持每天阅读著名英文报纸杂志文章，不但能提高英语阅读能力，还能了解国际国内大事。

每天从报纸杂志中挑选一篇文章细细阅读，把最后一段抄5遍在笔记本上，并翻译成中文，能显著提高你的英文水平。

美国名校通过关注申请学生平时阅读的报纸杂志，了解学生的阅读习惯和阅读内容。

第四节
英语写作训练
——8种定点定时定量练习方法

每一位高中学生在写英语作文之前,一定要想清楚3点:

1.我写的文章是给哪些人看的,即读者是哪些人群?

2.我想表达什么观点,传递什么信息?这些观点和信息会给读者带来什么影响?

3.我列举的事例是否支持我的文章观点?

一篇好的作文,应该具备4个要素:

1.观点积极(Positive)。

2.主题清晰(Clear)。

3.表达简洁(Concise)。

4.举例生动(Interesting)。

关于锻炼英语写作能力的重要性,大家都非常了解,所以老师竭尽所能地教,学生竭尽所能地学。美国不少英语老师总结经验:"培养写作高手,一定要使其养成固定的写作习惯,即定点、定时、定量练习:选定一个地方,固定一个时间段,规定写作字数,像每天上班一样,才会出成果。"

美国著名小说家斯蒂芬·金(Stephen King)写过200多部短篇小说和40本书,总销售量超过3.5亿册,电影《肖申克的救赎》和《闪灵》的原著作者就是斯蒂芬·金。

很多人认为,作家写作靠灵感,"李白斗酒诗百篇"。在我们想象中,作家应该一边端着酒,一边夹着雪茄,一口酒,两口烟,一会儿灵感就来了,于是铺开纸,下笔千言。

但是,如果你看过一些作家的自传或媒体对他们的访问,就知道他们的写作完全不是这么一回事。

斯蒂芬·金写过一本影响很大的书——《写作这回事》(On Writing)。他在书中披露自己的写作心得,最重要最关键的一条就是定点、定时、定量。他说,一个作家应该找一个属于自己的空间,关上房门下定决心,定好每天的写作目标,比如,每天1,000字,不达目标绝不开门。

早年斯蒂芬·金曾被记者问及如何写作,他的回答是:"一个字一个字地写。"这

似乎是一句玩笑话，但确是真心话。真实世界的作家，更像一个手工匠人，写小说就像做雕刻，是日积月累一点一刀刻出来的。

名著《鸟接着鸟》(Bird By Bird)的作者，美国作家安妮·莱莫特（Anne Lamott）谈到小时候，她的哥哥因为无法完成一篇关于"鸟"的读书报告而快要哭出声时，她父亲用胳膊搂着她哥哥的肩膀说："一只鸟一只鸟地写，伙计，一只鸟写完再写一只鸟。"这段话给她留下了深刻印象，也点明了一个学习写作的核心技巧——不求"速成"，一步一个脚印地前进。多年后，她将"Bird By Bird"作为她的书名。该书也成为高中老师推荐给学生学习写作的名著。

另一位著名作家村上春树认为，写作"要有一种跑马拉松的思维"，就是不必等待灵感，不依靠时机，坚持每天跑，坚持长期主义，才会慢慢把自己培养成写作高手。

"文坛硬汉"海明威，每天雷打不动坚持写作6小时，从6:30写到12:30。据说他每天至少要用完7支铅笔。

美国高中英文老师不是期待你成为一位畅销书作家，而是希望借鉴著名作家的写作经验，使你明白写作需要有时间保证，需要有纪律，这样才能成为写作高手。

如何定点、定时、定量练习写作？以下8个方法是非常有效的。

方法一：老师提供关键词，学生写成短文。
方法二：为当天的上课内容写小结。
方法三：每天坚持写英文日记。
方法四：每周坚持写英文周记。
方法五：每月或每季向著名英文报纸杂志投稿。
方法六：每月采访一位成功人士，编写采访记。
方法七：每月利用英文名篇，通过中英互译提高写作能力。
方法八：学习写演讲稿，参加英语演讲比赛。

下面分别详细介绍上述写作训练方法。

方法一：老师提供关键词，学生写成短文

老师在课堂上提供一些关键词，让学生发挥想象力，组成有内容、有意义、有逻辑的短文。下面是一个高中写作课堂的实例。

教室大屏幕上出现一组单词：

森林（forest）、香蕉（banana）、刀片（blade）、移动电话（mobilephone）、棺材（coffin）、朋友（friend）、爆炸（explosion）、云（cloud）、房屋（buildings）、金币（gold coins）、巧克力（chocolate）、雕像（statue）、公共汽车（bus）、家（home）。

要求学生在 20 分钟内完成一篇短文，文章要包括这 14 个单词。

有个学生写成如下短文：

> Long age, in a forest I found a banana. When I cut it using a blade, a mobilephone popped out of it ! Adding to the surprise, it rang. The call was from a coffin ! However, during the conversation we became friends. Suddenly, the mobile blew up in an explosion. The smoke created clouds which floated above many buildings. People started throwing gold coins and chocolates at the clouds. The statue, which was witnessing all this, got up, boarded a bus and went home.
>
> 很久以前，我在森林里发现了一根香蕉。当我用刀片切它的时候，一部手机从里面弹了出来！更令人惊讶的是，它响了。那声音是从棺材里发出来的！然而，在谈话中，我们成了朋友。突然，手机爆炸了。烟形成的云飘浮在许多建筑物的上空。人们开始向云层投掷金币和巧克力。目睹了这一切的一座雕像站了起来，上了一辆公交车回家了。

短文编得有点荒诞走板，但获得了老师和同学们的好评，毕竟这是在 20 分钟内完成的一个故事。

这种写作训练方法受到许多人的推崇。美国一些高中和社区大学，都对学生进行一种即兴创意写作训练，即老师要求一个学生说一个"名词"，要求另一人说一个尽可能活跃的"动词"；老师说一个"物品"，要求学生即兴组成一个"小故事情节"，要尽可能利用 5 个感官写出你在"故事"中的感受。许多著名作家后来回忆，在学校受到的这种训练使他们终身受益。

总结：定点，课堂；定时，英文写作课 20 分钟；定量，50—100 个单词。

方法二：为当天的上课内容写小结

不少优秀高中学生说，每天在做作业前，先回顾今天的上课内容，为每堂课写一篇 100 字左右、高度概括的小结，这不但能锻炼自己的写作水平，也是考第一的秘诀。

总结：定点，自己家里；定时，每天做作业前 15 分钟；定量，600 个单词（6 门课）。

方法三：每天坚持写英文日记

许多美国高中英语老师，要求所有的学生从 9 年级进校开始，坚持每天写日记。

理由如下：

1. 写日记是一种英文写作练习，坚持写能提高英文写作能力。

2. 每天晚上写日记，能帮助你重温当天发生的事情，梳理今天有哪些事情值得记录。这样能培养你的梳理能力。

3. 把对你有帮助的体会、经验总结一下大有好处（如今天有什么新的发现、学到了什么，同学交流有启发，遇到一个有意思的人，读到一本好书，听了一场演讲，看了一场有意义的电影等）。

4. 能反思当天你处理事情是否妥当、情绪是否处于常态，今后碰到类似情况，应该如何对待。

5. 培养自律能力。每天给自己某种压力，要求自己每天必须写，慢慢就会养成习惯。写作和其他事情一样，需要每天固定重复，让身体和头脑都养成习惯，才能由量变到质变，提升你的写作能力。

6. 日记是你每天的生活记录，日后翻开，可以看到自己思考和成长的轨迹，从中获得新的灵感。许多12年级学生，就是通过翻阅自己的日记，找到"入学作文"的写作素材。坚持每天写，等你退休后，日记就是你写个人回忆录的主要依据。

7. 晚上写好日记再休息，能提高睡眠质量。科学家认为，写日记能释放情绪，从而缓解焦虑、压力，促进入睡。

对中国学生而言，先写中文日记，再将自己的中文日记翻译成英文，是一个值得推广的训练英文写作的好方法。

有一些中国学生说，中文日记都不知道写什么，英文能力也不够，怎么写英文日记啊？等到英文水平提高了再写吧。

其实，这些都是不必要的顾虑。

写日记并不是一件难事，翻开许多历史名人的日记，如《鲁迅日记》，基本上是回忆总结当天的活动、心得体会等。写日记讲究一个"真实"，记录你当天真实发生的事、真实的想法、真实的体验，不要有任何压力。

正因为日记是个人的想法记录，所以有很强的"隐私性"，只有你一个人看，所以不必担心英文写得"好"与"不好"。许多12年级学生，翻阅自己9年级时写的日记，发觉当时自己的英文怎么这样"差劲"，这正说明自己的英文写作水平提高了。

下面是一位从中国移民美国的高中生的日记，有中英文供参考，以后你也可以写出这样的日记。

2018 年 11 月 18 日　周日　晴

　　今天上午阅读老师推荐的必读书籍——Sandra Cisneros 女士写的 *The House on Mango Street*（《杧果街上的小屋》），书中透过一位居住在芝加哥的拉美移民女孩的眼光，描写了周围的世界。每个短篇讲述一个人，或一件事，或一个梦想，或几朵云，或几棵树，或几种感觉。作者用词流畅。老师说，关于这本小说的写作风格一直争论不休：小说？短篇故事？散文诗？小品？可见这本书有如此多特点，真值得一读。

　　下午去法拉盛图书馆听讲座——"法拉盛的过去与现在"。从上海移民到美国，在纽约皇后区法拉盛居住近两年了，对法拉盛的历史还真不了解。令我吃惊又惊喜的是，我居住的樱桃大道（Chery Avenue），居然是美国开国元勋乔治·华盛顿居住过的街道。法拉盛曾经有一个邦恩大家族，其中有一位后人叫玛丽亚，她和丈夫华特·富兰克林在樱桃大道有一栋住宅。当时，纽约是美国首都，乔治·华盛顿来纽约时，就住在她家里。这个住宅成了美国第一座所谓的总统官邸。主讲人说，现在已经不清楚当初玛丽亚夫妇的具体地址了。我想我可以去区政府大楼（Flushing Town Hall）查阅一下资料，说不定可以发现一座历史名人故居呢。

November 18, 2018, Sunday, Sunny

　　This morning I read my teacher's recommended must-read book, *The House on Mango Street* by Sandra Cisneros, which described the world around us through the eyes of a young Latino immigrant girl living in Chicago. Each story tells about a person, or an event, or a dream, or few clouds, or few trees, or few feelings. The words the author uses in the book are fluent. The teacher said there had been a long debate about the writing style of the novel: a Novel? Short Stories? The Prose? Sketch? This book is so characteristic that it is worth reading.

　　In the afternoon, I went to Flushing Library to listen to the lecture "Flushing's past and present". I have immigrated to the United States from Shanghai and lived in Flushing for two years. I don't know much about Flushing's history. To my surprise and delight, Cherry Avenue where I live now was George Washington once lived when he visited New York. There was a big family named Bowne lived in Flushing for a long time. Maria Bowne and her husband, Walter Franklin, owned a house on Cherry Avenue. New York was the temporary capital of the new nation at that time. George

> Washington stayed in her home when he came to New York. The house on Cherry Avenue was in some ways the very first presidential palace. The speaker said it was no longer clear where the house was located. I suppose I could go to the Flushing Town Hall and check the documents. I could find a historical house.

据传有一位著名中国教育家，曾表示要开一家教育保险公司，每人交 1 万元保险费，如果被保人连续 10 年坚持写日记，还成不了作家，他负责赔偿 10 万元。你敢成为这样的被保人吗？

方法三总结：定点，自己家里；定时，临睡前 20 分钟；定量，200—350 个单词。

方法四：每周坚持写英文周记

日记是写一天内印象最深的事，而周记就是写本周内印象最深的事，把每周自己所看到的、听到的、想到的、经历的东西记下来，一周写一则。

周记没有什么特别的格式，跟我们平时说话写文章一样，就是条理清楚地说清一件事、一个想法。没有篇幅要求，因此不必当作负担。

周记的关键也是要真，真事、真情、真想，不要虚构。表达你正经历的、正思考的事，对提高你的写作能力是有帮助的。

回想一下这个星期发生了什么，在学习上有什么问题，班级里有什么新鲜事，和朋友、老师间关系如何，这些都可以写。和日记相比，周记可以写的内容更多了，但需要突出一两个重点。

曾经有学生说，这周最无味，什么也没有发生，没什么可写的。笔者对该学生说，再想想，再仔细想想，你会找到可写的内容。

这位学生接着说，要我回忆本周印象深的事，只记得吃了一次大餐，还有被老师骂了一顿，再就是跟同学闹别扭心里不爽，这些都没有重要意义，怎么能写呢？其实既然你想到了，就说明是值得写的。有意义的事情，不一定非得意义重大、思想崇高，自己的生活琐事，也是值得一写的。譬如，吃了一次大餐，和谁一起吃？在吃饭时聊了什么？被老师骂了，为什么被骂？老师骂得有理吗？跟同学闹别扭，为什么事闹别扭？后来矛盾解决了吗？这些其实都是好题材。笔者当年考上海区重点初中时，作文题目是"记一件难忘的事"，笔者就写了与同学闹别扭的事，由于感情真挚获得了高分。

曾有一位美国高中英文老师提到，周记应该包含以下内容。

1. 你这周是怎么过的？（How did you spend your time this week?）本周你的职责是什么？（What responsibilities did you have?）

2. 你在本周内最满意和最有挑战性的经历是什么？（What were your most satisfying and challenging experiences this week？）

3. 下周有什么计划？（What are the plans for the upcoming week？）

下面是两位华裔新移民高中学生的周记，篇幅不长，但学生都认为记下了一个对自己有帮助的话题。

> 我在孟山都网站上查了一些资料，发现《名利场》上有一篇关于孟山都因为大豆种子而骚扰一个人的文章。孟山都的种子被风吹到他的田里，现在公司想让他付钱。这是一个相当有趣的话题，我在本周会继续关注这件事的发展。
>
> Looking up stuff on Monsanto I found a wild article from *Vanity Fair* about a guy who Monsanto harassed over soybean seeds. Monsanto seeds blew into his fields and now the company wants to make him pay for them. It's a pretty interesting topic, and I'll keep an eye on it this week.
>
> 学生周记之一

> 这周我丢了暑期工作，因为我的老板认为我工作前后不一致。一开始我有点心烦意乱，因为我总是很准时，我在一天结束前完成了我能做的。我不明白她说我在工作上前后不一致是什么意思。经过思考，我意识到我只能尽我最大的能力完成分配给我的工作。她没有意识到问题的开始是因为我经常收到不完整的报告。如果不首先解决这个问题，无论谁最终得到这份工作都将面临同样的问题。然而，我知道我做了我所能做的，这将使我带着对未来的积极态度继续前进。
>
> This week I lost my summer job because my employer thought I was not consistent in my work. At first, I was a little upset, because I was always on time, and I completed what I could by the end of the day. I couldn't figure out what she meant by stating that I wasn't consistent in my work. After thinking about the situation, I realized that I could only complete the work assigned to the best of my ability. What she didn't realize was that the problem started because I received incomplete reports. Whoever ends up with my former job would have the same issues if that problem isn't addressed first. But knowing that I did what I could allow me to continue to move forward with a positive outlook for the future.
>
> 学生周记之二

总结：定点，自己家里；定时，周日晚上 20 分钟；定量，150—250 个单词。

方法五：每月或每季向著名英文报纸、杂志投稿

许多成功申请进入美国常春藤名校和其他顶尖名校的学生，在高中期间，都有积极投稿的经历。他们先是向学校的校刊投稿，慢慢扩大到给社区的报纸、杂志投稿，甚至向全国性的报纸和杂志投稿，表达对学校、社区、城市乃至全美各种现象的看法和建议。

高中生应该积极每月或每季向著名英文报纸、杂志投稿（每年累计 6—10 次），这些报纸杂志包括：《纽约时报》《华尔街日报》《华盛顿邮报》《波士顿环球报》《中国日报》《经济学人》《大西洋月刊》《纽约书评》《彭博商业周刊》《读者文摘》《外交政策》。

向著名英文报纸、杂志投稿有以下几个好处：

1. 促使自己关心国内外大事，并形成自己的观点。
2. 每月或每季投稿，敦促自己定时练习写作。
3. 如果稿件被采用，可以提高知名度，建立更多更深的关系网。
4. 即使稿件未被刊登，也能得到编辑们的指点和修改意见，对提高写作能力帮助极大，等于请到一位著名英文写作老师免费辅导。
5. 坚持投稿，名校会欣赏"屡败屡战"的精神。

一位华人新移民学生在国内时大量阅读英美名著，英语写作水平明显超过美国同龄学生。读 11 年级时，他感到自己课外活动没有什么优势，笔者建议他向《纽约时报》投稿。他开始时认为《纽约时报》不可能刊登他的文章，笔者鼓励他勇敢尝试，于是他开始向《纽约时报》的 opinion 专栏投稿。不出所料，《纽约时报》长期没有刊登他的文章。但由于他坚持投稿，引起报社注意，报社邀请他参加《纽约时报》的读者与编辑见面会，并指定一名编辑，重点辅导他修改稿件。终于有一天《纽约时报》刊登了他的稿件。家长兴奋，本人高兴，在学校也引起议论，一下子这位学生的知名度大增。更使他惊喜的是，《纽约时报》的编辑帮他写了推荐信，他后来被名校宾州大学录取。

有一位居住在得克萨斯州达拉斯的美国高中生关心社区活动，他把自己做社区活动的体会投稿给当地的一家报纸《达拉斯晨报》（*The Dallas Morning News*）。由于他文笔优美、风趣，评论中肯，文章受到广泛好评，报社接到许多读者的反馈电话，称他为"读者喜爱的撰稿人"。他后来被常春藤名校布朗大学录取。

《读者文摘》也发布了一个有趣的征稿启事：写一个小故事，不超过 100 个英文单词。文章如刊出，可获得 100 美元稿酬。你可以登录以下网站尝试投稿：https://www.rd.com/100-word-stories-submissions/。

网站上写道："每个人都有故事可以分享。你的故事是怎么样的？给我们发送一篇关于你的真实故事，不超过100字——如果它被我们的编辑选中发表在我们的纸制版杂志上，你将获得100美元的报酬，除非我们另有书面说明。我们也可能选择最喜欢的故事刊登在我们的网站RD.com上。有关详细信息，请参见下面的提交指南。需要灵感吗？不妨先欣赏一下专栏上'胜出'的佳作吧！"（Everybody has a story to share. What's yours? Send us a true story about you, in 100 words or fewer — if it's chosen by our editors for publication in our print magazine, you'll be paid $100 unless we specify otherwise in writing. We also may pick selected favorites to appear on our site at RD.com. For complete details, see submission guidelines below. Need inspiration? Enjoy our contest winners and our favorites from the column.）

最受高中生欢迎的《纽约时报》经常举办各种主题的写作竞赛。2021年1月19日至3月2日，全球任何一位11—19岁的初中或高中学生都可以参加第二届STEM写作大赛（2nd Annual STEM Writing Contest）。《纽约时报》邀请学生在科学、技术、工程、数学或健康领域任选一个话题，然后写一篇500字的精彩作文。

《纽约时报》编辑提示投稿学生，稿件要达到以下3点要求：

1. 文稿开头要吸引读者，主题是大家所关心的。

2. 文稿要引述专家或有关研究文献，并给出文献来源，确保可信度。

3. 文稿需解释为什么这个主题很重要。你为什么会关心这个主题？为什么我们大家都要关心这个主题？该主题会影响哪些人群、哪些领域？为什么会影响这些人群和这些领域？如何影响的？该主题是否涉及更广泛的问题？这些问题与当今世界和我们自己的生活有何关联？

参加这个写作竞赛可登录以下网站进行报名：https://www.nytimes.com/2020/12/23/learning/our-2nd-annual-stem-writing-contest.html。

要投稿成功，以下几点是值得留意的：

1. 写稿认真，内容新颖，结构紧凑，没有拼错的英文单词和明显的语法错误。

2. 起一个好标题。曾有一位中国读者写了一篇题为"老井"的文章，投出去杳无音信，换了标题"时光深处的老井"后，发了3家报纸。好的题目会吸引编辑读完你的全稿。

3. 认真阅读编辑退稿信，并按编辑的要求修改。

4. 积极参加编辑和作者的互动活动。

向著名英文报纸、杂志投稿，能帮助学生养成总结经验的好习惯，提高观察和思考能力、英语写作能力，还能开拓他们的社交圈子，对今后的大学和职业生涯产生积极深远的影响。

总结：定点，自己家里；定时，每月下旬1小时；定量，250—600个单词。

方法六：每月采访一位成功人士，编写采访记

有些高中的英文老师，要求每一位学生去采访一位心目中的成功人士，可以是你的家族成员、邻居、同学亲戚等。通过采访，为这位成功人士写一篇采访记。这样的写作练习，不仅锻炼了你的写作，学习了人生哲理，也拓展了你的人脉关系。

总结：定点，自己家里；定时，每月下旬3小时；定量，500—800个单词。

方法七：每月利用英文名篇，通过中英互译提高写作能力

每月第一个星期，找出一篇英文名篇，300—500个单词即可，熟读几次，把它译成中文。两周以后，利用一周时间，再把文稿翻译成英文，这期间不看英文原稿。到了第四周，把自己的翻译稿对照英文原稿，找出翻译的错误和不精确之处。这个方法是把英文名著当作老师，并从它们那里获得针对性反馈，能有效提高你的英文写作水平。

总结：定点，自己家里；定时，每月第一周、第三周、第四周；定量，300—500个单词。

方法八：学习写演讲稿，参加英语演讲比赛

除了投稿，起草参加各种英语演讲比赛的演讲稿，也是一种英语写作锻炼。

英文版的《中国日报》有专门针对初高中学生的网页"21世纪英语网"（https://www.i21st.cn）。该网站除了有国际新闻的英语摘编、中国时事新闻的英语表达练习等内容，还经常举办各种英语演讲比赛，是中国中学生学习英语写作和练习英语口语的好机会。

总结：定点，自己家里；定时，每年一次；定量，1500—2000 个单词。

犹太谚语说："你的知识是偷不走的。"写作是一种知识，也是一种能力，你学会了会终身受益。

葡萄牙诗人费尔南多·佩索阿有一个金句："写下就是永恒。"希望他的名言能激励你进行英文写作。

本节小结

写作之前要想清楚 3 点：读者是谁？表达什么观点？列举的事例支持观点吗？

文章要达到 4 个要素：观点积极，主题清晰，表达简洁，举例生动。

培养写作高手，一定要使其养成固定的写作习惯，即定点、定时、定量练习：选定一个地方，固定一个时间段，规定写作字数，像每天上班一样，才会出成果。

第六章

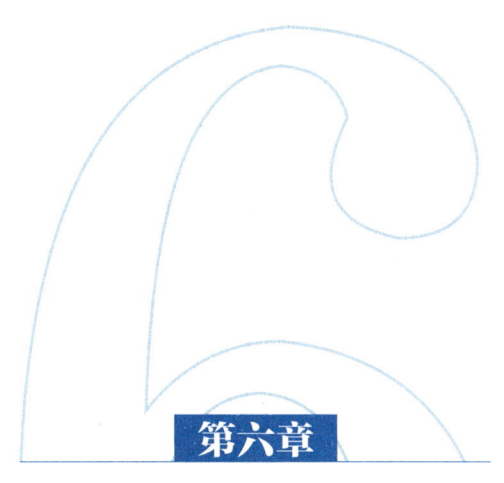

锦囊六：
加强体育锻炼
——重视体育技能培训，培养优秀品质

越来越多的美国升学顾问和美国青少年心理专家指出，学生从初中开始，有意识地坚持长跑，学会游泳，不但能为申请名校加分，还能增强体质，有效防止青少年抑郁症的发生，而且可以更好地应付突发事件。一举数得，值得提倡。

实践证明，如果你在填写大学申请表上的 10 项活动时，没有提及任何体育活动内容，会大大拉低总分数。名校期待看到你在大学操场锻炼的身影。

第一节
体育明星比学霸更受名校青睐

中国高考结束，各地区的高考状元们纷纷被采访，各大媒体争相报道。擅长考试拿高分的中国学霸广受学校校长和老师们喜爱，同学们也会以仰慕的目光看着他们。

在美国，哪类学生最风光呢？是高中篮球队队长，甚至比赛现场的啦啦队队长都是学校风云人物。高中生被邀请加入美国名校的体育队，这是这所高中的特大光荣。

在美国，高中第一名或SAT满分1,600分的学生被哈佛录取，哈佛官方网站看不到一丝消息；但是如果新生将加入哈佛体育队，那可是大新闻，学校网站甚至会刊出学生和大学教练握手的照片。哈佛和耶鲁两所名校的宣传手册上，橄榄球队员的个人简介和照片是最受人瞩目的。从1875年开始，每年感恩节前的周末，哈佛和耶鲁这两所名校之间进行的橄榄球联赛是两校学生最关心的一件大事。

美国顶尖大学对大学体育队无比重视，我们熟知的美国常春藤联盟，最初就是指美国东北部8所高校组成的体育赛事联盟。

篮球和橄榄球是美国大学里最有影响力的两项运动。许多学生申请大学时，就是因为喜欢这所大学的篮球队或橄榄球队，如果在面试时表示对大学球队的仰慕，面试官员会认为这是申请者热爱本大学的重要表现。在美国，校友体育是一门大生意。譬如，美国大学体育协会（National Collegiate Athletic Association）组织的男篮锦标赛里有一个经典名词——"三月疯狂"（March Madness）。之所以这么"组词"，是因为这个比赛在3月举行，全美上千所大学都在这个时间段为之疯狂。美国所有重要媒体争相报道比赛盛况，各种广告赞助蜂拥而至。有钱的校友除了买票看球赛，还捐钱给学校，支持母校的球队，学校的人气也水涨船高。

大学体育队的比赛成绩会给学校带来巨大经济效益和社会影响。美国大学篮球队和橄榄球队教练的收入比校长还高。和职业联赛不一样，大学联赛的队员都是学校的学生，学校最多只需要给他们提供一份支付学费和生活费的奖学金。比赛的门票收入、电视转播收入与学生无关，且收入之高超出人们的想象。这么一件既有"面子"又有"里子"的事情学校自然乐意而为。

美国文化对篮球、橄榄球运动及其他各种体育运动的推崇，在这些大学的联赛中可见一斑——顶尖大学最受欢迎的是体育明星。

几年前，华裔篮球明星林书豪一夜成名，让他的母校哈佛大学扬眉吐气。加州大学洛杉矶分校和斯坦福大学后悔不已，因为没给林书豪足够的篮球奖学金而错失了他。林书豪以精湛的篮球技艺和优秀的高中成绩进入哈佛大学，2006—2010年效力于哈佛大学篮球队。2010—2011年NBA夏季联赛结束后，林书豪与金州勇士队签约，成为自1953年后首位进入NBA的哈佛大学学生和首位进入NBA的美籍华裔球员。有人开玩笑说，在哈佛大学进NBA比进白宫还难，因为哈佛大学历史上仅出过3名NBA球员，但美国总统诞生了8位。

优异的体育成绩，绝对是申请学生进入美国顶尖名校的超级加分项。

近10年招生数据表明，体育特长生是美国顶尖大学最重要和最偏爱的招生群体。不少专攻游泳、网球、花样滑冰等体育特长的学生（不管什么族裔），即使无法进入大学体育队，也会受到名校青睐。

藤校每年录取的体育特长生一般占新生总数的10%左右，招生办通常尊重大学各种体育队教练的推荐意见。这类体育特招生除了体育专长外，高中成绩和SAT考试成绩也是需要审核的条件。

如果你不符合体育特长生要求，但有一项体育爱好和比他人更多的竞赛经历，也能获得名校的青睐。因为名校认为，体格健壮的学生更能承担繁重的学业任务。同时名校也希望校园内有一批"体育迷"，营造一种强烈的"体育气氛"。

一直以来给人"只重视学业成绩，不重视体育活动"印象的华人学生，开始越来越多地加入体育俱乐部，培养体育特长。不少美国华裔学生的家长，培养孩子参加游泳、单人双桨赛艇、网球、羽毛球、乒乓球、溜冰、保龄球、体操、长跑、射箭、高尔夫、国际象棋等项目的训练。因为这类体育运动可以发挥亚裔学生身体灵活和反应快的优势，避免身体直接对抗时力量方面的劣势，让亚裔学生更容易在运动中获得优异表现。

下面是一些成功案例。

——美国著名华裔学者和华尔街投资专家黄征宇，在高中时想参加篮球训练，但体育老师以篮球队已招满人为由，建议他去田径队练习掷铅球。大学面试官对一位华裔学生练习掷铅球很好奇，黄征宇回答："很多人觉得掷铅球是一项考验力量的运动，但如果纯靠力量，你不会成为一名优秀的运动员，甚至可能让自己受伤。这项运动从持球方法到滑步移动，再到发力支撑和出手角度都有一系列的专业技巧。与别人相比，我的确没有身体优势，但拥有毅力和对技巧的熟练掌握是我的独有优势。"他的回答让面试官印象深刻，他也顺利进入名校斯坦福大学深造。

——华人学生布兰顿从5岁起，就爱上高尔夫运动。训练半年后，9个洞的成绩从

55 杆提高到 45 杆。7 岁时，他参加 USKIDS 全美比赛，获得第 8 名的好成绩。后来，布兰顿又参加了几次高尔夫比赛，他的成绩获得斯坦福大学高尔夫教练的赏识，被收入斯坦福大学高尔夫球队。在布兰顿大学毕业那一年，他代表斯坦福大学高尔夫校队参加全美大学高尔夫联赛，经过 6 天激烈角逐，斯坦福大学高尔夫校队再次赢得全美冠军。

——2018 年和 2019 年花样滑冰世界锦标赛男子冠军陈巍，1999 年出生在美国犹他州盐湖城，3 岁就跟着姐姐们练习花样滑冰。随着年龄增长，外加又学习了芭蕾和体操，他的身体更加柔韧，有了更好的平衡力和控制力。2018 年，他以 SAT 数学成绩满分 800 分的成绩顺利被耶鲁大学录取。

——陈楷雯，2017 年获得全美花样滑冰锦标赛女单冠军，被康奈尔大学录取。

——毕业于康州格林威治高中的华裔学生尹维娜，学习成绩优秀，同时爱好游泳和长跑。课余时间，她经常在教练指导下，长跑训练 2 小时。后来她以优异的长跑竞赛成绩，被康奈尔大学录取。

——上海的陈诺同学擅长文艺创作，同时也是一名乒乓球体育特长生，曾作为单打选手，参加区级和市级比赛。高中时陈诺作为交大附中的乒乓球队队长，带领队员们参加了一次积分联赛，并夺得了冠军。当时的比赛正处于交大附中 IB 期末考试阶段，她与小伙伴们不仅要专注于复习，还要去商量比赛策略，观察对手们的表现。即便如此，陈诺克服困难，比赛和期末考试双双取得了好成绩，后被多所名校录取，最后选择去芝加哥大学深造。

——美国华人学生晁同学，酷爱羽毛球。进入麻省理工学院后，他担任大学羽毛球俱乐部主席，并和波士顿市的羽毛球俱乐部联合举办波士顿全市的大型公开赛。这项运动不但帮助晁同学强身健体、丰富生活，还帮助他广结人脉。

——有一位美国高中生，是位溜冰选手，也是校物理队队长。他与教练在分析学校溜冰队参加比赛和训练的录像时，利用物理学原理，分析自己及队友们的优缺点，用来改善自己和队友们的竞赛成绩。他把自己的两项强项充分结合起来，获得名校青睐，后来进入常春藤名校。

——佛罗里达州公立高中学生茜萝·卡妮诺（Chelo Canino），高中期间选了 12 门 AP 课程，GPA 高达 5.0。但她知道，这不能保证她一定能进常春藤名校，她必须有其他领域的专长。正好佛罗里达州教育厅公布，开放撑竿跳为女生可以参加的体育项目。她马上意识到，这是一个机会，因为撑竿跳这个体育项目的竞争者不多。她利用打工挣的钱，参加佛罗里达大学（University of Florida）的撑竿跳夏令营，同时她又自费请最好的教练训练。她的撑杆跳成绩跳过 2 米 13 厘米、2 米 75 厘米、一直到 3 米 82 厘米，最后她成了佛罗里达的冠军。斯坦福、康奈尔、普林斯顿的田径教练向她发出入学邀

请，她最后选定普林斯顿大学。

——赵同学来自中国，英语很熟练，喜欢写诗，他的诗集在旧金山的城市之光书店代售。那是一个有影响力的地方：文学流派"垮掉的一代"成名之地。但赵同学真正喜欢的还是体育运动——篮球。他身高2米零6厘米，高中时是篮球中锋。高三那年12月，他参加篮球联赛发挥得很好，得到两位数的得分。他把比赛视频寄给几所心仪的大学（这些大学篮球队都很有名）。但是，名校篮球队的教练每年收到的视频太多了。为了推销自己，赵同学自费飞到缅因州，拜访科尔比学院的篮球教练。教练对他很欣赏，篮球队成员对他也很友好，他深受感动，决心申请科尔比学院。谁知第二年4月1日，他接到该学院招生办通知，他被列入"候补名单"！赵同学听从升学顾问建议，不消极等待，而是一直和学院的篮球教练电话联络，同时也发信息给学院的招生官员，表达喜欢、热爱科尔比学院的心情。在教练不断沟通下，科尔比学院最终同意录取他。

体育特长生的申请，教练的话语权很重要，但最后决定权在招生办。所以和教练、招生办两方抓紧沟通，这是非常有必要的。

——中国华师附中的李同学，从小在母亲指导下学习国际象棋，因为国际象棋能锻炼孩子沉稳、认真、镇定的性格，训练孩子长远规划的能力，锻炼孩子数学方面的逻辑思维能力。在李同学学习国际象棋遇到瓶颈时，家长和辅导老师及时调整其训练方向，结合李同学擅长主持的特点，决定培养她成为一个高水平国际象棋讲解员。在中国国际象棋全国甲级联赛上，李同学有幸与国际象棋总教练在中央电视台的直播频道里共同讲解棋局。李同学后来被藤校宾州大学数学经济专业录取。

——康州华人尹同学，从6年级开始学习游泳，还参加网球、足球、划船、跆拳道、击剑和太极等各种活动，这为他今后进入高中繁忙而紧张的学习奠定了良好的身体素质基础。斯坦福大学看好他的学习和体育能力，所以录取了他。

在美国大学，许多学生都至少有一样擅长或感兴趣的体育项目。参加任何规模的体育比赛，都可自称为"运动员"。而加入大学校队的运动员，特别是橄榄球运动员、篮球运动员，简直是校园明星，广受同学们追捧。

本节小结

在美国，体育明星更受名校青睐。美国名校体育特招生录取比率高达10%。

华人高中生开始越来越多地加入体育俱乐部，培养体育特长。他们一般参加游泳、单人双桨赛艇、网球、羽毛球、乒乓球、溜冰、保龄球、体操、长跑、射箭、高尔夫、国际象棋等运动。这类体育运动可以发挥亚裔身体灵活和反应快的优势，避免身体直接对抗时力量方面的劣势，使亚裔更容易在运动中获得优异表现。不少学生因此进入美国名校深造。

第二节
练习长跑，学会游泳

不少学生从本校的学长学姐处获知，如果在申请大学的表格中，没有提及参加过任何一项体育课外活动，申请名校的概率会大打折扣。许多家长从家长群里也看到过类似信息。

许多家长和学生对此颇为焦虑，虽然也知道参加体育锻炼的好处，但学校没有孩子喜欢的运动组织，孩子也不可能变成"体育特长生"被名校录取。这种情况下，还能做些什么？

越来越多的美国升学顾问建议，学生进入高中，如果没有某项体育特长，应该尽快有意识地参加田径俱乐部中的长跑队和学校游泳队，练习长跑，学会游泳，并在教练指导下参加竞赛。这不但能为申请名校加分，还能增强体质。在大学申请表中，填写10项课外活动时，至少需要填写一项体育活动，否则会严重影响申请名校的成功率。而田径和游泳，一般高中都有这两项课外体育运动的组织。

为什么美国大学，特别是顶尖名校，如此重视申请者是否参加体育活动？

这和美国乃至整个西方的教育观念有关。西方自古希腊起，就把体育作为教育的核心。在西方，苏格拉底就是位英勇的战士，西方贵族尚武的精神一直没有断过。

这样的教育观念直接影响到美国的家长。大部分美国家长都特别重视孩子体商的培养。体商（Body Quotient, BQ），是对一个人活动、运动、体力劳动的能力和质量的衡量。强壮的体魄是一切的基础。对他们来说，体育运动是一种习惯和需要，就像看书、吃饭一样。所以，美国的孩子从小就参与体育活动，比如，篮球、橄榄球、游泳等。而且，大多数家长一有时间就会陪孩子一起练习。

长时间投入体育锻炼和参加竞赛可以培养学生的优良品格。体育锻炼能磨炼学生的意志，比如，忍耐力、毅力、自控力和抗挫折能力。在任何体育比赛中，想要获得出色的成绩，就必须有拼搏到最后的决心。在学习和工作中，这些内在的品质也是不可或缺的。

参加比赛可以帮助学生在面对落后和不利的局面时调整心态、沉着应对、快速决定并重拾活力。运动还可以帮助学生正确面对失败——不可能所有的比赛都能赢，他们可以输掉比赛，但不能输掉斗志，不可以被击垮。

体育竞赛还可以培养参赛学生的规则意识和团队合作精神。所有的体育比赛都有明确公平的规则，参与者必须在规则范围内行动，违反规则将受到惩罚。一次比赛就会使学生深刻理解规则和遵守规则的重要性。

在群体比赛项目中，虽然个人能力很重要，但决定最终胜利的往往是团队的共同努力。学生将从亲身经历中明白，胜利属于整个团队而不是个人。这就要求运动员具有自我奉献的精神，和团队共同享受成功的喜悦，共同承担失败的责任，而不是推卸责任。

体育赋予人的灵魂以一种神奇的力量，能从最一般的意义上体现人类追求卓越的精神。在赛场上，运动员必须竭尽全力去挑战自我，发挥和利用自己的潜能，力尽所能达到最高境界。

体育锻炼的作用，绝不仅仅是为了申请名校加分。

很多知名学者和教育专家注意到，中国孩子放学后的时间被各种学术类辅导课占据，而美国孩子却去参加各种体育俱乐部活动。这是中美教育之间一个显著的不同之处。

美国教育界深信，体育活动，特别是群体类体育活动，不仅仅会增强孩子的体魄，更能够锻炼他们的领导力。

对体育运动的重视贯穿于美国生活的方方面面，甚至在美国总统竞选时，候选人谈起大学里的经历，往往都是与学校球队比赛相关。竞选过程中，候选人都会不遗余力地突出自己的体育才华。

奥巴马是个运动天才，篮球、棒球、保龄球、高尔夫、游泳甚至拉单杠他都无一不精。

布什总统家出了不少体育明星。布什爷爷普里斯科特获得过全美大学生运动会高尔夫球冠军；老布什本人是耶鲁棒球队的一垒手和队长；小布什也是耶鲁棒球队二垒手，并且是家乡棒球"得克萨斯游骑兵队"的老板。老布什就连过90岁生日，都是以高空跳伞的方式庆祝的。

不少美国白人都有"美黑"倾向，因为在他们的观念里，偏黑的肤色意味着更丰富的户外运动、更健康的生活理念。

美国人见面打招呼经常说："嘿！上周末的球赛你看了吗？"他们对体育的热爱有时候真的达到狂热的程度。如果你要和美国朋友聊天，不知道明星球队的比赛结果和体育明星的"进球纪录"，恐怕交谈无法深入。

体育锻炼能增强自身体质，同时也将大大提高学习效率。

哈佛大学医学院有位教授说："体育锻炼本身不能使你更聪明，但它能使你的大脑处于最有利于学习的状态。"

中国广州的陈同学，初中时是个小胖子，体育成绩只有41分（满分60分）。在

班上体育委员鼓励下，他每天坚持长跑5000米，刮风下雨，雷打不动。每天睡前完成500个仰卧起坐。为了练习爆发力，还会抱着铁饼练习蛙跳。后来陈同学体育成绩涨到了59分，不但本人体质大大提高，学习效率也随之提高。

北京一名学生，因患先天性小肠旋转不良，在5个月大时动了大手术，身体自幼虚弱。父母在他幼儿园时期，就有意识地让他参加体育活动。9岁时，他参加篮球培训，教练认为他体质差，接不了同伴传来的球。他买来哑铃、跳绳、拉力器，坚持每天锻炼，同时参加长跑，增加耐力。数月后，篮球教练发现他体质大为改善，终于同意让他参加篮球队。他从小学参加篮球队，一直坚持到高中，并成为高中篮球队主力，学习效率也显著提高。后来被美国芝加哥大学录取。

但是并不是所有老师、家长和华人学生都能认识到体育锻炼的重要性。

2018年，上海市一所区重点高中的调研结果显示：接近50%的高中生每周的锻炼时间还不足1小时，超过80%的学生体育锻炼严重不足。

让孩子适当多参加一些体育运动和比赛，不仅是升学的加分项，更能借此拓展他们的心智禀赋，让孩子终身受益。2017年体操世锦赛女子全能冠军、眼睛近视的华裔女孩摩根·赫尔德说："希望在看到我之后，更多戴眼镜的人也愿意去运动，只要有热爱在，没什么可以阻止你。"

在美国，体育被看作教育不可或缺的一部分，无论政府还是民间都非常重视。美国的一项研究表明，有体育课的学生在数学和阅读考试中比那些没有体育课的学生成绩更好。

一位进入美国著名私立高中的中国学生，在回答"美国中学和中国中学最大的区别是什么"时这样表示：美国中学生对运动和健身的热情令人印象深刻，美国中学的健身房和运动场熙熙攘攘，而中国中学生喜爱并坚持运动和健身的还是偏少。他还说，这种狂热的运动氛围毫无疑问也影响了自己的生活方式。进入美国高中之后，他每天都要去健身房打球健身和去游泳池锻炼，这不但有益于融入校园氛围，也给自己的学习和生活带来了很大的好处。通过每天适量的运动，自己在放松身心的同时精力也变得更旺盛，每天都能保持良好的精神头，学习效率因此提高，对生活和学习的态度也变得积极向上。

学生从初中开始，有意识地练习长跑，学会游泳，不但能为申请名校加分，还能增强体质，有效防止青少年抑郁症的发生，而且可以更好地应付突发事件。一举数得，值得提倡。

有志进入美国顶尖名校深造的学生，请把体育锻炼安排到你的作息时间表中，让你的体商也像智商和情商一样亮丽。

本节小结

体育锻炼不仅仅可以强身健体,长时间投入锻炼还可以培养学生的优良品格。

有志进入美国顶尖名校深造的学生,请把体育锻炼安排到你的作息时间表中,让你的体商也像智商和情商一样亮丽。

第七章

锦囊七：
重视课外活动
——项目少而精，围绕专业，体现5大特征

康奈尔大学文理学院前招生办主任约翰·摩根内利（John Morganelli）在他2022年1月的一次演讲中举例：一位学生每年围绕专业花250小时参加课外活动，被名校公共卫生专业录取；而另一位每年花600小时参加课外活动的学生，却由于兴趣多、活动分散被列入"等待名单"。

美国升学顾问格莱格·开普伦（Greg Kaplan）在他2016年出版的图书《获得录取》（*Earning Admissions*）中说："你的孩子在课外活动中所取得的成就可以让他在成千名申请人中变得与众不同。对某种类型的课外活动，大学招生官非常看重——你的孩子所参加的课外活动应当支持他的申请主题。譬如，如果你的孩子想要将心理学作为申请的专业，他可以通过参加心理学方面的活动来表达自己对这个领域所具有的热情。"

学生通过参加课外活动和社会义工，完成具体目标，产生积极影响，为改变高中、改变社区做出贡献。学生成为社会和学术领域的创新者、探索者、实践者，这是名校招生官最乐意看到的，他们期待学生入学后，能为大学校园带来一股改革创新的新鲜风气。

第一节
课外活动质量优于数量，围绕专业爱好

2018年10月，指控哈佛大学歧视亚裔申请者的案子在波士顿一家联邦地区法院开始审理，此案最后哈佛胜诉。在审理过程中，人们终于得以一探哈佛招生的具体内幕。

在法庭上，哈佛招生办承认，在审阅学生的申请时，他们会关注以下材料：高中成绩、标准化考试分数、意向专业、个性评分、族裔、出生地区、推荐信、面试情况。

除"族裔"和"出生地区"是无法更改的，其余都是学生可以掌控的。"意向专业"和"个性评分"颇引人关注。"意向专业"指学生表态计划申请什么专业。"个性评分"又称"个人素质综合评分"，就是考查学生的个人学术专长、兴趣爱好、能力（领导力、团队合作、学习热情、"批判性思维"、好奇心、时间管理、抗压能力等）、品质（奉献精神、关心他人、关心弱势团体、没有种族歧视、没有性别歧视）等。

"个性评分"显然很难有一个标准化的定量评估依据，但哈佛大学招生官员能通过申请者的课外活动、社会义工、暑假活动，来综合评估其个人素质，给申请者评分，从"优秀""平淡无奇或多少有些负面或不成熟"，到"个性有问题"不等，而这些"个性评分"能大大提高或降低申请人的录取概率。

笔者在哈佛大学举办的一次招生工作论坛中得知，哈佛大学认为"意向专业"与"个性评分"有密切关联。"个性评分"取决于申请者的课外活动、社会义工、暑假活动内容，这些内容要与申请者的"意向专业"紧密相连。

这就提醒我们要把握两条重要原则：

1.申请者必须积极参加课外活动、社会义工、暑假活动，这些活动能体现申请者的"个性评分"。

2.所有课外活动、社会义工、暑假活动的内容，必须与申请专业紧密相连，这样能体现申请者的"意向专业"合理。

事实上，500多名成功进入常春藤名校和其他顶尖名校的申请者，都自觉或不自觉地遵守了这两条原则。

重视申请者的"个性评分"，几乎是所有美国顶尖名校的共识。这是有理由的。

首先是为了"优中选优"。全美有近3万所高中，每所高中至少有5位学生的综合

成绩是全A。而SAT考试满分或接近满分的各国学生正逐年增加。据统计，2018年全球有213万名学生参加SAT考试，其中1,400—1,600分的学生，达到145,023人。面对这么多的高中成绩全A学生，这么多SAT近满分的学生，名校不得不从这么一大批成绩"优秀者"中挑选"更优秀""更杰出"的申请者。想要脱颖而出，这就要看学生有无个人特长，有无"独到之处"（unique）。名校的招生人员只能从学生的课外活动、社会义工、暑期活动中，考查学生的"个人特长"。有关资料显示，普林斯顿大学每年拒绝400—500名高中成绩全A的申请者，而哈佛大学这几年每年拒绝SAT满分的学生超过200名。原因是这些学生看起来像只会读书和考试的"书呆子"，没有积极的课外活动、社会义工和暑期活动记录。

其次是招到有个人专长、个人特色的学生，对名校发展大有好处。正如斯坦福大学网站阐述的，"我们坚信只有在一个充满生机的、多样化的群体中，教育才能发展。这样的群体既要有互不相同的成员，成员之间也要有多样的连接点。"（We believe that the best education can develop only in a vibrant, diverse community that actively affirms both the differences among its members and their numerous points of connection.）

这就是名校普遍认同的理想校园：每位学生都有某一领域的个人专长，整个校园内可以保持多元化（diversity）。由此带来的直接效果是催生思想创新（优秀学生之间的交流，学生与教授之间的交流，这样的碰撞能产生新思想）和培养学生对母校的认同感（有专长的学生容易成才，毕业后能回馈母校）。

近年来，不少华人家长和学生也获悉常春藤名校和其他顶尖名校喜欢招有课外活动和社会义工经历的学生。为了"显示"自己"丰富多彩的课外活动"，这些学校的招生办公室经常被中国学生寄来的视频、照片集甚至精装出版物淹没。譬如，一位来自中国东北某省的男孩坐着他父亲安排的私人飞机去了西藏，花了一天时间拍摄自己帮助穷人的视频。还有一位北京女孩，经过"留学咨询专家"指点，利用援助地震灾区的机会"一箭三雕"：访问灾区小学，拍了一部电影，组织了一场帮助公众提高防御疟疾意识的会议。还有一所北京私立国际高中带领学生去了博茨瓦纳的一个贫困村庄，那趟昂贵的出国远足的目的，据称是"让学生能在大学申请文书上增加一些异域和人道主义的元素"。还有一些大学的招生办公室，收到所谓"联合国中国地区总代表"的证明信，说某某学生通过这个代表的办公室，捐了100台手机给非洲国家的学生。

一些名校招生官员说，有些材料一看就不可信。还有些学生拥有的经历稀奇古怪，实在难以证实，招生官员只能批一个大问号。所有使人产生"怀疑"的材料，都会起相反作用。

一位高中生应该如何规划自己的课外活动、社会义工和暑期活动？或者说，怎样的课外活动、社会义工和暑期活动能真正打动常春藤名校和其他顶尖名校的招生官员呢？

500多名成功进入常春藤名校和其他顶尖名校的中美优秀高中生的经验表明，成功的课外活动、社会义工和暑期活动，应该体现以下5个特征。

一、参加的理由：有兴趣、有热情

学生参加这些活动，如果出自本人的兴趣爱好，那么就会热情投入。正如哈佛大学招生官员马琳·麦格拉思（Marlyn McGrath）所说："活动的实质内容和发自学生灵魂内心深处的'自我激励'（self-motivation）才是我们最看重的东西。"所以千万不能"跟风"，更不能功利心太盛，譬如，反复揣摩大学招生官员"会喜欢"哪一种课外活动。到底是去非洲挖井，还是去甘肃支教？参加这个活动好，还是那个活动好？带着功利心，就走上歪路了。总之，这些活动不需要"是否正确"和"作用大小"的考量，关键是要出于学生本人内心真实意愿，遵从自己真实的兴趣和爱好。

二、不影响学业和标准化考前准备，参加活动"少而精"

参加活动不能影响高中课程学习，不能影响标准化考试准备！高中GPA和SAT、ACT成绩是申请名校的硬指标。如果因为参加这些活动而导致学习成绩下滑，或无法有效准备标准化考试，则是本末倒置，得不偿失。参加课外活动要贯彻"少而精""质量高于数量""深度优于宽度"原则。课外活动参加项目不宜超过3项。学生不必非要把申请大学的"通用表"中"课外活动"一栏填满。高中4年学业繁重，如何安排好时间是个重要课题。大学招生官员希望看到一位能够"有效平衡时间"的申请者。

三、完成具体目标，产生积极影响

名校招生办公室希望看到申请者通过课外活动、社会义工和暑期活动，能完成某项具体目标，如开发一件有价值的产品（为学校创建一个新网站，筹办关于创新能力培养的系列讲座）；学到新知识新技能（了解了萤火虫的生长，学会一种乐器）；成为组织的创始人或成为"第一人"（创建一个新的俱乐部，被当地报纸聘为第一个有薪水的高中在读兼职摄影师）；提高现有组织的社会参与度（成功组织全市的校际艺术会演或体育球队比赛）；为社区带来改变，对社会产生积极影响（为居住小区的垃圾分类收集竖立醒目的说明广告）。如果这些活动能体现你是一位社会创新的探索者和实践者，你绝对会获得名校青睐。

四、专注一项活动，逐年进步

高中期间，学生要专注和坚持一项中心活动，逐年取得进步。例如，某学生英文写作能力强，他从 9 年级开始向校刊投稿，10 年级就成为校刊编辑或总编辑，11 年级向市或州一级报纸杂志投稿，甚至开辟学生专栏；某学生在小提琴上下过功夫，9 年级参加校乐团，10 年级成为第一小提琴手，11 年级成为校乐团负责人；一名初始时普通的野营成员，数年后成了整个学区的野营首席指导老师。正如耶鲁大学本科招生官员杰夫·贝瑞采尔（Jeff Brenzel）所说，"你可以专注做一种课外活动，做得比任何人都出色。"

五、活动与申请专业吻合

课外活动、社会义工、暑期活动与学生计划申请的大学专业要高度吻合。这需要在参加这些活动之前就考虑周详。譬如，某学生擅长数学，课外活动是创立了学校的数学俱乐部；社会义工是在社区为低收入家庭孩子每周义务补习数学两次，每次一个半小时，从 10 年级坚持到 12 年级；暑期活动是参加斯坦福大学数学夏令营（Stanford University Math Camp）；申请的是哈佛大学和麻省理工学院的数学专业。整个申请资料形象鲜明：学校数学尖子，对数学有强烈兴趣，课外活动、义务活动、暑期活动，都是围着数学转，申请专业也是数学。名校的数学专业自然会优先考虑录取这样的学生。当然学生必须有证明其擅长数学的配套材料：高中数学成绩全 A，SAT 数学部分满分，奥林匹克数学选拔赛成绩优异等。

康奈尔大学文理学院前招生办主任约翰·摩根内利（John Morganelli）在他 2022 年 1 月的一次演讲中，谈到一个非常精彩的例子：有两位学生同时申请康奈尔大学的公共卫生专业，一位学生每年围绕该专业花 250 小时参加课外活动，最后被该专业录取，而另一位每年花 600 小时参加课外活动的学生，由于兴趣多、活动分散被列入"等待名单"。具体案例如下。

同学甲和乙都计划申请公共卫生（Public Health）专业，两人的课外活动分别如下。

同学甲：全年参与时间 250 小时
——参加科学奥林匹克俱乐部活动（每年 75 小时）
——担任环保意识俱乐部副总裁（每年 75 小时）
——参与当地国家卫生局研究项目：环境健康问题（每年 20 小时）
——在报纸上开辟专栏，发表关于水质问题的文章（每年 20 小时）
——在导师指导下，在专业网站上进行水质研究（每年 50 小时）

——在水质管理专业会议上发言，并在学生期刊上发表有关水质研究的文章（每年 10 小时）

同学乙：全年参与时间 600 小时

——准备科学奥林匹克竞赛（每年 75 小时）

——当地医院义工（每年 75 小时）

——以生物学为主的液体实验室研究（一般每年 75 小时）

——慈善机构财务主管（每年 75 小时）

——同年级学生辅导小组主席（每年 75 小时）

——网球队队长（每年 75 小时）

——钢琴练习（每年 75 小时）

——击剑队队长（每年 75 小时）

同学甲所有活动围绕水质管理等公共卫生项目，参与的每项活动都目的性明确，可谓"时间用在关键处"。而同学乙只有第一项活动与公共卫生有关，其余都远离专业。同学乙花费的时间是同学甲的 2.4 倍，效果却差了一大截。

以上案例体现了一句名言：聚焦产生能量，专注才会成功。

通过申请者的课外活动、社会义工、暑期活动介绍，名校招生官员能了解申请者放学后、周末、暑假做了什么；学校可以从中看出申请的学生有何专长、品行如何；这些活动是否是申请者真正喜欢的；申请者在这些活动中，是一位普通成员，还是积极参与者，甚至是领导者；申请者通过这些活动，使自己学到什么、悟到什么、有什么新体验。这是名校招生官员最想了解的。如果申请者的这些活动改变了学校、社区、所在城市，甚至在全国产生积极影响，这更能体现申请者的发展潜力。

总结成功进入中美顶尖名校的高中学生的课外活动、社会义工、暑期活动，内容大致可以分为以下 27 项：

1. 与学术有关（Academic Activities）

2. 与艺术有关（Art Activities）

3. 参加校内校外的俱乐部或社团（Club/Organization）

4. 体育活动：高中校队或大学预备队（Athletics: JV/Varsity）

5. 职业导向尝试和培训项目（Career Oriented）

6. 社区服务（Community Service）

7. 计算机或科技（Computer/Technology）

8. 人文项目活动（Cultural）

9. 辩论或演讲（Debate/Speech）

10. 环保活动（Environmental）

11. 承担家庭责任（Family Responsibilities）

12. 学习外语（Foreign Language）

13. 实习（Internship）

14. 报刊投稿或出版作品（Journalism/Publication）

15. 青少年后备军官训练队项目（Junior ROTC）

16. 参加同性恋团体（LGBT）

17. 音乐：乐器（Music: Instrumental）

18. 音乐：声乐（Music: Vocal）

19. 宗教活动（Religious）

20. 机器人研究（Robotics）

21. 校风建设和发扬（School Spirit）

22. 科学/数学（Science/Math）

23. 社会公义（Social Justice）

24. 学生会活动/政治活动（Student Government/Politics）

25. 剧场/戏剧（Theater/Drama）

26. 有收入的工作（Work: Paid）

27. 其他俱乐部/活动（Other Club/Activity）

美国本科申请通用表要求学生填写10项课外活动内容，并写明每个活动对自己的成长有什么作用，还要学生表示"是否计划将来在大学里，继续参加这类活动"。哈佛大学和哥伦比亚大学等名校，还会提供额外申请内容，要申请者选择3—5项计划在校园继续参加的活动。你在高中选择课外活动时，可以参考这两所名校的课外活动内容。

下面是哈佛大学和哥伦比亚大学提供的课外活动内容类别：

哈佛大学：

艺术、视觉艺术（Arts, Visual Arts）；羽毛球（Badminton）；乐队（Band）；

棒球（Baseball）；篮球（Basketball）；体育啦啦队（Cheerleading）；

社会服务（Community Service）；重量级拳击（Crew-Heavyweight）；

轻量级拳击（Crew-Lightweight）；舞蹈（Dance）；辩论（Debate）；

戏剧（Dramatics）；环保社团（Environmental Group）；

马术运动或马球（Equestrian Sports/Polo）；少数族裔活动（Ethnic Group）；

击剑（Fencing）；曲棍球（Field Hockey）；橄榄球（Football）；
飞盘（Frisbee）；高尔夫（Golf）；曲棍球（Hockey）；
新闻采访（Journalism）；袋棍球（Lacrosse）；同性恋团体（LGBT Group）；
武术（Martial Arts）；模拟联合国（MUN）；管弦乐队（Orchestra）；
政治团体（Political Groups）；职前培训（Pre-Professional Group）；
宗教团体（Religious Group）；英式橄榄球（Rugby）；帆船（Sailing）；
高山滑雪（Ski-Alpine）；英式足球（Soccer）；垒球（Softball）；
壁球（Squash）；学生会（Student Government）；
游泳或跳水（Swimming/Diving）；网球（Tennis）；声乐（Vocal Music）；
排球（Volleyball）；水球（Water Polo）；摔跤（Wrestling）；
写作或文学杂志（Writing/Literary Magazine）。

哥伦比亚大学：
数学（Math）；模拟法庭（Mock Trial）；模拟国会（Model Congress）；
模拟联合国（Model United Nations）；作曲（Music Composition）；
乐团或室内乐（Orchestra/Chamber Music）；摄影（Photography）；
钢琴（Piano）；政治活动（Political Activities）；
回力球（Racquetball）；广播、电视或视频（Radio/TV/Video）；
宗教（Religious）；机器人（Robotics）；英式橄榄球（Rugby）；
帆船（Sailing）；科技与工程（Science and Engineering）；
滑雪和滑板滑雪（Skiing/Snowboarding）；英式足球（Soccer）；
垒球（Softball）；壁球（Squash）；学生会（Student Government）；
游泳或跳水（Swimming/Diving）；乒乓球（Table Tennis/Ping Pong）；
网球（Tennis）；剧院或即兴表演（Theatre/Improv）；
导游或校园大使（Tour Guide/Campus Ambassador）；排球（Volleyball）；
水球（Water Polo）；摔跤（Wrestling）。

美国名校在录取新生时，希望申请者能把在高中时参加课外活动的经验和热情在大学里发扬光大。在名校看来，一直关注环保并取得显著成就的学生将来可能是全球著名的环保领袖；从小当过演员、一直修习艺术的学生将来可能是大表演家；一直在会计师楼帮助报税并做了很多税务实习的学生将来可能是对国家税法改革做出重大贡献的会计师。

下面是中美优秀高中学生参加课外活动、社会义工和暑期活动的一些案例。看看

他们是如何专注某一领域，并取得与众不同的成绩的。

——加州的冯同学，连续3年的课外活动是对比研究古英语和古希腊语，这是他的独特学术兴趣。他后来被斯坦福大学录取，因为大学教授认为他的研究成果超过研究生水平。

——北京的一位女学生，开展了以非洲艺术为主题的研究，探讨撒哈拉沙漠南部的人体穿孔和划痕文化，并发表了相关的论文。名校对她的论文给予很高评价，她也顺利被名校录取。

——汤姆是一位美国高中生，他参加了一个魔术培训班后，在校园里成立了一个魔术爱好者俱乐部，俱乐部一经成立立即受到欢迎，他也成了学校的热门人物。汤姆又和校园物理俱乐部合作，利用物理知识解释魔术现象。后来他被布朗大学物理专业录取。

——史蒂夫物理成绩优秀，他在学校发起成立物理爱好者俱乐部，并请他在大学任物理教授的父亲担任指导老师。这个俱乐部成员中有5位同学以优异成绩通过了美国物理奥赛的初赛。学校校长亲自为史蒂夫写推荐信，肯定他为学校做出的贡献。史蒂夫后来被耶鲁大学物理专业录取。

——留美高中生陈同学，参加了学校的英文名著阅读俱乐部。她每天读一段小说，录5分钟的音频，然后发到群里给低龄的孩子听，用这样的方式来帮助孩子阅读。这既能提高自己的英语水平，又能帮助到其他低龄学生，一举两得。她后来被麻省理工学院录取。

——加州有一位女孩，想申请美国西北大学本科医学专业HPME，她成绩不错，但不是拔尖。但她每周或每两周，都去医院为临终病人演奏小提琴，以安慰他们的心灵。后来，她把这段经历写进简历，医院也为她写推荐信，最终成功被西北大学医学专业录取。而成绩比她优秀的同校学生，都被西北大学拒绝。

——一位喜欢画画的美国高中生，一直找不到自己的特有风格。某次偶然看到报上一幅讽刺美国政府对外政策的漫画，他一下子来了灵感，开始尝试画政治漫画。他仔细观摩当代漫画大师们的作品，同时关心国际国内形势。慢慢地，他的政治时事漫画出现在当地的报纸上，并受到一致好评。他后来被名校的国际关系专业录取。

——一位华人学生，高中时期担任学校义工组织的主席。他带领同学种树绿化社区，帮忙清洁翻新一些公共设施，举办为慈善机构募捐的活动，然后用募捐款去老人院慰问老人。由于拥有出色的组织能力和领导力，该学生被哈佛大学录取。

——来自伊利诺伊州的一位高中生，在社区发起建立一座退伍军人纪念碑的倡议，并从头至尾监督纪念碑的施工。家人用视频记载了他这一段经历。视频被寄到耶鲁大学招生办公室后,吸引了招生官员的注意,他顺利成为耶鲁大学的新生。

——美国得克萨斯州某高中生,家里突遭火灾,生活陷入困境,父母情绪低落。他一方面争取社会支持,另一方面鼓励家人积极克服困难。他推迟一年申请大学,兼两份工作以补贴家用,帮助家庭顺利渡过难关。他后来被哥伦比亚大学录取。

——中国贵州某地一位重点高中的学生,连续3年利用暑期时间,去本省偏远山区支教,帮助那里的学生学习编程,最终被名校的计算机专业录取。

——南希喜欢写作,曾经为校刊写过不少文章。她竞选校刊总编辑失利后,就把写作技能从校内转到校外。从11年级开始,她专门就高中政策为话题采访所在城镇的教育部门官员和学校领导层。某次她就地方教育局出台的一项政策投稿发表不同看法后,所在城镇家长对此反应热烈。她所在城市的一家营销和品牌公司对南希的写作能力大为欣赏,高薪聘请南希暑假去公司工作2个月。结果该公司的业务有了很大发展,并为南希写了大学申请的推荐信。南希被所有常春藤名校和其他4所顶级名校录取,这些学校认为南希不但写作能力强,还具有非常良好的商业宣传推广能力。

——一位居住在华盛顿附近的高中生,申请成为弗吉尼亚州大瀑布市占地400英亩的河边公园的野外自然学研究者和环境管理员(Field Naturalist and Environmental Steward at the 400-acre Riverside Park in Great Falls, VA.)。他选择专注野生动物调查,最终获得奖学金并被宾州大学生物专业录取。

希望读者从上述案例中获得启发,结合自身状况,举一反三,灵活运用。

很多家长和学生,对如何规划课外活动、社会义工和暑假活动备感苦恼,下面是笔者近年来在美国《侨报》"名校申请袁老师专栏"回答这类问题的汇总。

问:我想让孩子学一种乐器,您有什么建议?

答:许多华人学生学习钢琴和小提琴,这和美国孩子的选择一样,显现不出华人学生的优势。我建议学习中国民族特色的乐器,如葫芦丝、古筝、扬琴、二胡、锯琴等。在美国大学看来,"少、新、奇"的东西总会引人注目。如果还能在高中创建锯琴俱乐部,保证受到热烈欢迎,为申请大学加分。当然,孩子如果酷爱钢琴或小提琴,还是应该尊重孩子的愿望。

问:听说美国大学很重视学生参加体育项目,我应该参加哪种体育活动?

答:这要看你喜欢或擅长哪种体育项目。如果还没选择,建议练习具有中国民族特色的项目,如太极拳、刀术、双节棍等。但是如果你有田径、游泳、高尔夫等特长,要及时与学校教练和社会上的体育专家联络,征求他们的建议。近年来,许多美国著

名升学顾问都提倡学生掌握长跑和游泳的技能。

问： 我喜欢英文写作，如何利用专长为社区服务？

答： 可以选择在社区为低收入家庭学生提供写作辅导课，或为社区退伍老兵整理回忆录，或在地方报纸上开辟个人"专栏"。

问： 我对经济学有强烈兴趣，我如何通过课外活动来增强这一点？

答： 可以在学校发起经济学俱乐部，定期研讨《华尔街日报》上的内容。也可在学校老师支持下，从9年级开始，参加全美高中经济学大赛（National Economics Challenge）。

问： 我一直喜欢研究国际关系，请问如何获得进一步提高的机会？

答： 可以参加全州性的"模拟联合国"竞赛，到附近大学选修有关课程，争取机会访问某些国家，发表有关国际危机动态的研究论文。

问： 到美国念高中后，我发觉美国的各级政治组织的发展很有意思，想在这方面研究并计划今后申请这个专业。我应该如何准备？

答： 如果对美国政治组织有兴趣，应该从积极参加地区的政治活动开始。可以担任镇议会的青少年联络员（Teen Liaison to The Town Council）或发起成立一个动员社区民众积极投票组织，也可尝试在高中发起成立民主党俱乐部或共和党俱乐部等。

问： 我女儿喜欢唱歌，这样的爱好能为她申请大学加分吗？

答： 仅仅是喜欢唱歌，并不能给招生官员留下印象。如果是唱中国民歌，美国人分辨不出你女儿的声乐水平。建议为你女儿请一位美国声乐老师，辅导她学习意大利语，学唱西方歌剧，暑期可以送她去意大利进修一些欧洲歌剧知识。最好能在纽约百老汇剧场做义务演员，从担任陪唱做起。这样能为她申请名校艺术专业加分。

问： 我学习拉丁语有2年了，这点能吸引招生办公室的注意吗？

答： 如果利用暑假再学习希腊语，并将拉丁语和希腊语加以比较，写文章阐述一下心得体会，招生办会对你刮目相看。

问： 我在学校创建了英美名著读书会，但参加人数不多，能否指点如何吸引更多同学参加？

答： 建议你聘请附近大学的英语教授做你们的顾问，一周一次，每次1小时。每周事先规定大家共同读一本名著，并拟定讨论题目。活动时每人都用英语围绕讨论题目发言，最后由教授总结。把每人的发言和教授总结整理成文，每月出一本月刊。

问： 我刚参加一个校内的科技创新俱乐部，但参加的人数一直在减少，有什么方法能留住会员？

答： 任何俱乐部活动都要有规划，有内容。你可以向俱乐部主任建议，与附近公司和商号的CEO联络，询问他们有无需要解决的难题，可以为他们提供有偿服务。这样你就把俱乐部引向一个新的方向了。名校对这样有新思路和新规划的学生特别欣赏。

问： 学校现有的俱乐部都没有我喜欢的，怎么办？

答： 建议你自己创建一个。利用你的爱好和专长，譬如，成立二胡爱好者俱乐部、太极拳俱乐部、中国古典文学读书会、中美关系研讨会等，如能吸引其他族裔同学参加，则可为申请大学加分不少。

问： 我创建的英文写作俱乐部有不少同学参加。但时间一长，好像没有新鲜感了，请问如何能"更上一层楼"呢？

答： 许多高中都有这类俱乐部，建议你和其他学校的同类俱乐部负责人联络，每季度或半年一次，发起一个论坛，各校的俱乐部成员都来开会，探讨写作技巧、投稿体会、编辑要点。也可和各校同类俱乐部联络，发起征文，然后请学校英文老师组成评委，再将征文汇编成册。

问： 我的数学成绩很好，也参加过一些数学竞赛。请问如何在社区里发挥我的强项？

答： 你可以在社区为低收入家庭开办免费的数学班，每周一次，每次2小时。也可以去老人院，讲讲趣味数学题，如："一些老人去赶集，买了一堆大鸭梨，一人一梨多一梨，一人两梨少两梨。问几位老人几个梨？"让老人做一些简单又有趣的计算，可以防止痴呆症。老人院会非常欢迎你去，也愿意为你写推荐信。

问： 我是个摄影爱好者，有什么方法可以发挥我的强项？

答： 你可以采访社区政界、商界、学术界、医疗界的名人，为他们拍摄工作时的精彩镜头，放大后放在社区图书馆展出。这样可以让民众知道社区有哪些资源，也让这些名人的服务范围得到扩大。同时可以建议这些社区名人捐款给社区图书馆，皆大欢喜。

问： 我出生在美国，从小喜欢国际象棋，我的棋艺在所居城镇小有名气。我如何利用这个专长？

答： 你可以利用周末或暑期，开办收费的国际象棋入门班，教小学生学习如何下国际象棋。据笔者所知，在纽约和新泽西州，家长愿意出每小时40美元送孩子上国际象棋培训班。你如果收费每小时10美元，生源不愁。你也可以先举办免费培训班，半年后再酌情收费。

别人参与课外活动，你比别人在这个领域做得更深、更广；别人在公司实习，你在准备创办公司；别人有在希腊的游览经历，你通晓希腊文。

这就是你在某一领域内的"与众不同"。

本节小结

每一位有志申请美国常春藤名校和其他顶尖名校的高中生都要根据自己的兴趣爱好和专长，安排时间参加课外活动、社会义工和暑期活动。美国名校招生官员从这些活动中，给申请者打出个人综合素质评分，这个评分对决定是否录取学生关系重大。

学生在参加这些活动时，一定要出于自己的爱好和专长，活动内容"少而精"。要通过参加活动使自己获得提高，显示本人的"领导力"、团队合作、学习热情、"批判性思维"、好奇心、时间管理、抗压能力、奉献精神、关心他人、关心弱势团体等能力或品质。这些活动最好能给学校、社区、所在城市带来改变，甚至在全国产生积极影响。

课外活动、社会义工、暑期活动要与学生计划申请的大学专业高度吻合，这样能体现申请者的意向专业合理性。这点需要在参加这些活动之前考虑周详。

别人都在做的课外活动，你比别人在这个领域做得更深、更广、更有成效，这就是你在某一领域内的"与众不同"。

第二节
15 种课外活动使你"与众不同"

杜克大学前招生官员芮切尔·托尔（Rachel Toor）在她的著作《招生机密》（Admissions Confidential）中说：

> 这么多的申请者如此相似，他们需要找到让自己脱颖而出的方法。
> With so many applicants looking so much alike, they need to find a way to make themselves stand out.

申请者相似度高，其实就是许多学生都有 GPA、SAT 或 ACT 高分。要想进名校，必须找到方法，使自己"脱颖而出"。你要在某一领域崭露头角（angularity）、与众不同（different from the peers）。

下面总结了中美优秀高中学生在 15 种课外活动中，使自己与众不同的实例。

1. 开设一门网课

如果你有任何心得体会，可以拍下视频，发送给你的同学或其他人，或上传到优兔网站（YouTube）或优酷网站（YouKu）与大家交流。

只要你的主题有新意，给人以启示，你的网课观众自然会聚集，粉丝自然会增多。这就是你的"与众不同"之处。下面是一些实例：

——上海某国际高中梅同学，爱好中国古典诗词。在 2018 年中秋前夕，她制作了一段主题为"唐诗宋词中的明月"的视频，发给老师和同学们欢度中秋佳节。视频中有诗词、有画面、有配乐，深受老师和同学们喜爱。学校教务处还邀请她给全校师生上了一堂公开课，这使梅同学迅速成为校内名人。校长亲自为她写推荐信，后来她被加州大学伯克利分校录取。

——纽约某私立高中华人沈同学，对考 SAT 数学很有经验。他做了个 2 小时的视频，将 SAT 数学题按不同题型进行分类并分析，视频上传到优兔，很快受到许多高中考生的欢迎。

2. 创建一个网站

现在创建一个网站，利用一套软件就可以轻松完成，但网站上提供什么信息，大有讲究。下面的事例，相信会对你有启发。

——威廉是一位私立高中的高二学生，也是一位电影发烧友。他自己掏钱、编剧、当主角，拍了一部20分钟的小电影《高中初恋》。威廉创建了一个网站，把电影放在上面，让同学们欣赏。他发觉大家对这部电影的好评和恶骂都有。威廉心态很好，每次有人留言，他都幽默地回几句话，这样引起更多的观众留言。一天，威廉灵机一动，他在网上说，今后任何人想评论这部电影，都要支付1美元到他高中的一个基金账户，这是专门捐给学校的图书馆和实验室的。他保证回复所有留言的观众，而且这些留言和回复会公开。许多人为了看他的回复，就愿意支付1美元。很快，学校就获得3,000多美元的图书馆和实验室基金。威廉为母校做了一件好事，而且因为电影中展现的许多镜头来自他的高中，许多附近城镇的学生都来他的高中参观，并表示今后要申请这所私立高中。

——美国著名教育咨询专家考尔·纽堡（Cal Newport）在新泽西读高中时，和同学联合创立了一家网络公司。一年后，公司开始赢利，还发展了2万名会员，这显示出考尔所拥有的一般高中生没有的经商才干。他后来顺利进入常春藤名校达特茅斯学院深造。

——华裔丁同学数学成绩很好，参加美国数学竞赛获得了优异成绩。他看到美国同学数学成绩不理想，就创建了一个数学辅导网站。在网站中，他发表了自己从1年级到8年级的数学练习题及解题思路。网站规定只有申请成为会员才可上网练习，但申请费用只需1美元。不到一年，会员达到1万多人。丁同学后来被常春藤名校布朗大学数学专业录取。

3. 开辟一个专栏或博客

高中生如果能在社区报纸上开辟一个专栏，或在网上开辟一个博客，吸引一定数量的读者，这不仅能体现其学术能力，更能彰显他的社交能力。名校喜欢这样的学生。

——美国学生妮可（Nicole）喜欢写诗。高中时，她的诗作就出现在全国性诗歌网站上，她也出版过自己的诗集。妮可会和人合作写书，谈论大众关心的话题。她还积极参加社会集会，并把参会体会投稿给《巴尔的摩太阳报》《华盛顿邮报》《山报》，投稿纷纷被这些名报刊登。后来她成为《巴尔的摩太阳报》（言论版）学生专栏作家，并进入以英文写作著称的"三一学院"（Trinity College），同时获得其他两所名校的全额奖学金，因为这些大学相信她具有成为全国著名专栏作家的潜力。

——一位佛罗里达州的高三学生，立志从事时尚行业，他向所在地的报纸提议，开辟一个少年时尚双周专栏，类似《魅力》(Glamour)杂志的内情报告。该建议被采纳，他本人也参与写稿，成为该专栏的作家。该报日销80,000份。随着他的专栏越来越受欢迎，他在社交网络上开辟了自己的博客，一跃成为社区名人，后被佛罗里达州的一所名校录取。

——麦克·埃尔塔 (Mack Elder) 是一名超级电影戏剧迷。10岁时，他能讲出所有经典或当代电影的细节。初中时，他参加学校戏剧团，演一些配角。高中时，他连续三个暑假参加弗吉尼亚大学 (University of Virginia) 的青年作家讲习班，潜心学习剧本创作。在学校，他坚持为校刊写月度电影评论专栏。11年级暑假，麦克进入移动影像博物馆实习，每周为5部经典电影写观摩文档，提供所有演员、导演、摄影师、剧作者的背景材料，编写故事概要，还写电影评论。这样热爱电影戏剧的高中生，名校电影专业肯定喜欢。麦克被许多大学的电影专业录取，他最后选择了南加大，因为那是《星球大战》导演乔治·卢卡斯 (George Lucas) 与《回归未来》导演理查德·泽米基斯 (Richard Zemeckis) 曾经学习过的地方。

——艾瑞克·派格诺 (Erika Pagano) 作为全美50位高中生之一，参加了日美参议员交流协会 (JUSSE) 青年理解组织 (Youth for Understanding) 全额赞助的日本五周访问团的活动。暑假期间，她住在一个日本家庭体验生活，并参加日本高中课程，同时作为美国的学生大使在一场公共场合发表演讲并回答观众问题。在日本时，艾瑞克还为美国《新闻报》(Press Journal) 开辟了一个"来自日本的一封信"专栏，由她提供稿件。她在一封信中谈到在日本上高科技厕所的见闻；还有一封信谈到日本和美国高中的差异；在一封长信中，她谈到自己经常被日本观众问到有关美国的各种怪诞问题，提问者对美国的印象全部来自好莱坞电影。这些信引起读者极大兴趣。当她回美国后，她已经成为当地的"日本问题专家"。这段经历，使她决定选择国际事务作为她的大学专业。后来她顺利被以国际事务专业闻名的乔治城大学 (Georgetown University) 录取。

4. 创办一本杂志

高中生创办杂志，由于时间和资金有限，一般都是创办校刊杂志。如果能坚持数年，且毕业后该份杂志能继续办下去，也是为学校做了一件有意义的事情。假如能在学区创办市一级杂志，则是非常有成就的事情。

——美国纽约上州的高中生汤姆创办了一份摄影杂志，给本市的高中摄影爱好者提供发表自己作品的平台，并请摄影大师点评。他每年还举办两次摄影比赛，这使杂

志迅速有了知名度。汤姆后来获得摄影大师推荐，进入纽约大学（New York University）的艺术学院深造。

——美国犹他州高中生玛丽，经常听到同学们对其他同学和老师的抱怨。她想起以前听到名人演讲，基本上都是演讲者"自嘲"居多。她灵机一动，认为要提倡"自嘲"而不是"抱怨"。于是她创办了一本校内双周刊物《自嘲》(Self-Mockery)，结果大批学生投稿，很快老师们也投稿了。师生之间相互"抱怨"少了，"自嘲"多了，较大地改善了师生关系。玛丽后来被斯坦福大学的英语专业录取。

——中国深圳中学的琳达和同学一起创办《新星月刊》(Nova Monthly)杂志，负责翻译海外优秀读物给深圳6所高中上千名学生阅读。从选文、翻译、审核、排版到印刷和拉赞助商，都是琳达和同学们一起利用课余时间完成的。琳达后来被全球排名第一的宾州大学沃顿商学院录取。

5. 出版一本图书

——有一位广州的高中学生，在中国出版了5本诗选。他想把自己的作品介绍给美国读者，于是奋而苦练英文。他自己把中文诗歌集翻译成英文，交与美国出版社出版，后来被哥伦比亚大学英语专业录取。

——美国新泽西某高中生，把自己3年多来向报纸杂志投稿的所有文章整理成一本书，书中还包括一些编辑给他的回信和修改建议（当然出版前征得了这些编辑的同意）。书是通过亚马逊网站的出版公司自费出版的。他把这本书送给同学和老师阅读，激起了大家的阅读兴趣。他还把这本书寄给几所心仪大学的招生办公室，这些招生官员对这本书也非常感兴趣。一旦招生官员对申请学生的作品有兴趣，就会熟记申请者的名字，该学生进这些名校的概率便大大增加了。

6. 参加一次学术年会

——纽约上州一位华人高中生，平时关注环保，特别留心水资源的保护，一直争取机会参加有关学术会议。终于他注册参加了2019年6月在佛罗里达奥兰多举行的美国水利协会年会（American Water Works Association's Annual Conference）。这年年会的主题是"创新水的未来"，会议聚焦于有关水的资产管理、公用事业风险、保护水质面临的挑战和机遇。这次年会全球有12,000多人参加，包括各国学生272人。他在会议上认识了全球水研究和可持续发展领域的学术领袖，了解了许多有关保护水资源的新技术和环境科学的最新研究成果。他把了解的水资源保护的新技术应用到自己家乡——纽约上州的山区，获得所在镇政府和学校的表彰。他后来被普林斯顿大学录取。

他在介绍这一段经历时说："尽可能参加你喜欢的专业的学术年会，哪怕只参加一天的会议，都会让你受益匪浅。"

——上海某双语学校的赖同学，平时关注环保，她知道有一个环保国际会议在杭州举办，就通过老师介绍参加了这个国际会议。会议结束后，她带领同学积极投入地区环保工作，鼓动社区居民进行垃圾分类行动，同时在学校开展电池、塑胶袋、书本的回收活动。赖同学后来被一所常春藤学校的地理专业录取。

——北大法学院的夏同学，听到导师介绍亚洲国际法学会将在北京举行两年一度的会议，正在征集会议论文。夏同学敏锐地感觉到这是一个机会，她抱着"试一试"的态度，选择有关国际环境法的一个研究课题，写了一篇论文递交了上去。数月后，夏同学获知她的论文已被大会录用，她要在大会上发言。在这次大会上，只有两位学生发言，所以夏同学的发言格外引人注目。夏同学在大会期间，认识了欧洲国际法学院主席。这位主席为她写推荐信，夏同学后来顺利被哈佛法学院录取。

7. 多学一门外语

无论你学习哪一门外语，都使你比同年龄学生多了一个优势。

中国华南师大附中的申诗桐同学，从小在一所法国幼儿园学习法语，后来又学习了英语、西班牙语、日语，加上母语中文，她一共通晓5种语言，这极大增加了她进入名校的概率。她后来顺利进入藤校，在宾州大学获得艺术和计算机双专业本科文凭。后来又凭着语言优势，进入计算机专业闻名的卡内基梅隆大学攻读硕士。

如果你需要推荐，除了英文，拉丁文绝对是一个好选择。

很少有中国学生懂拉丁文，在美国，懂拉丁文的高中生也不多。一个世纪以前，美国公立学校一半的学生都学习拉丁文，而今天这个比例下降到不足1%。但在英国的寄宿私立学校，拉丁文依然是必修课。为什么这个已经"死去"的语言在英国精英学校生命力依旧？

1947年，英国著名侦探作家和公认的"神曲"最佳翻译家度罗西·塞耶斯（Dorothy Sayers）曾经发表过一篇反响极大的文章《失落之学艺》，这篇文章被视作"吹响了古典教育复苏的号角"。度罗西主张所有的孩子都应该学习拉丁文，而且开始得越早越好。她的理由是："即使只有粗浅的拉丁文知识，也能令任何学科的学习难度减半。"这句话至今还经常被推崇古典教育的人士引用，他们坚信：拉丁文是精英教育的一把秘密钥匙。

度罗西的观点显然获得了美国常春藤名校的强烈赞同。以藤校为代表的精英大学对拉丁文学生的偏爱也是隐藏不住的秘密——哈佛、布朗、宾州大学、芝加哥、阿默斯特、麻省理工学院等名校的招生官员都曾在接受媒体采访时表示，他们会格外留意高中修过拉丁文的学生。

2019年，哈佛校报《哈佛深红报》(The Harvard Crimson)发表了一位秋季亚裔新生桑德拉的入学作文，作文的主题就是学习拉丁文的感受。

布朗大学甚至曾经披露，会拉丁文的申请人录取率高达26%，而其他学生的录取率仅为9%。布朗大学甚至主动出击，向纽约周边开设拉丁文课程的学校学生发出欢迎申请布朗大学的邀请信。

为什么名校对懂拉丁文的学生情有独钟？

因为拉丁文是理解西方社会的重要工具。拉丁文是法律、政治、政府治理、商业和逻辑的英语术语来源。如果说不少科技词汇来自希腊语，那么在法律领域，拉丁文的地位可以说是垄断性的，法律术语全部来自拉丁文。除此之外，西方文学、艺术、音乐、绘画中都充满了拉丁文的元素，拉丁文对医学来说也必不可少。换句话说，学过拉丁文的孩子可以轻松掌握海量词汇，这对他们今后在多个领域的深造很有帮助。

英文中几乎一半的词汇包含着拉丁文或其前后缀及词根，如果算上希腊文，这个比例达到70%，拉丁文能够帮助学生轻松记忆生词的释义。如果你通过各种途径学习并高分通过AP拉丁文考试，绝对为你申请名校加分。

8. 拥有一个专利或发明

拥有个人的发明创造或发现，能体现创新能力，这类学生也是名校喜欢招的类型。高中期间，如果你参加的兴趣小组有集体创造，也可以展现给大学招生官员。

不要担心它们只是一些小发明、小发现。在高中有这些成绩，已经足够表现你"与众不同"了。如果你能将小发明、小发现申请到专利，那就为你将来申请名校大大加分了。

——中国湖南某同学出生在高级知识分子家庭，申请了中华人民共和国国家知识产权局实用新型专利一项，并参加国际学术会议发表学术论文，受邀在会议上进行发言。他后来被著名藤校达特茅斯学院（Dartmouth College）录取。

——迈克是美国亚利桑那州一名高二学生，他从一家能源公司获得赞助，把汽油驱动的高尔夫球车改造成以废弃的食用油为燃料驱动。这个项目在加利福尼亚州的绿色科技展中广受好评。高三时，他把太阳能电池板安装在学校仓库屋顶，同时利用电池板为学校的高尔夫球车提供新的能源。他的发明引起斯坦福大学关注，他也顺利进入这家顶尖名校攻读环保能源有关专业。

——美国高二学生卡拉在一家名叫数码俱乐部的当地社区组织做义工。开始时是访问社区参加过"二战"的老战士，为他们录像。后来她发觉这些访问很快就可以做完，便开始为俱乐部增加新的服务内容。当时社区居民糖尿病发病率高，她们就开始清除社区所有的冷饮出售机，但这远远不够。在社区医生指导下，卡拉开始利用电脑技术，独立开发一套利用健康饮食来避免糖尿病的健康课程，授课对象是社区7岁到12岁的学生。这套课程先在几所学校试用，获得好评。此后，卡拉通过数码俱乐部在其他州的分部，推荐这套健康课程。很快，这套教材在11个州的许多小学推广应用，广受好评，卡拉也迅速变成教育界名人。她同时被哥伦比亚大学、麻省理工学院、斯坦福大学等多所名校录取。

9. 获得一项奖学金

学生从社会各界获得奖学金，不但是个人学术能力的体现，更为大学奖学金助学金办公室减轻压力。如果学生获得社会机构的全额奖学金，大学招生办公室更愿意伸出橄榄枝。

多参加竞赛，就可能有更多获奖机会。一定要抓住每一个可能使你"脱颖而出"的机会。

——一位叫王珏的美国华裔中学生长期关注各种奖学金的申请方法，如今到了高中毕业季节，她累计获得了17万美元奖学金。

像盖茨奖学金一类的巨额奖学金是很罕见的，大部分奖学金的数额都不高。生于美国，父母早期由中国香港移民至美国的王珏说："我一共申请了54个奖学金，其中有23个通过，累计一共有17万美元，可以用于我日后的大学本科及研究生教育。"

王珏今年以GPA 4.26的成绩毕业于威尔逊高中（Glen A. Wilson High School），即将进入加州大学伯克利分校学习经济学。王珏分享她近几年申请奖学金的经验时表示，首先需要收集信息。奖学金的种类很多，"平时学校会给我们很多有关奖学金的信息。我在同济会做社会服务，他们有一些学习课程，也为学生提供了很多奖学金的信息。""至于全美范围的奖学金，比如，我先后申请的可口可乐奖学金、GE里根奖学金、盖茨千禧奖学金、美亚商会奖学金等，都是我自己在网上查找的。"通过仔细分析，王珏发现许多奖学金申请要求写与为社区服务相关的文章，"正好我经常参与各种社会、学校、社区的服务，累积了丰富的经验。申请奖学金也不是想象得那么麻烦，一旦开始申请，就会发现不少奖学金申请有类似的要求，这使得你可以很方便地同时申请多个奖学金。"

"我们全家都很喜欢喝可口可乐，而我获得的最大金额的奖学金就是2万美元可口可乐奖学金。全美有83,000名学生申请，能够参加决赛面试的只有250名。在今年2月，有150名学生获得了这项奖学金；我们在3月被邀请一起去了亚特兰大市（可口可乐总部所在地），接受了为期4天的领导课程培训，使我有机会扩大社交圈，这也是在奖金之外的，我认为非常重要的收获。"

——国际中学生机器人挑战赛（First Robotics Competition, FRC），是由美国非营利性机构 FIRST 主办的面向所有中学生的一项工业级机器人竞赛。该项赛事已经获得全球 100 多所高校的认可，如美国麻省理工学院、哥伦比亚大学、加拿大的多伦多大学、澳大利亚的麦考瑞大学等。FRC 的所有参赛队员每年都有获得奖学金的机会。许多爱好机器人研究的高中生，都通过参赛而获得奖学金，顺利被美国名校录取。

——2015 年 6 月公布的第 93 届全美初高中艺术及写作大赛（Scholastic Art & Writing Awards）上，新泽西州宾格利高中（Pingry School）12 年级学生吕思瑶（Nancy Lv），以其作品《春天的忧郁是如此讽刺》（How Ironic Melancholy in the Spring Must Be），一举拿下全美绘画金奖，并获得 10,000 美元的奖学金。该作品也入选华府总统艺术和人文委员会（President's Committee on the Arts and the Humanities）大厅陈列展览。这次展览，主要是青年艺术家作品，涉及戏剧、诗歌、短文、电影、摄影、多媒体及油画等 25 个艺术领域，全美仅有 25 件国家金奖作品获此殊荣。吕思瑶一直将画画视为自己最大的爱好。在竞争激烈的私立名校，吕思瑶以出类拔萃的美术专长，成为全校瞩目的明星。初中时期，她已经以每幅 500 美元的价格售出好几幅油画。其作品层次丰富、刻画细腻，曾被印制成年历，在全美的医院、诊所、学校、艺术馆等发放。

10. 成立一家公司

如果在高中时就显示出经商能力，那么名校有理由相信，经过名校培养，学生毕业后商业管理能力会更强，将来对大学的回馈也更多。

有许多方面可以体现学生的经商能力。首先，自己创立公司和经营企业是最能说明经商能力的，但不是每个学生都有条件这样做。学生还可以在其他方面表现出经商能力，如利用专长做出一个产品，譬如手钩小提包，在学校展览会上义卖；为低年级学生开设周末补习班；在优兔（YouTube）上传视频，介绍一种软件的使用方法而获利；或直接利用周末或假期，去其他公司打工。在名校看来，工作经历是为经商积累经验。在美国人眼中，挣钱在某种程度上是一种独立能力的体现，也是一种成功的表现。暑期的带薪实习往往是个很好证明自己能力的机会，如果与计划申请的专业领域有关就更好了。

——2015 年秋季，得克萨斯州 17 岁的麦迪逊·罗宾逊（Madison Robinson）开始上 12 年级。外表上，她与其他学生没什么不同，可是熟悉她的人都知道，她已经是个拥有百万资产的高中生了。麦迪逊居住在得州南面的加尔维斯群岛（Galveston Island），从小看着大海长大，8岁时，就有设计鱼形拖鞋的想法。她和父亲联合成立了一家公司，把图纸变成产品样本，并在展销会上向零售商们推销她的产品。她的产品一下子就获得青睐，客户包括梅西百货全国性的大商店。15岁时，她的鱼形拖鞋已经销售了6万多双，零售额超过60万美元。

——有一位居住在爱达荷州的女高中生，喜欢在湖中钓鱼。长期的钓鱼实践，使她发明了一种利用湖水加其他饲料做成的新型有效的鱼饵。她和弟弟合开了一家公司，专门在网上销售这种新型鱼饵。几年后，这家鱼饵公司在全州都十分出名，她也迅速积累了不少财富。她的创业事迹很快传开了，好几家顶尖名校邀请她入学。

11. 完成一份创业计划书

当你发现了一个商业机会，并提出了一个可行的解决方案，这时你千万不能就此停止，而要迅速起草一份商业计划书，将商业理念变成现实。你可以向同学和专业人士提出你的设想，说服他们出资帮助你实现这个商业构想。如果他们被你说服了，你就可以开始有组织地生产、销售或推出你的商业服务。名校招生官员也会对你这段经历十分感兴趣。

——叶同学的父母有一家颇有规模的建筑钢材工厂，拟在 A 地设立分厂。叶同学经过仔细勘察，建议在 B 地设立分厂。他为此写了详细的两地对照分析，在董事会上详细阐述了理由。他的建议获得一致好评并通过，本人也被增选为董事会成员。叶同学后来被纽约大学史顿商学院（Stern School of Business,NYU）录取。

——加州南巴沙迪那高中的阮同学带领该校同学参加加州的虚拟商业计划竞赛，连续两年赢得全加州冠军。后来又参加全美高中生创业计划大赛，并获得冠军。全国大赛中，他们成立了一个名为"绿洲"的公司，管理层由总裁、副总裁、董事、专家4人组成。这是一家屋顶花园设计施工公司，旨在促进环保、美化社区、打造健康生活。阮同学的商业才能受到关注，本人被常春藤名校宾州大学的沃顿商学院录取。

12. 举办一场展览会或论坛

高中学生自己筹资、征求作品、举办展览会，不仅能交流思想、交流艺术，更能锻炼组织能力。

——3位留美的浙江宁波高中生，利用暑假回国探亲的机会，通过同学圈、留学圈在同龄人中征集各类艺术作品。回到宁波后，她们又四处奔走，发动同学，拉赞助商，最后在宁波市展览馆的支持下，落实展出场地并确定展览时间。这次展览会展出了14

位90后学生的画作、雕刻、摄影作品共40多幅（件），受到一致好评。名校非常看重能积极改变社区、提倡文化交流并组织落实的高中生。

——上海华东师范大学附属东昌中学，是陆家嘴金融区内唯一的一所高中学校。该校学生在校领导和有关金融专家帮助下，依托陆家嘴金融城的环境，以金融素养为培养目标，承办了历届上海高中生经济论坛，影响逐年扩大。商业辩论赛、模拟商业大挑战、虚拟投资大考验、金融知识大比拼等一系列金融嘉年华活动为学生带来了金融投资交易体验。2017年的经济论坛主题为"金融与实体经济的和谐发展"。论坛吸引了来自沪上28所高中的200余名学生参加，征集到50余篇金融领域的高中学生论文。

2018年上海高中生经济论坛的主题是"防范化解金融风险下的金融监管与行业自律"，这次论坛由东昌中学承办，上海证券交易所协办。与会的有交大附中、建平中学、控江中学、大同中学、南洋模范中学、延安中学等24所上海高中学校以及2所观摩学校，共200多名学生参与，开展了主题鲜明、形式多样、内容充实的活动。

每届上海高中生经济论坛的举办，与各级领导、专家、嘉宾、媒体、家长的关心和支持密不可分，而承办论坛的东昌中学学生和积极配合的其他高中学生都得到了锻炼和提高。这些学生必然获得中国和美国大学招生办公室的青睐。

——卡任娜（Karenna）是一名高一学生，她居住的小镇地广人稀，同学们缺少聚会娱乐机会。卡任娜就发动学校的家长联谊会和镇长开会研究，决定每周举办一次大型家乡传统冰激凌展览会，开放镇办公大楼前面的广场，让附近几镇的冰激凌商家都来设摊，所收的租金全部用于改善学校的设施。卡任娜也发动学校的乐团来助兴演出。这个每周一次的展览盛会，丰富了学生和家长的业余生活，广获好评，卡任娜也上了地方报纸和电视。她的社区服务和经商能力受到名校注意，后来进入纽约大学史顿商学院学习。

13. 学习演奏一种稀有乐器

前一节，笔者建议中国学生学习中国民族乐器，这是因为钢琴和小提琴是美国学生学习乐器的首选，而美国学生对这两种乐器和西洋音乐的理解，肯定比中国学生要容易、高效得多。中国学生学习中国民族乐器，则是"扬长避短"。在中国民族乐器中，选择学习稀有乐器更能显示你的"独一无二"和体现"多元文化"的优势。学会演奏中国稀有民族乐器，如古筝、葫芦丝、锯琴等，不但陶冶情操，还能掌握一门技能。更重要的是，这能获得许多美国名校招生官员的青睐，在将来的大学校园交到更多的朋友。

以锯琴为例。锯是一种建筑工具，却能演奏出独有的风格。活跃在纽约的锯琴培训专家陈黎明先生，其父亲是中国锯琴发明和改良专家。陈先生本人是上海音乐家协会会员、锯琴专业委员会理事，曾被美国音乐家协会（American Guild of Musical Artists）授予特殊人才奖。而陈先生创立的锯琴教学中心（Chinese Musical Saw Training Center）更培训出一批华裔学生锯琴演奏员，他的第一批学生在2001年7月于加州举行的世界锯琴比赛中，创下了囊括前4名的记录。而这4名学生，都被美国名校录取。有一位居住在长岛的学生在报考艺术专业面试时先演奏了黑管，面试官表示水平欠佳，结果学生马上要求再演奏锯琴，特别的琴声吸引其他面试官都来到考试教室，惊奇之下，面试官当场表示"回家安心等通知"。

——有一位来自北京的周同学，5岁开始学习小提琴，后来改学钢琴。为了到美国读高中，其家长果断决定让他改学二胡，并聘请民族乐团的首席二胡乐师当老师。到美国后，又聘请定居美国的国内顶级二胡演奏家继续指导，同时还向这位专家的先生学习古筝。周同学后来顺利进入普林斯顿大学深造。

14. 学会一种中华健身项目

美国大学校园热衷体育健身。田径、网球、游泳、篮球、橄榄球等比赛，都让美国名校学生为之狂热。中国学生如果在美国大学推广具有中国民族特色的体育健身项目，如太极拳等，会引起校园各种族裔学生的强烈兴趣。笔者曾建议一位学生学习太极拳，后来他在申请作文中表示要在大学校园组织太极拳俱乐部，免费传授中国太极拳。他后来被常春藤名校宾州大学录取。

正如开比萨店一定要雇用意大利人一样，太极拳等非中国人来传授不可。"中国功夫"（Chinese Kung Fu）已经变成一个西方世界理解中华文化的重要窗口，有些美国学生和老师看李小龙功夫片入了迷，误以为在中国人人都会功夫。你如果表示愿意教美国同学一套拳路，肯定会受到常春藤名校和其他美国顶尖名校招生办公室的关注和欢迎。

15. 完成一次有考察目标的旅游

旅游不是简单地看风景。事先找好资料，并带着考察目标去旅游更可以让人增长见识。美国一些高中学生通过旅游写游记，出版集文章、摄影、旅程、感悟于一体的"旅游指南"。

——阿巴拉契亚山脉（Appalachians）是北美第二大山脉，与大西洋海岸平行，纵贯美国和加拿大东部。热爱自然的美国民众，发起了保护阿巴拉契亚自然生态的活动。他们将各地山路连为一线，打通了一条徒步山行的小道，成立了民间组织阿巴拉契亚小道会，提倡"无工业活动"的自然主义宗旨，拒绝任何可能的公害。如今阿巴

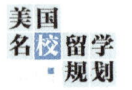

拉契亚山已成为美国的旅游胜地之一，这里自然风光优美，已开辟了 4 个国家公园、众多州立公园和游览地。美国许多高中生利用暑期徒步考察这条旅游路线。他们中间大部分人，都在网络上发表了各种旅游记录和照片。这些都成为他们申请名校的重要资源。

——中国安徽几位高中生，从《徐霞客游记》对黄山的描述中获得灵感，决定重新登黄山，沿着当年徐霞客的路线再走一遍，对黄山的山形地貌、水文分布、江源山水与气候关系进行探索。他们获得了其他人无法获得的体验，并把这种体验写进申请美国大学的入学作文中，获得名校招生官员好评。

——中国江苏几位高中学生，利用假期骑自行车考察秦末汉初 3 位领袖的起兵之处——陈胜的大泽乡，刘邦斩白蛇的丰县，项羽带领 8,000 名江东子弟兵出发地湖州。他们发现这 3 个地方相距并不远，是战国时期楚国的领土。他们在旅游中，联想起古语"楚虽三户，亡秦必楚"，旅途所见似乎印证了这一点。这次旅游，使他们对这段历史有了更深的了解和体验。

——美国纽约几位高中学生，对 1776 年 11 月 16 日发生在哈德逊河边华盛顿堡（Port Washington）的大陆军与英军的战役很感兴趣，因为那场战役差点宣告了美国独立战争的失败。他们就利用周末，对照历史书观察所有的战场。然后一路南下，到新泽西州的特伦顿（Trenton）考察使独立战争起死回生的特伦顿战役。通过对这两场战役发生地的实地考察，他们对美国重要的历史事件有了更切身的体会。

顶尖大学不喜欢"书呆子"，但带着书本实地考察的学生，他们却十分欣赏。

本节小结

许多成功进入美国顶尖名校的学生，在高中期间，都有一段能显示自己"不同之处"的经历。总结一下，就是参加过以下"15 个课外活动"：

- ❖ 开设一门网课
- ❖ 开辟一个专栏或博客
- ❖ 出版一本图书
- ❖ 多学一门外语
- ❖ 获得一项奖学金
- ❖ 创建一个网站
- ❖ 创办一本杂志
- ❖ 参加一次学术年会
- ❖ 拥有一个专利或发明
- ❖ 成立一家公司

- ❖ 完成一份创业计划书
- ❖ 学习演奏一种稀有乐器
- ❖ 完成一次有考察目标的旅游
- ❖ 举办一场展览会或论坛
- ❖ 学会一种中华健身项目

这 15 个课外活动，都要紧紧围绕你想申请的专业进行。

第八章

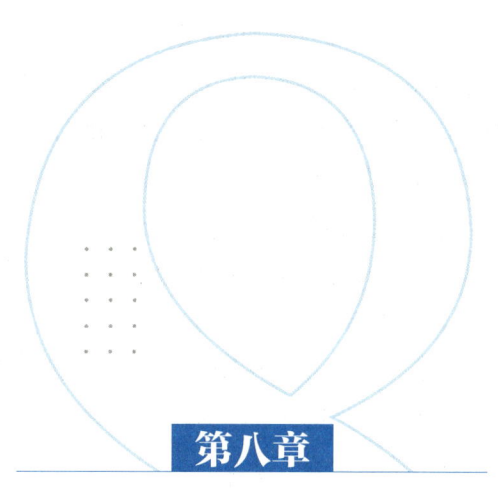

锦囊八：
培养 4 项能力
——名校关注能力，高中初露锋芒

美国资深升学顾问伊桑·索耶（Ethan Sawyer）在他2020年的新书《大学招生要点》（*College Admission Essentials*）中写道："招生人员通过观察你在学校和其他地方的活动来了解你是哪一类学生。他们看的是你参与了什么，有无创新举动，以及你的领导能力。"

美国迈阿密大学教授托马斯·米斯科（Thomas Misco）在他2017年的著作《留学美国之路——你的思维比分数重要》（*Preparing to Succeed at U.S. Colleges and Universities*）中写道："对读到的任何东西，对任何假设和观点，都要反复求证、多问问题，如此，你的求学生涯才会成果丰硕、受益匪浅。"

杜克大学前招生官员威利·迪克森（Willie Dixon）在一次演讲中说："名校非常欣赏肯思考、会思考的学生。"

肯思考，你就超越了大多数普通学生；会思考，你就能超越大多数只会表面用功的学生。

第一节 领导力的 6 种表现形式和 6 种培训方法

名校录取率越是走低，人们就越是想了解那些被名校录取的幸运儿究竟有什么共同特质。常春藤名校和美国其他顶尖大学总是强调学生的领导力，领导力可谓学生进入名校必须具备的一项品质。

美国名校青睐的领导力的定义到底是什么，它的表现形式又有哪些？

领导力似乎是一种很难量化的素质与能力，如何判断一个学生是否具有领导力，是否具备成为领袖的潜力，好像谁也说不准。学生和家长、老师和校长、名校的招生官员、美国名人和领导力培训师，他们都有自己对领导力的理解。

不少家长和学生普遍认为，学校的学生会主席、各个俱乐部的主任、各种兴趣组的发起人就是有领导力的学生。这种看法有一定道理，但不完全正确。

一些美国高中老师和校长认为具有领导力的高中学生，应该具有以下特征。

1. 了解并愿意改变自己；
2. 在自己喜欢的学科是佼佼者；
3. 寻求责任并敢于为自己的行为负责；
4. 及时并慎重地做出决策；
5. 为他人做出榜样；
6. 了解自己的团队并关注成员是否快乐；
7. 与自己的团队及时互动；
8. 调动、协调自己团队成员的力量，并达成目标。

老师和校长们还总结了具有领导力的学生应该常说或应该忽视的字。

5个最重要的字：你干得很好！4个最重要的字：你的意见？3个最重要的字：谢谢你！2个最重要的字：我们！1个最不重要的字：我。

老师和校长们提出，不是有"头衔"就代表有领导力，只有完成团队目标才能体现出领导力，这种观点获得许多教育界人士的认同。

既然领导力是名校招生官员重视的学生品质，那么名校的观点如何？

耶鲁大学本科招生办官网用4句话表明了学生参加课外活动培养领导力的要点。

> 我们希望你抓住那些能让你担任领袖人物的机会，并将你的精力投入你所选择的活动中。想要给录取委员会留下深刻印象，你无须担任一个全国性的组织的主席，但委员会希望看到你花时间，抓住有意义的机遇，并积极地影响你周围的人。你要对你投入时间做的事情，展现出深深的执着与真挚的热爱。你追寻真心向往之事的无上愉悦——而非连篇累牍陈列活动的简历——将会让你具备更强有力的资格。

从中我们可以看出，耶鲁大学关注的领导力主要看4点：你是否抓住了机遇、花了多少时间、是否秉持执着与热爱，以及怎样影响周围的人。将这4点诠释透彻了，相信你就是一个足够有说服力、体现领导潜质的学生。

哈佛大学一名资深招生官员说，高中生的领导力，就是看他是否具有影响力，并通过他的影响改善他所处的环境。影响力具体表现在3个活动中：学校生活、课外活动、社会义工。

在名校招生官员看来，不能简单地把领导力理解为"头衔"或"权力"。总结其他常春藤名校和顶尖名校的招生官员的观点，他们认为，高中学生的领导力有以下6种表现形式。

一、带领团队完成预定目标的能力

如果你是一个团队的发起人、负责人，你就要"领导好"这个团队：制订具体的活动计划，带领团队中所有的人一起前进，完成这个团队的预定目标。譬如，你是学校数学俱乐部主任，你带领大家在11年级通过AMC12的考试，顺利进入下一轮AIME考试，这样你会被公认是学校课外活动的优秀领导人。

如果你是团队成员，要积极配合团队负责人，帮助克服活动中遇到的困难。负责人毕业后，你要积极争取成为新的负责人。

二、应对困境和突发情况的能力

一帆风顺的时候，很难看出领导者的能力。遇到困境，遇到突发事件，如果能迅速正确地判断并做出解决方案，这就是领导力的显示。美国有一位叫苏菲雅的女生，高二时和其他几十个同学在野外夏令营宿营遇到大雾大雨恶劣天气，全体同学迷失方向。在这紧急关头，她临危不惧，沉着镇静，带领大家积极应对。首先是节省现有的食物，并积极寻找其他食物来源。其次是安排晚上轮流值班，点起篝火，防止野兽袭击。这样她带着同学在野外生活了3天3夜，直至全体学生被警察救出。麻省理工学院获知她的事迹，主动邀请她入学，尽管她 SAT 分数并不够高，但麻省理工学院的招生官员认为这样的学生具有应付突发事件的领导能力，是麻省理工学院需要的学生。可见，在困难面前，帮助大家克服焦虑、保持镇定，把乐观情绪传递给大家，同时积极带领大家想方设法走出"困境"，是领导力的生动体现。

三、利用专长，发挥影响力

具有领导气质的学生，某一科目的成绩、某一领域的见识会明显超过其他同学（如中国高中担任科目的科代表）。如果你有某一方面的学术专长，就要充分发挥这种专长，为班级、学校、社区乃至全社会做出贡献，这也是有领导力的体现。数年前，北京四中的一位同学专注于一项科学研究。他利用 4—5 年时间，对北京水文状况和人文特点进行分析。他撰写的论文获得有关专业人士的高度赞赏，被认为具有很高水准。他把论文中提出的解决相关问题的方法，作为建议提交给政府相应部门。由于他的建议有助于改善全市的水文状况，在这个领域做出了杰出贡献，这名同学获得美国名校的青睐，顺利进入一所以培养领导力闻名的美国名牌大学深造。

四、在团队中有凝聚力，使"别人离不开你"

南希是名新移民学生，她酷爱戏剧表演，但演技并不出众，一直担任一些小配角。但她从不计较这些，一心一意为学校戏剧团服务。每次戏剧团在校内校外表演，所有的道具、服装、布景、配音设备的包装、运输、装配，她都安排有序，从没出差错。她的服务赢得戏剧团其他成员一致赞扬，大家都认为，没有南希简直无法完成演出任务。当戏剧团团长毕业离校后，大家一致投票推举南希为新的戏剧团团长。

领导力是什么？是让别人离不开你！南希把戏剧团所有重要的准备工作都安排得有条不紊，成了团体内绝对不可缺少的人才，自然就赢得所有人的尊重，成了新一届的领导人。

五、首先提出解决问题的建议，显示领导力

一位哥伦比亚大学教授曾提出这样一个观点："提出积极建议是解决问题的第一步。"在各种场合，谁首先拿出解决问题的好主意，谁自然会建立威信，体现出领导力。

会议结束，谁第一个发出"会议纪要"？

讨论下次开会，谁第一个提出会议的时间和地点？

商量吃饭，谁第一个提出可选饭店？

说服他人，谁第一个解决对方可能产生的困难？

争取机会，谁第一个表态支持并投入资金？

同学聚会越来越流行，但不是每次同学聚会都有"尽欢而散"的效果。小李被他的小学和初中同学公认为"同学聚会最佳策划师"，原因是他会提出积极建议。譬如，在选择聚会菜馆、菜式和安排座席方面，小李提出，首先菜馆要接近健康欠佳同学的家，方便这些同学赴宴；其次菜式要符合大部分同学口味，不要盲目选高级餐厅；再次点菜要发扬民主，每人通过微信，点一个冷盘和热炒，从中选择点击最多的菜肴；最后要避免男女分桌，要把桌位和座位编号，同学到齐后抓阄入座。大家对小李的同学聚会策划给予很高评价，一致推举他为同学聚会筹委会终身会长。

首先提出积极建议，不一定涉及职务高低，靠的是对日常生活的细心观察和经验积累。校内校外许多事情不要总等老师布置，而是积极提供多个选择给老师，你自然会成为老师的助手。

六、到一个新环境，谁首先认识最多的人，谁就会成为大家公认的领导人

到一个新环境，大家相互不熟悉，谁能迅速认识最多的人，谁就会自然变成领袖。

一位来自得克萨斯州的22岁年轻人担任某位国会议员的秘书，第一次住进华盛顿的道奇饭店时，他有一些奇怪的举动。他一共在公用浴室洗了4次澡。第二天凌晨，他又早早起床，跑去刷了5次牙，每次间隔5分钟。

他在干吗？

这是因为住进这家饭店的一共有75位和他一样的国会议员秘书，他要在第一时间利用洗澡和刷牙的机会认识这些同行，以便担任议员秘书俱乐部的主席，这位年轻人就是后来担任美国第36届总统的林登·约翰逊。他在临终前几个月，才把自己这段经历告诉好友——传记作家多里斯·基恩斯。

在美国主流社会，领导力是一个被热烈讨论的话题。

美国现代管理学之父——教育家彼得·德鲁克（Peter Drucker）说："领导力就是可以吸引追随者的力量"，"管理与领导是有区别的。管理是把事办好，领导是引导做对的事。"

美国当代杰出的领导理论大师沃伦·本尼斯（Warren Bennis）说："领导力是能把理想变成现实的力量。"

美国著名领导力研究专家约翰·麦斯威尔（John Maxwell）说："领导力是影响力——就这样。"他提出有领导力的领袖的品质，体现在3个"C"开头的英文单词：Competence（能力）、Character（品德）、Consistency（一致）。

一个人如果没有能力，无论你多么忠厚老实，也没有人会追随你。

领导人能听不同意见，尊重他人；做到就事论事，对事不对人，大家自然服从你。

领袖人物自律、有清晰的目标、有主见，观点不会朝三暮四、随意变动。

作为一位在读高中学生，了解各界人士对领导力的分析后，应该如何培养自己的领导力？以下是被证明行之有效的 6 种培训方法。

一、发起组建课外学科兴趣俱乐部或在已有俱乐部发挥作用

在高中的某一学科取得优异成绩或拥有某种技能，就可以在学校发起组建这门学科或这门技能的课外兴趣俱乐部，如数学俱乐部、生物俱乐部、二胡俱乐部、双节棍俱乐部、戏剧社、拉丁舞俱乐部、篮球俱乐部。你可以聘请学校有关老师、校外专家、有专长的学生家长作为指导顾问，贴出招生海报，保证能吸引不少同学加入。

组建一个团体，关键要有团体章程，说明需要完成的具体目标。如要带领成员参加美国奥林匹克的数学和生物选拔赛并取得好成绩；每位成员都能单独完成二胡独奏；每位成员至少能完成一段双节棍表演；能彩排并参加一次戏剧演出；能参加所在城市的拉丁舞比赛；组织所在学区、所在城市的高中篮球联赛等。只有完成这些目标，这些团体才有生命力，你才能体现领导力。

你可能转学到某高中，该校已经有某个课外俱乐部，你可以参加并提供新的活动内容，积极配合俱乐部主任。十有八九，当俱乐部主任毕业后，大伙就会推举你成为新的俱乐部主任。

二、竞选校级和学区学生组织负责人，兑现竞选诺言

中美高中都有学生会，为了公平公正，许多高中的学生会会长、财务长、活动部主任等职务，都采取公开竞选方式。候选人需要提出竞选口号，宣传竞选纲领，张贴竞选海报，准备竞选辩论，逐年级拉选票。这些都能极大程度上培养你的领导力。你如果当选，一定要兑现竞选诺言；即使落选，这也是一次极好的领导力培训过程。

美国很多高中，有一个被称为"纪律委员会"（Citizenship Committee）的机构，有点类似中国高中的教导处，专门负责处理严重违反纪律的学生。该委员会由 3 位学生和 3 位老师组成，作为学校的 6 名"法官"。所有想竞选进入该委员会的候选学生，必须学业优秀、作风正派、办事公正。委员会对每一个案例都认真讨论和研究，处分也是真实的。学生成员在参与过程中会学到法律法规知识，堪称将来联邦法官候选人。

许多高中还提供各种服务学生的组织，鼓励学生参加。如新生辅导员（New Student Mentors），负责培训 10 年级以上的学生，帮助新入校的 9 年级学生适应学校的生活和学习，尤其是帮助国际学生；同龄人心理辅导员（Peer Counselors），学校请心理专家培训一批学生，专门帮助其他同龄同学解决可能产生的心理问题；学生宿舍管理助手（Residential Assistant），配合老师展开生活管理方面的工作；学生校园导游（Tour Guides），给访客和有意申请该校的学生和家长介绍校园以及回答有关学校的其他问题。

如果你是一位中国高中学生，你可以建议学校也成立这类服务学生的组织。

美国按照学校所在地划分学区。一个学区可能有几所、十几所高中。这些高中经常共同举办各种活动、竞赛，这时就需要各校的学生组织协调，也因此产生新的学区学生组织。尽管工作量不多，但也不可缺少。竞选或主动承担这些工作，会使你成为学区的"学生领袖"。

三、参加各种"领袖"竞赛项目，培养领袖能力

美国经常举办全国性的"领袖"竞赛项目。未来商业领袖（Future Business Leaders of America, FBLA）就是一个比较出名的，帮助美国高中学生成为未来商业领袖人才的组织。

该组织每年举办超过50种全国性商业项目的竞赛，学生必须在地区、州一级的竞赛中胜出，才能取得全国比赛资格。

地区比赛分笔试和演讲两类，涉及会计、财务、经济、市场学、银行管理、医疗行政、公司法、商用软件、商业数学等内容。获得前3名的学生，可以参加为期3天的州级比赛。州级比赛期间，除了学生比赛，更多是商界名流的演讲，内容包括人生理财规划、求职面试、如何申请大学的商科专业等。

全国比赛在各州轮流举办，来自50个州的代表，参加为期4天包含59个商业项目的比赛。比赛选手将有机会参加各种以商业为中心的研讨会，与美国乃至世界的商界领袖面对面交流，为他们将来的商业生涯积累人脉。

值得一提的是，中国学生也可以参加这个比赛。参赛者需先参加中国赛区的选拔，成绩名列前茅者将有机会获得美国FBLA总决赛的邀请函，与世界各国优秀学生进行竞争。

中国区的竞赛内容包括市场营销、经济学、管理学等多个商科方面的内容，具体内容每年由FBLA美国总部命题，强调学生商科基础知识的学习和对商业问题的分析。

四、积极参与社区服务，完成具体改进项目

美国高中老师和大学招生官员，都很关注高中学生是否参加过社会义工。美国人的观念是如果没有社区服务记录，就不是一个好学生。一个好学生应该帮助他人，关心弱势团体，回馈社会。美国一些州规定，高中学生如果社会义工服务时间低于75小时，不能高中毕业。

参加社区义工，反对一窝蜂。要避免成为比读者还多的学生图书管理员，比流浪猫还要多的学生看护员，比来游泳的客人还多的学生救生员。

为全球高中学生提供社会义工计划的扶轮社（Key Club），在全球超过38个国家拥有

上千家俱乐部。该社网站说："我们为社员提供服务他人、建立品格及发展领导才能的机会。"（We provide our members with opportunities to serve, build character, and develop leadership.）扶轮社认为，社区服务能培养领导能力。

具有领导力的高中学生，会先和学校所在小镇办公室（Town Hall）联络（中国高中学生可以和社区居民管理委员会联络），了解社区哪些地方需要改进和帮助。和社区管理机构协调，本身就是一种体现管理和领导力的工作方法。

了解社区需求后，学生提供的社区服务要解决实际问题，同时要有完成任务的时间规划，还要兼顾参加人员的专长爱好。关心环保的学生可以在社区垃圾桶附近张贴"垃圾分类回收示意图"，制作垃圾分类宣传视频分发到社区居民的微信群。数学好的学生可以为社区内数学差的初中和小学学生补课，让他们在数学考试中获得 B 或 B 以上的成绩。高中篮球队队员可以把社区内好动的孩子组织起来，进行篮球培训，定期和其他社区举办篮球比赛。

在参加社区义工过程，要有意识地结交社区内的杰出人士，结果可能出乎你意料。社区内藏龙卧虎，有工商企业的领袖、艺术团体的成员、各类体育运动的教练等，你应该和他们建立友好关系，使他们成为你的校外导师，帮助你提高各方面能力，这也是在培养你的领导力。

五、细致观察，发现趋势

在学习和生活中，注意观察，要有发现苗头、看出趋势的能力，培养自己成为领袖。

一位校刊记者被要求去采访学生辩论会，结果该辩论会取消了，他只能垂头丧气地回到校刊编辑部。校刊总编辑说，辩论会没有开成，更值得采访报道，题目就是"辩论会流产的原因"。

抖音的最初创业意图是开创一个音乐视频社区，后来发现短视频有巨大市场。这批创业者发现苗头后，果断改变思路，把抖音变成一个短视频的平台，获得巨大成功。

六、培养较高的写作和演讲能力

美国各州都有培养领导力的竞赛。这类竞赛常包括写作和演讲项目，因为"能说会写"本身就是有领导力的体现，但需要"言之有物"且"写得深刻"。

美国高中一般都有自己的校刊。如果你想成为校刊主编，自身首先必须是一个积极的投稿者，这就需要你不断练习写作，提高写作水平。在校刊主编看来，积极投稿者至少有写作热情，也有一定的写作水平，还是一名潜在的编辑。而主编校刊，使你与其他同学区别开来，显示出你有"领导才干"。

哈佛大学校刊《哈佛深红报》曾刊登文章说，高中生的写作要专注一个内容。譬如，你是数学爱好者，可以专注写趣味数学问题、数学家小传、数学考题汇编注解等。

美国高中基本都有一个课外"辩论社"，以培养学生们的演讲辩论能力。辩论是"批判性思维"能力的体现，这也是美国名校看重的一项优秀高中生的品质。有优秀辩论能力的学生，将来很有可能成为优秀的律师、政府各级公职官员，而律师和公职官员，被公认为潜在的政治精英，是"领袖式"人物。

加拿大华裔高中生于同学，同时被哈佛、耶鲁、普林斯顿大学录取。他的SAT满分，但是许多资深升学顾问认为，学习成绩不是于同学受到名校青睐的主要因素。他的重要"资本"是，在高二时，获得加拿大第一大省——安大略省英语、法语辩论冠军，这是非常难得的成绩。得到辩论冠军本身就不容易，何况是英语、法语两种语言的辩论，更难能可贵。

哈佛大学的招生官员一直强调，哈佛的办学目标是为社会各个领域培养领袖人才。以哈佛为首的美国名校强调高中学生应具有领导力，这非常好理解。

笔者曾参加哈佛大学于2019年6月举办的有众多名校招生官员参加的一周"招生工作研讨会"。有的名校招生官员说，他们看了学生材料和入学作文后，会写下如下批语——"该生有数学领导力"或"她是乐队指挥，具有音乐领导力"或"作为篮球队队长，他有体育领导力"或"她在应付突发事件中，体现危机领导力"。

领导力要求是中国高中学生申请美国名校的一块软肋。由于缺乏这方面的经历和经验，学生只能在申请文书写上寥寥数语，描述自己参与的一些美国常见的社区公益活动，或者罗列自己参与创办的一些社团名字，大多千篇一律，不会给名校招生官员留下深刻印象。

耶鲁大学前招生官员劳埃德·彼得森（Lloyd Peterson）向计划申请耶鲁大学的中国高中学生建议，除了要成绩优秀，更要重视对自身领导力的培养。"这种能力不是一蹴而就的，需要学生发掘自己的兴趣点，持之以恒，最终才能成为一个有主见、有影响力的领导者。"

参与和坚持、兴趣和热情，是领导力的源泉。

本节小结

在名校招生官员看来，高中学生的领导力有以下6种表现形式：

1. 带领团队完成预定目标的能力。
2. 应对困境和突发情况的能力。

3. 利用专长，发挥影响力。

4. 在团队中有凝聚力，使"别人离不开你"。

5. 首先提出解决问题的建议，显示领导力。

6. 到一个新环境，谁首先认识最多的人，谁就会成为大家公认的领导人。

专家们提出，以下被证明是培训领导力的有效方法：

1. 发起组建课外学科兴趣俱乐部或在已有俱乐部发挥作用。

2. 竞选校级和学区学生组织负责人，兑现竞选诺言。

3. 参加各种"领袖"竞赛项目，培养领袖能力。

4. 积极参与社区服务，完成具体改进项目。

5. 细致观察，发现趋势。

6. 培养较高的写作和演讲能力。

第二节
批判性思维的 5 个阶段

美国 19 世纪著名作家、哲学家拉尔夫·爱默生（Ralph Emerson）有一句名言："世界上最难的任务是什么？思考。"（What is the hardest task in the world? To think.）

伟大的法国哲学家笛卡儿（Rene Descartes）在 400 年前宣称"我思故我在"（I think, therefore I am.），成为全球公认的最有哲理的一句话。

现实生活中，"思考"无处不在。一位高中学生，对世界上正在发生的大事件有自己的评判，对学校发生的每一件事有自己的观点，对阅读过的书有自己的感想，这些都经过了自己的"思考"。但这种"思考"就是爱默生和笛卡儿口中的"思考"吗？

许多评论家指出，两位伟人口中的"思考"，是一种批判性思维。我们不能"望文生义"，把批判性思维 简单理解为"挑错，找错，要批评某些人，批判某些行为"。批判性思维是一种思维模式、一个决策过程，它是指小心谨慎地考虑一个难题、一个断言、一个问题，经过逻辑推理后形成自己的判断和结论，从而找到更好的解决问题的方法。

可见，许多人平时的"思考"，是一种将收到的信息简单处理之后得出结论的过程，这显然不是一种批判性思维。

批判性思维的由来最早可追溯到苏格拉底的思考和讨论方式，即苏格拉底问答法。苏格拉底问答法采用对话讨论和启发式的教育方式，通过鼓励学生向对方提问，在辩论中发现和揭露对方的矛盾之处及推理的缺陷，从而引发双方更为深入的思考。苏格拉底问答法是逻辑推理和思辨的过程，它要求对概念的定义做进一步的思考，对问题做出更加深入的分析，而不是简单地听取或者重复别人的话。

英文单词 critical 来自古希腊语，具有"分开、分离"（to separate）和"选择"（to choose）的含义。受到"分开"和"选择"的思路启发，1956 年，美国一些认知心理学家聚集在一起，组成了一个以本杰明·布鲁姆（Benjamin Bloom）博士为首的小组，讨论如何对教育目标进行分类，最终目标是让学生成为批判性思考者（critical thinker）。他们的研究成果形成了著名的学习目标分类——布鲁姆分类法（Bloom's Taxonomy），分类法指出学生批判性思维的形成要经历 5 个阶段。

1. 收集尽可能多的信息。
2. 理解和评估信息。
3. 尝试分析和应用信息。
4. 在拆分和综合的基础上提出自己的观点。
5. 判断和证明自己的观点。

布鲁姆分类法受到教育界高度关注，之后又有人增加了一些内容，但大体认可这个体系。

在布鲁姆分类法基础上形成的批判性思维教育，已经写进美国教学《共同核心州立标准》(Common Core State Standards, CCSS)，这个标准于2010年起在全美各州推行，批判性思维变成全美共同认可的学生重要能力之一。批判性思维这个教育术语，也被越来越多的中国学生和家长熟知。

批判性思维的第一阶段是"收集尽可能多的信息"。

收集信息至关重要，因为如果没有对象（信息），就没有思考的内容。信息来源于知识的积累。阅读书籍、学习各种学科、研究地图、培养一种爱好、了解科学技术的最新发展，听新闻和政治评论等，都是收集信息的过程。当你需要了解某一对象时，注意尽可能收集相关资料。

下面以美国著名作家马克·吐温（Mark Twain）1870年发表的《竞选州长》(Running for Governor)一文为例，学习如何从批判性思维的5个阶段解读、分析作者的观点。

《竞选州长》描写了一场美国竞选州长的丑剧。"我"——独立党候选人马克·吐温本是一个"声望还好"的正派人，在与共和党、民主党候选人竞选纽约州州长过程中，被对方用各种卑鄙无耻的手段，扣上了伪证犯、小偷、盗尸犯、酒疯子、贿赂犯、讹诈犯、杀人犯等莫须有的罪名，最后被迫退出竞选。

有一位英语老师给学生们讲解《竞选州长》时，提出以下问题，帮助学生们"收集信息"：

1. 说出故事中的所有人物。
2. 说出故事发生的时间和地点。
3. 故事开头主人公感觉怎么样？故事结尾主人公感觉怎么样？
4. 1870年的美国，州长是如何选出来的？州长竞选过程中是否发生过作者所描述的事件？

最后一个问题，作品中没有提到，属于"更多的相关资料"。学生需要从图书馆、

博物馆、名人故居、名人回忆录等资料中收集更多信息，这是为了更深入了解时代背景。"收集信息"是全面地领会批判性思维的第一步。

学生到纽约图书馆查阅《纽约时报》的存档时发现，当年的媒体报道表明，马克·吐温笔下的文章并非言过其实。《纽约时报》于1870年10月1日刊出声明，表示在纽约州州长竞选中支持共和党候选人。文中描述道，一旦在任的民主党人在选举中获胜，纽约就会天塌地陷，"流氓和杀人犯横行街头，第四区和第六区的贱民和暴徒就会霸占中央公园，抢夺行凶！"实际上，民主党当年获胜了，但纽约中央公园并没有发生"天塌地陷"的情景。《纽约时报》扮演了《竞选州长》中那些造谣者的角色，给竞选对手扣上种种莫须有的罪名。

批判性思维的第二阶段是"理解和评估信息"。

通过反复阅读和给信息编列提纲，对收集的信息进行分类。对学术论文，留意信息中有无前后矛盾和不准确之处，如果发现，立即记在笔记本上；对新闻报道，要评估信息来源的可信度。在你的评估中尽量避免个人偏好，并注意信息提供者本身是否存在某种偏见。

关于《竞选州长》这部文学作品，理解作者的观点并不难。小说以第一人称的口吻叙述马克·吐温作为独立党的候选人和共和党、民主党候选人伍福特先生、霍夫曼先生竞选纽约州州长的故事。马克·吐温是个品行很好的人，祖母以为他不该自降身份和品行不佳的人一起竞选，但是马克·吐温决定做到底。慢慢地，报纸开始诋毁他，一桩接着一桩，他根本没有辩解的机会，最终马克·吐温被污蔑成十恶不赦的大坏蛋，伤心之下，他退出竞选。作品揭露了作者所处年代竞选的虚伪和荒诞。

批判性思维的第三阶段是"尝试分析和应用信息"。

收集、理解和评估信息后，可以运用理性对信息做出分析，在此基础上尝试应用这些信息。例如你对某国历史有所了解，那就应用这些知识来分析当今该国正在发生的冲突，并尝试提出解决冲突的方案；或者利用你对科学的了解，来理解环境、气候变化或其他当前面临的科学问题，并提出改善的方法和建议。

以《竞选州长》为例，你可以进一步分析，作者之所以受到那么多的诬陷，主要是因为对方使用当时最大的宣传媒介——报纸来造谣生事，通过制造如今称为"假消息"（fake news）的新闻，来打击竞选对手。如今这种手段仍到处可见：造谣生事者利用所有的宣传媒介——报纸、电台、电视台、互联网（推特、微信等），来达到不可告人的目的。美国2016年的总统选举中，某一党派的粉丝们就大肆造谣攻击另一党派的候选人。2020年春季的全球性新冠肺炎疫情暴发后，不少人对疫苗的副作用大肆扩散谣言，造成人心恐慌，干扰政府疫情防控工作。这充分说明，客观、真实的媒体报道和健康的舆论环境对国家发展和社会安定而言至关重要。

150年后的今天，美国大选依然和马克·吐温《竞选州长》中描述的乱象有惊人的雷同，这是不少学生得出的结论。学生在老师指引下，学会通过批判性思维来看清社会的真实一面。以今天的眼光来看，《竞选州长》仍然给后世带来启示。

批判性思维的第四阶段是"在拆分和综合的基础上提出自己的观点"。

对收集的各种信息加以逻辑分析，可以使用"拆分"和"综合"两种方法。

"拆分"就是把信息整体和观点结构先分为不同的部分。例如你可能会被要求分析一个行为模式或者一个角色的动机，或者推断和解释数据。拆开分析要求你将想法、问题或物质先分成不同的部分进行单独研究，然后解释它们之间的关系。

"综合"就是在拆开分析基础上，再把单独的元素或物质结合起来形成一个连贯的整体，加以思考。在高中学习期间，你要学会从校内（课堂、教科书、实验室）和校外（社会义工）不同的学科和社会实践中培养综合思考能力，形成自己的观点。

整体思考的另一个重要部分，就是需要你结合所知道的信息去创造、发明、设计、构建、组合或构造某些东西。简而言之，就是提出你自己的观点。

你的观点可能是同意某一种学术观点，也可能是同意对某一历史事件的分析。你当然也可以表示不同意某一种观点或不同意某一种分析，譬如，不同意某一科技领域的预测，不同意对某一历史人物的评价。

比如，《竞选州长》小说的结构新颖独特，作者把竞选对手对"我"的诬陷打击"拆分"为报纸新闻、匿名信、组织人员现场捣乱等片段，最后"综合"成一句话——你忠实的朋友马克·吐温，过去是好人，现在却成了臭名昭著的伪证犯、蒙大拿小偷、盗尸犯、酗酒狂、肮脏的贿赂犯和恶心的讹诈犯。

分析解读完《竞选州长》，相信许多人会得出一个相同的观点：美国政客们的竞选手段有时非常不文明，马克·吐温时代如此，直到今日，这种现象仍在发生。

批判性思维的第五阶段是"判断和证明自己的观点"。

你已经提出自己的观点，并确信自己的观点是建立在事实和证据基础之上，而且没有感情用事，现在需要用事实和证据来证明你的观点。仍以《竞选州长》读后感的观点为例。马克·吐温之后美国政客竞选公职的历史证明你的观点有事实支持，如"水门事件"、2020年美国总统大选，一些政客指责"选举作弊"，甚至煽动激进分子冲击国会大厦。这些事实能有力证明你的观点。

在写作或提出任何观点时，避免使用"我相信""我认为"或"我的意见是"等主观语言。要使用逻辑术语，比如，"基于证据，我得出了——""事实表明——"，或"研究结果有力地支持了结论——"。

在美国高中，老师经常谈论批判性思维（中国高中也越来越提倡），并经常指导学生"使用你们的批判性思维技能"。老师甚至鼓励学生对教科书和新闻报道进行讨论、

辩论、思考——"这样解释是否正确？有无什么需要补充之处？"学生发表与老师不同的看法也不会受到非议。如果学生发言有独立的见解，还会获得高分。

美国的一些高中学生的作业，也需要学生运用批判性思维。曾经有老师要求学生针对最高法院的判决提出自己的看法。学生必须为此收集各种资讯，并加以分析判断。同时老师还要求学生设想可能出现的反对意见，并准备好反驳这些意见的资料。在历史考试中，老师通常不是要求学生复述某国某历史事件发生年代和经过，而是重点要求分析某国在当今世界中，面对国际形势或国际事件可能会采取的立场及其背后的复杂历史原因。

在书面和口头交流中运用批判性思维技能会让你的老师印象深刻。当你被分配到一个项目或当你在课堂上讨论一个问题时，不要急于下结论，可以试着应用批判性思维的5个阶段方法，利用事实和证据支持你的观点，表现出你的批判性思维能力。

在高中期间，学习成为一个批判性思考者是一项重要的学习目标。因为在大学和职业生涯中，你需要更深入、更复杂的批判性思维能力。

美国大学博雅教育的一个重要目标就是培养学生的批判性思维能力。美国大学在录取学生时也希望招收具备一定批判性思维能力的学生。

美国大学在招生阶段会参考学生SAT或者ACT的考试成绩，两场考试都有批判性推理和分析性写作考核。大学也会评判学生是否拥有优秀的分析论证和写作表达能力，并将其作为是否录取该生的一个依据。

国际学生的托福作文考题，要求考生对一种现象、一种断言谈谈自己的观点。这也是一种对批判性思维能力的测试。

在申请美国高中的时候，学校往往会要求申请学生写一段文字，阐述自己为什么喜欢这所学校、申请理由以及为什么对这所学校感兴趣。许多同学为了表达自己很喜欢该所大学，在行文过程中运用大量的溢美之词，看似充满感情，细读则苍白无力。大学招生官员其实希望学生给出合理说明，不需要过分自我抒情，只要逻辑清晰地讲述你的申请原因即可。

哈佛校长德鲁·吉尔平·福斯特（Drew Gilpin Faust）在2017年新生开学典礼上，引用了哈佛大学艺术与科学学院前院长杰里米·诺尔斯（Jeremy Knowles）的话，表示教育要"确保毕业生能辨别出什么人在胡说八道"（to ensure that graduates can recognize when someone is talking rot）。

2020年1月8日，美国大学通用申请表机构的主席和首席执行官（President & CEO）珍妮·理查德（Jenny Richard），罕见地向所有填表申请学生发出一封公开信。信中谴责了1月6日示威游行者袭击美国国会大厦的行为，并指出：

> 　　一个受过教育、公正、公平的社会从来没有像现在这样重要，大学教育仍然是你对未来最好的投资。我们的社会需要像你这样洞察是非的人来帮助我们实现一个更美好的世界。
>
> 　　An educated, just, and more equitable society has never been more critical, and a college education is still the best investment you can make for your future. Our community needs bright minds like you to help us all achieve a better world.

要明辨有人在胡说八道，要"洞察是非"，就要求你有批判性思维能力。在此基础上，你才能作出判断，确定哪种观点是正确的，哪种行为是合法的；哪种观点应该宣传，哪种行为应该谴责。

在生活、学习、研究、与人交往中，具备批判性思维的学生有以下特征：

——不轻易下结论，凡事先思考，思考过程中不情绪化；

——对资讯不会囫囵吞枣，会运用逻辑思考；

——能倾听不同观点；

——能意识到应该相信什么，成为有洞见的智者，能更好地解决问题，提高工作能力和生活幸福度；

——能意识到不应该相信什么，避免不明智的决策和不良的后果；

——注重提高沟通效率和说服力，让人际关系更和谐；

——发现自己观点错了，能承认错误并改进。

下面是美国初中和高中老师给学生的一些批判性思维练习。

——美国著名运动员获得竞赛优异成绩，他（她）的头像会出现在《体育画报》封面，但之后他（她）就会表现不佳，这种现象被称为"体育画报魔咒"。那么多运动员的表现都符合这些规律，你认为"魔咒现象"真有道理吗？

同学们分析所有获得优异成绩的运动员的竞赛成绩后发现，即使不上《体育画报》，他们的成绩也会回落，因为巅峰表现属于统计中的离群值，不可能永远维持下去。运动员们成绩回落平均水平是自然的事。

——两条街上各有一家超市，同一种面包在这两家超市的价格差1美元，请问你需要考虑哪些因素才会决定去哪家超市买面包？

同学们会考虑到这些因素，比如，距离、时间、面包保质期、店里其他商品的价格、每家店的声誉，还有个人偏好等。

——你的朋友戴维上学老是迟到，他想改变这个糟糕的情况，请你提建议。你需要从戴维那儿获得哪些信息才能给他一个好的建议？

同学们会重点考虑的问题有：为什么戴维会经常迟到？或者说，让他迟到的因素有哪些？这些因素哪些能改变？哪些无法改变？能改变因素的改进方法有哪些？……

——除了价格上的差别，一件100美元的衬衣和一件10美元的衬衣，你觉得会有哪些不同？

同学们会重点考虑决定衣服价格的因素，材料质量，工厂位置，生产方法，门店位置，设计师声誉，目标市场，产品本身的舒适度、质量、耐穿性、时尚性等。

——你打算去大峡谷旅行，但你的行李箱只能放一双鞋子、一条裤子、一件衬衣，你觉得带什么样的鞋子、裤子、衬衣比较合适？为什么？

同学们这时会考虑大峡谷的气候条件、昼夜温差、地貌地形、是否要翻山越岭等各种复杂因素，然后进行综合分析和判断。

通过上述思考题，你是不是发现批判性思维并不抽象？如果你在中国读高中，你的高中老师有无提供过批判性思维训练？如果没有，你可以建议学校开始这方面的训练，甚至你可以参考美国中学的思维题，列出你的答案。

总之，多问些为什么，多从不同角度去考虑问题，说话要有根据，对待世界上大多数人和事情保持客观理性的态度，不轻信、不盲从、不武断、多思考，就是这种思维能力最基本的表现。在生活和学习中，我们都应该有意识地养成这样的思维习惯，并不断锻炼这种思维能力。

纽约一所私立高中的老师，每天上课前，都带领学生大声朗读"I think critically, therefore I am an awesome student."（我有批评性思维，所以我是一位优秀的学生。）他们是在回应笛卡儿的那句名言——"我思故我在"。

本节小结

批判性思维的训练要经历5个阶段。
1. 收集尽可能多的信息。
2. 理解和评估信息。
3. 尝试分析和应用信息。
4. 在拆分和综合的基础上提出自己的观点。
5. 判断和证明自己的观点。

批判性思维能解决以下问题。
1. 让人意识到不应该相信什么，避免不明智的决策和不良的后果。
2. 让人意识到应该相信什么，成为有洞见的智者，能够更好地解决问题，提高工作能力和生活幸福度。

3. 让人际关系更和谐，提高沟通的效率和效果。

4. 让社会更加理性和公正。

第三节
创造力的7种培训法

上节谈到的批判性思维与本节讲的创造力有密切关联。

创作性思维与创造力是人类两种高级的思维技能，前者强调思维的清晰度和合理性，后者则是指产生新思想，发现和创造新事物的能力。二者都是优秀高中学生需要培养的能力。

很多人认为，有创造能力的都是历史上著名的科学家、发明家，他们有"灵感"，灵光一现，创意涌现。但现代生理和心理研究表明，灵感的出现，即创造力，是有章可循的。

加州理工教授列纳德·蒙洛迪诺（Leonard Mlodinow）写过一本书——《弹性：在极速变化的世界中灵活思考》（*Elastic: Flexible Thinking in a Time of Change*）。他在书中表示，科技发明和文艺创作，譬如发明灯泡和写一首诗，两者的思维过程本质上是一致的，不同之处仅仅是思维内容有差异。他强调，创造力不仅表现在科技发明上，在文科领域中，写出一篇诗歌、完成一篇小说、提出一个新的文学或经济的观念，也是一种创造力。

越来越多的教育专家认为，创造力是可以通过训练加以培养的。主要方法有以下7种。

一、参加竞赛，激发创意

美国有一个旨在培养小学到高中学生创造性思维能力的全球性的非营利机构，名称是"目的地想象"（Destination Imagination, DI）。该组织每年都举办全球性的竞赛。比赛分6个组别：技术、科学、美术、工程、即兴挑战、儿童组。从小学到高中的学生都可以自由组队参赛，队员人数不限，但每队只能参加一个组别的比赛。领队可以是老师，也可以是家长。团队成员要运用创造性思维，完成挑战项目。

2020—2021年的工程比赛题目如下：

设计并创建一座建筑物的三维物理模型，显示建筑物的艺术风格。制作一个视频演示，将建筑模型和使用的标准化建筑材料整合到视频演示中。使用分屏显示部分结构的细节。给建筑物讲述一个故事，使故事与建筑物风格吻合。整个创造要展示团队的兴趣、技能和强项。

如果你想申请康奈尔大学建筑专业，将参加这个比赛的经历作为入学作文题材，是个不错的选择。

2020—2021年的儿童组（幼儿到2年级）比赛题也很有意思。

用视频形式讲一个关于小动物进行大冒险的故事，要求有文字有图画，想想有什么特效元素可增强故事的互动性，并创作一首有助于讲述故事的歌曲。最后和大家分享这本图画书和这首歌。

这道题可能也适合初中和高中的学生，要完成并不容易。

（DI机构官网：https://www.destinationimagination.org）

"未来之城"（Future City）大赛由美国全国工程师周基金会（National Engineer Week Foundation）组织，由波音公司、壳牌公司、宾利汽车和美国机械工程师协会联合赞助。这是一个面向全球初中生和小学生的教育课程和赛事活动，已经举办了20多年，旨在帮助青少年通过项目制作，对科学、艺术、技术、工程学和数学等相关学科知识进行综合运用，设计出一个100年后的城市。

目前，每年有来自全球各个国家的超过4万名学生参与"未来之城"的赛事活动。位于美国绝大部分州的近2,000所中学参加该项赛事，并开设相关课程。

"未来之城"大赛于2014年进入中国。活动向国内所有小学和初中的学生开放，参赛队伍一般由3位或3位以上学生和1位辅导老师组成。目前全国已有10多个省市上百所学校参与到这项赛事中，包括北京的清华附中和上海的进才中学、建平实验中学、包玉刚实验学校、赫德双语学校。

如果你对下面3个问题有强烈兴趣，建议你立即参加这个竞赛：

——你是否对未来的城市有自己的想象？

——未来我们所居住的城市将会是什么样子？

——科学和技术将会在城市中发挥什么作用？

每年在全球年度挑战赛中获奖的团队还会被邀请到白宫接受总统的嘉奖，向总统阐述自己的设计。

请看一个竞赛题：

设计一个建筑模型，能够同时应对暴风雨、干旱、龙卷风3种极端天气，而且只能用一种材料——订书钉。

足够酷吧！

（"未来之城"竞赛网站：https://futurecity.org）

（美国全国工程师周基金会网站：https://www.nspe.org）

二、经验入手，发明改进

依据现有的经验和体验，对产品进行改良改进。

两位来自美国康涅狄格州的12岁男孩，一直热衷于装饰圣诞树。2019年圣诞期间，他们喜欢的一个圣诞装饰掉下来损坏了，两人就开始想："如果有一个特殊的挂绳，能把我们喜欢的东西都挂到圣诞树上当装饰，又不会掉下来，该有多好呀！"他们有数年装饰圣诞树的经验，熟悉各种各样现有的圣诞树挂件的挂钩。钻研几天后他们发明了一种圣诞树挂绳，能牢牢安放任何现有的圣诞装饰品。他们申请了专利，通过网络销售，热卖后净赚25万美元。难能可贵的是，两位小男孩拿出10%的收益来做公益，帮助他人。

中国金华火腿久负盛名，长期以来，都是整只火腿挂在店里销售。有一位厨师擅长做一道名菜，配料是火腿片。某天他突然想到，为啥不把火腿切成片来销售呢？他马上和生产厂商合作，把火腿切片，放在精致的盒子内出售，这不但成为家庭主妇必购的厨房配料，还成为送礼佳品，让这家火腿厂商销售量翻了几倍。这是从经验入手，通过改进获得成功的典型案例。

三、一物多用，开拓新途

对任何一种新产品、新模式、新见解，要想想是否还有其他新用途。

古代染布工人的手长期浸泡在水中，容易皲裂。战国时期，宋国有人持有祖传秘方，可以防手裂。于是有人高价买断秘方，在冬季作战时给自己国家的士兵使用。结果敌国士兵手部皮肤开裂无法握紧武器，自己国家大胜。国君给他赏赐，价值超过他购买秘方的数十倍。

美国某家银行为了方便开车客户，开辟"不下车窗口服务"（Drive in Bank），此项服务吸引众多新客户。麦当劳和汉堡王等快餐巨头纷纷仿效，在厨房旁边开设"车内下单服务窗"。客户坐在车上，通过专门窗口，就可以下单、付款、取食品。这既节省了客户等候时间，又节约了餐馆堂食座位资源，一举数得。

四、借他人脑，思路叠加

开启创造性思维时，可以请教其他人，利用他们的大脑为你提供新思路。

某公司推出新饮料时，对商标设计不够满意。于是设计人员请人免费品尝饮料，同时请每个人对商标初稿提出修改建议。有人提出修改建议后，设计人员便把修改稿定为A稿，然后将A稿再给另一个人看，再将这个人的建议稿定为B稿。直到经过20多次修改变成T稿，公司才满意。后来推出的新商标，果然大受欢迎。

某航空公司商务舱长期预订率低，影响公司收入，航空公司向商务咨询公司寻求帮助。咨询公司向以前坐过商务舱的客人们发出邀请信，请他们参加高规格宴会。在宴会上，负责人请他们谈谈对商务舱的服务改进建议，承诺所有提出建议者均可免费坐一次商务舱。宴会后一共收集到15条修改建议。后来这些客人搭乘免费商务舱时惊讶地发现，他们的建议全都获得落实：每个商务舱都彻底翻新，座位和桌子折叠后变成一张可平卧的床，就餐时，全部是青花瓷的餐具。这些客人不停地拍照，向亲朋好友传送，免费为这家航空公司做了广告。如此一来，这些客户将成为这家航空公司的忠实商务舱客户，而他们的同事、朋友也可能会成为航空公司的新客户。

五、立体思维，用途增大

思考问题时跳出点、线、面的限制，立体式思考。以下列方面举例说明：

立体绿化：屋顶花园增加绿化面积，减少占地、改善环境、净化空气。

立体农业、间作：玉米地里种绿豆、高粱地里种花生。

立体森林：高大乔木下种灌木，灌木下种草，草下种食用菌。

立体渔业：网箱养鱼，充分利用水面。

立体开发资源：煤、石头各尽所用。

六、抛开习惯，换位思考

惯性思考会阻碍创新思维，许多创新课程的老师都建议学生不要拘泥于惯性思考，而是要抛开习惯。抛开习惯有不少表现形式，常见的就是换位思考。

某位服装设计师的儿子放学回家，衣服反穿，设计师感到奇怪。儿子说，学校老师要每一位学生都反穿衣服，体会"改变习惯"的感觉。

这位设计师沉思了好一会，突然灵光一现，为什么不设计一种衣服，可以正反面都能穿呢？当晚，她就设计出一种衣服，外面一种款式，呈黄色；里面另一种款式，呈蓝色，给人完全不同的两种服装之感。后来，这种服装变得流行开来。

换位思考，在科学界有不少成功案例。化学能能产生电能，据此意大利科学家伏特1800年发明了伏打电池。反过来电能也能产生化学能，通过电解，英国化学家汉弗里·戴维1807年发现了钾、钠、钙、镁、锶、钡、硼等7种元素。

说话声音高低能引起金属片相应的振动，相反金属片的振动也可以引起声音高低的变化。爱迪生在对电话的改进中，发明制造了世界上第一台留声机。

小孩掉进水里，把人从水中救起，是使人脱离水，司马光救人是打破缸，使水脱离人，这也是换位思考。

七、善于模仿，容易成功

文学创作，也是一种创造性思维能力。

2020年6月，诺贝尔文学奖获奖者莫言在《中学生读写》杂志发文说："假如你要从事文学创作的话，就应该从模仿开始。""对于一个初学写作的人来讲，模仿不是耻辱，而是一个捷径，或者说是一个窍门。"

文学创作中的模仿，就是使用其他作家的表现手法来表达自己的内容，或利用自己的表现手法表达其他作家的内容。杜甫有诗云："李侯有佳句，往往似阴铿。"阴铿是南北朝著名诗人、文学家，说明连天才大诗人李白也模仿过前辈。

成功的模仿者，又是如何创新的呢？诀窍是他们不只是向一个人学习，而是向许多大家学习。王羲之"学书先学卫夫人"，再学李斯、曹喜、蔡邕等。柳公权先学王羲之、王献之，再学欧阳询、虞世南，最后学颜真卿。大艺术家也有老师，而且不止一位。杜甫有诗云："别裁伪体亲风雅，转益多师是汝师。"

现代的写作老师，创造出不少"模拟"名作的方法，如只给学生看一篇著名小说的开头和中间部分，要求学生创造出3个不同的结尾，这会激发学生们的创作灵感和热情。

据说大文豪海明威曾写过"六字小说"（Six Words Stories）——"For sale:baby shoes,never worn."（出售全新童鞋。），引来许多作家想把这"六字小说"拓展，也有人想模拟"六字小说"风格，写类似的"六字小说"。你有兴趣模仿吗？你想试试"六字小说"，甚至"五字小说"吗？

本节小结

"创作力"可以通过7种方法来培训：
1. 参加竞赛，激发创意。
2. 经验入手，发明改进。
3. 一物多用，开拓新途。
4. 借他人脑，思路叠加。
5. 立体思维，用途增大。
6. 抛开习惯，换位思考。
7. 善于模仿，容易成功。

第四节 名校关注"编程能力"

中美高中生非常熟悉的 AP 课程由美国大学理事会主持。这个课程受到全球计划前往美国读本科的高中生的关注,因为 AP 成绩不但是美国各大学录取新生的重要依据,也可以使学生在进入某些大学后大一免修相同课程。

AP 科目内容一直相对稳定。但细心的家长和学生可以发现,2016 年,大学理事会新增加了一门电脑课目:计算机科学原理(AP Computer Science Principles)。

美国大学理事会主席科尔曼说,2014 年生效的"计算机科学课程"(Computer Science A)中,重点是 Java 语言,选课学生以白人和亚裔男生为主。而新的 AP 计算机科学原理课程则鼓励各种族裔学生参加,尤其希望女学生加入学习。课程的第一个问题是:你在这个世界上希望做什么?音乐?艺术?科学?商务?那就来开发一款应用程序,进一步激发你的兴趣。学习计算机科学的原理,除了学会编程,"还要学会成为环境的塑造者"。

大学理事会认为,当今社会的就业环境正在发生快速变化,自动化带来的颠覆性力量促使越来越多的工作岗位需要编程知识。为了保持个人竞争力,学生必须从高中开始,不断学习掌握编程知识。

新课程推出后,全美共有超过 4.4 万名学生参加。截至 2017 年 5 月,2,500 多所学校开设了这门新课程,5 万多名学生参加了该课程的考试。2017 年年底,开设该课程的学校数量增加到 3,700 所。2018 年 5 月,超过 7 万名学生参加了该课程的期末考试。AP 计算机科学原理课程向学生介绍该领域的基本概念,并使他们去探索、了解计算机技术是如何影响世界的。

两年后,《基督教科学箴言报》(Christian Science Monitor)报道称:"参加美国大学理事会计算机科学预修课程考试的高中生比以往任何时候都多,其中女性和有色人种越来越多。"报道还说:"美国大学理事会的报告称,从 2017 年到 2018 年,女性、非裔学生和西班牙裔学生是美国大学预修课程计算机科学考试人数增长最快的群体,参加考试的人数分别增长了 39%、44% 和 41%。要知道,在 2007 年,只有不到 3,000 名高中女生参加了大学预修课程计算机科学 A 考试;2018 年,超过 1.5 万名高中女生完成了这个考试。"

在中国，编程能力也开始得到国家的重视。2019年2月，中国教育部公布了《2019年教育信息化和网络安全工作要点》，要求中小学逐步推广编程教学。在高中科目大纲中，明确将编程和计算机课程列为必修课。浙江省率先试行，把编程纳入了高考；南京市和天津市也把编程纳入了中考特招范围。

不少孩子因为掌握了编程，早早拿到了名校通知书：

杭州学军中学的金策在父母引导下，对编程产生浓厚兴趣，高一时便在全国信奥总决赛中夺冠，高三时又在国际信奥比赛中取得冠军，后被保送清华。

高三学生叶珈宁高中成绩一般，但因为从小接触编程，非常擅长信息技术，没有参加高考就被北大破格录取。

美国名校的本科招生也把有编程能力的学生作为重点录取对象。

被父母一手培养出来的"编程小天才"沈凡，被美国纽约库珀联盟学院录取，并获得56万元奖学金。

南京外国语学校是许多孩子的心仪中学，该校对编程竞赛获奖的小学生提供提前录取的机会。一位小学5年级学生，参加江苏省计算机编程大赛获得第6名后顺利进入南外。后来一路努力学习，被美国藤校宾州大学录取。

北京中学2020年毕业生黄彦清，自学十几种计算机编程语言，并通过CEH的安全认证，获得渗透测试OSCP（Offensive Security Certified Professional）证书，成为国际信息安全领域的"白帽黑客"。他被哈佛大学录取。

成都树德中学国际部高三学生彭博臻从小就非常喜欢计算机，2014年他念初一时，就获得"金山杯"第9届全国青少年教育机器人奥林匹克竞赛一等奖，还得过四川省中小学电脑制作机器人竞赛二等奖。他说："我从小热爱计算机，在参加VEX机器人大赛时，我是编程主力，要控制机器人在1分钟内精确地按照规定路线行走，这个挑战极大地提高了我的编程能力。"2020年春季，他收到了哈佛大学计算机科学专业的录取通知书。

有"少儿编程之父"之称的麻省理工学院教授米切尔·雷斯尼克（Mitchel Resnick）创立了计算机俱乐部、Scratch语言和Scratch社区，为不同年龄的青少年提供编程训练。

雷斯尼克教授曾和清华大学前校长陈吉宁有过一段对话，陈吉宁说，清华校园里有很多"A型学生"，他们是传统观念里的那些"好学生"，成绩总是能得"A"。但未来社会最需要的是"X型学生"，他们的成绩并不一定拔尖，但愿意承担风险，勇于尝试新鲜事物，有较强的创新能力。现代教育需要把"A型学生"转变成"X型学生"。

他们谈起一个有趣的小测试：桌上有一张纸、一支笔、一杯透明液体，该怎么提醒其他人，这杯液体有毒？

"A型学生"可能会写一句警示标语，或者画一个毒物标识贴在杯子上；而"X型学生"则可能会直接将纸揉成一团，或把铅笔折断扔进杯子。后者的方法显然更有效。

雷斯尼克教授认为，缺少"X型学生"的情况不仅存在于中国，也是世界各国教育中存在的普遍问题。而培养编程能力，是把"A型学生"转变为"X型学生"的有效途径。

计算机语言，是现代科技语言。编程能力，是中美名校非常看重的一项高中学生必备技能。不管开始学习阶段有多少困难，一定要坚持，你很快会"渐入佳境"，体会到编程的无限乐趣。

本节小结

学生的编程能力，是美国大学理事会和美国大学非常看重的一项基本技能，也是美国大学名校审阅申请者的一项重要指标。

不管开始学习阶段有多少困难，一定要坚持，你很快会"渐入佳境"，体会到编程的无限乐趣。

第九章

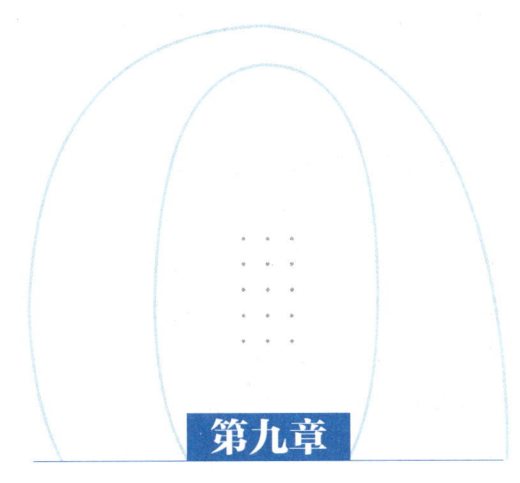

锦囊九：
寻找贵人相助
——发展学术偏好，获得行业专家指导

著名物理学家杨振宁说："教育就是发现偏好，培养偏好，发展偏好。"学术偏好表明你对某一学术科目的理解超过同龄人，这是你的优势，要努力发挥到极致。

成功者都有"贵人相助"。高中学生的"贵人"就是你想申请的专业或行业领域的专家（含心仪大学的专业教授）。"贵人"不会从天而降，需要主动寻找。学习教授的网课、参与实习考察、在教授指导下做研究，是常见的寻找贵人的方法。而最有效最能打动"贵人"的是，发展你的学术偏好，在高中期间发表学术论文，把论文寄给这些专家，或发邮件向他们请教"有意思有质量"的问题。在通信中，逐步重点与某一位专家学者建立更紧密的联系。有些优秀学生还和偏好领域的诺贝尔获奖者互通邮件。数据表明，诺贝尔奖得主中，30%都有师徒关系。找到一位行业权威"师傅"，这是"人脉突破"，意义重大。所谓"贵人"扶一步，胜过十年路。

第九章
锦囊九：寻找贵人相助
——发展学术偏好，获得行业专家指导

确定个人学术偏好，就是要发掘你自身的个性优势。如果你对某一专门的学术科目的理解超过同龄人，比如你爱好天文，观察天象，发现了他人没有发现的天体现象；你喜欢数学，解决了一个困扰数学界数十年的数学难题；你对法国大革命的历史非常熟悉，加以研究后发表了有关论文，这些都是你的学术偏好，且在经过培养和发展之后，取得了一定的成果。

偏好有各自的表现形式，好的写作能力、好的口才、好的歌喉、好的舞姿、好的组织能力、好的理解力，都是一种偏好，都能变成优势。

如何发展你的学术偏好，凸显你的学术专长，中美优秀高中生的一个重要成功经验是，努力在高中期间发表学术论文，同时积极勇敢地与申请专业或行业领域的专家（含心仪大学的专业教授）建立联系，聘请专家学者为你的"导师"。这位"导师"将是你的学术"贵人"，有"贵人"相助，对你成长成才具有重要意义。其他常见的寻找贵人的方法，包括学习教授的网课、参与实习考察、在教授指导下做研究等。

北京首都体育学院钟秉枢校长研究过中国6个传统优势体育项目——乒乓球、羽毛球、跳水、射击、体操、举重，这6个项目拿到的奥运会金牌占中国队所有金牌的74%。钟院长发现，这些项目有一个共同点，就是教练都来自同一个师门，同宗同源，一脉相承。女排成绩虽有起伏，但自从袁伟民担任主教练后，女排连获冠军，之后带领女排获得金牌的4位教练也都是袁伟民带出来的，如邓若曾、张蓉芳、陈忠和、郎平，他们或是袁伟民的助手、女排队长，或是袁伟民执教队伍的陪打、主力队员。1981年女排首次获得世界冠军后，其他8位女排主教练（没在袁伟民执教的中国女排队伍中熏染过），没有一位率领女排获得过冠军。

这种效应并不是体育界特例，在科学界也很明显。孙习习在《决策与信息》杂志上发表过诺贝尔获奖者的师徒关系研究论文，指出师承关系有几种模式。一种是"几代单传"型，从1909年获得诺贝尔化学奖的奥斯特瓦尔德，到1960年获得诺贝尔物理学奖的格拉赛，他们之间传递了5代。另一种是"桃李天下"型，如1908年获得诺贝尔化学奖的卢瑟福，共培养了11名诺贝尔获奖者。

体育项目和科学领域中的"权威保有"现象，说明在知识已经标准化的现代社会，师徒之间的传帮带仍然有其特定价值，它不仅仅是知识的传承，更是共同体的精神、文化、荣誉、信任等对一个人的支撑。你如果显示特长，有幸加入一个卓越的师承传统当中，你更有机会出好成绩。

第一节
如何写出你的第一篇英文学术论文

如果你在 8 年级暑假就明确了自己的兴趣爱好和准备发展的学术领域，那么整个高中的选课、参加竞赛、课外活动、社会义工、暑期安排等，都要紧紧环绕这个爱好和学术领域。其中最能表现你的学术成果是你撰写的论文。

下面这些例子，你可以举一反三，在模仿中创新。

——一位在加州念高中的名叫 Shuchi 的亚裔女学生，一心想报考医学类最著名的约翰·霍普金斯大学（Johns Hopkins University）。为此，她利用 9 至 12 年级的课余时间收集资料，写了论文《凯克医学院的数据分析》（Data Analyzes at Keck School of Medicine），发表在 2016 年的《国际泌尿医学杂志》（International Journal of Urologic Medicine）。11 至 12 年级期间，她在加州理工学院做有关"太阳能氢活动研究试剂盒"（Solar Hydrogen Activity Research Kit）研究。2016 年，她顺利进入约翰·霍普金斯大学公共健康（Public Health Studies）专业。

——一位初中来美的中国学生，由于学习努力刻苦，英文和数学成绩突飞猛进。到了高中，他发表了一篇数学论文，将一位美籍韩裔数学教授发表在《美国数学月刊》（The American Mathematical Monthly）上的高维勾股定理推广到高维余弦定理。

——广州某国际高中谭同学，认识到单凭学校成绩优秀并不能进美国名校，必须有课外的科研项目来提升自己的学术背景。他一直关心环保问题，同时对经济学有兴趣，于是选修了一门网络课程"环境经济学"。授课教授在授课中或课后，热情回复谭同学的提问，在谭同学计划写这个专题的论文时，也提供了许多数据。谭同学生平第一篇论文就这样诞生了。他认为这段经历和这篇论文，有力地帮助他申请到了美国名校本科入学资格。

——有一批想将来攻读国际关系、心理学、社会学、公共政策、传媒等相关学科的高一至高三学生，在美国华盛顿大学教授、美国驻埃塞俄比亚和布基纳法索前大使大卫·希恩先生（David Shinn）指导下，利用 2 个月时间收集和分析资料，结合深度访谈，以定性和定量研究方法探讨中国企业及华人群体在非洲所面临的安全挑战，探究如何更好地保护中国企业和华人群体的海外安全利益。他们写出一份名为《中国企业与华人在非洲的海外利益保护与可持续发展》的调研论文，获得好评。

——北京某国际高中高二学生 Vivan 喜欢传媒专业，高二暑假他去韩国高丽大学参加夏校，受到韩国前总统朴槿惠受贿新闻和美国总统候选人特朗普利用推特竞选的启发，在导师指导下，写了一篇长达 11 页的论文，探讨"假新闻"对大选的影响以及总统候选人如何利用社交媒体塑造自己的形象。后来他被耶鲁大学提前录取。

——一位美国得克萨斯州的 11 年级高中学生，在得克萨斯大学圣安东尼奥分校（University of Texas San Antonio）选修了一门物理课，感到很有收获。于是他在该校专供本科和研究生学生发表论文的杂志上，发表了第一篇论文，获得该校物理教授的好评。

——一名中国学生，对 19 世纪英国女作家玛丽·雪莱（Mary Shelley）的名著《科学怪人》（*Frankenstein*）非常着迷。从初中到高三，她把这部小说反复读了好几遍，最后写出近万字的独立研究论文。她的分析能力引起名校注意，后来她被著名文理学院阿姆赫斯特学院（Amherst College）录取。

——2020 年 10 月 31 日，第 3 届世界顶尖科学家大会在上海举行，140 位全球顶尖科学奖项得主出席，来自杭州二中的高二学生李依庭也受邀参加大会。李依庭在大会上展示了自己的科研成果——"中华绒螯蟹精巢连接蛋白 innexin 的分子克隆与分析"。中华绒螯蟹就是大家爱吃的大闸蟹，李依庭研究的是大闸蟹精巢中重要的连接蛋白 innexin，她的研究成果若能应用，能让人们吃到产膏量更多、更美味的大闸蟹。相信李依庭同学会受到名校生物专业教授的关注。

——李同学来自美国新泽西一所女子高中，她写了一篇历史人物研究论文《康有为》（"Kang Youwei"）发表在《康科评论》（*The Concord Review*）上，该论文获得爱默生奖（Emerson Prize），她本人也被麻省理工学院和佐治亚理工大学学院录取。

高中生发表论文，可以显示学生的阅读能力（reading ability）、研究能力（research skill）和写作能力（writing ability），这都是名校极为看重的能力。

对不同学科感兴趣的学生可以多关注各自学科发表论文的平台。以下是 3 个发表论文的网站或杂志的介绍。

1. 星系动物园科学联盟（Zooniverse），最初是英国的一个天文学研究机构，现在已成为以英美高中学生为主的全球高中学生寻找科研项目和发表科研论文的大平台。根据平台官网介绍，该平台提供 11 个科学领域的研究项目，分别是艺术（Arts）、生物（Biology）、气候（Climate）、历史（History）、语言（Language）、文学（Literature）、医学（Medicine）、自然（Nature）、物理（Physics）、社会科学（Social Science）、太空（Space）。指导老师由英美著名大学的教授们组成。

2.《康科评论》（The Concord Review）是喜欢历史的学生大显身手的平台，它是一本专供高中生发表历史论文（也含政治、哲学、经济、地理等领域）的杂志，网站是 http://www.tcr.org。

成立于1987年的Concord Review公司，经营着这份中学生历史论文季节专刊《康科评论》。1987年以来，该杂志已经发表1,200多篇中学生的历史论文，这些中学生来自全美45个州以及全球40个国家。据统计，近几年在《康科评论》发表论文的作者进入美国名校的数量为：布朗大学（33人）、芝加哥大学（31人）、哥伦比亚大学（28人）、康奈尔大学（21人）、达特茅斯学院（24人）、哈佛大学（141人）、牛津大学（13人）、宾夕法尼亚大学（28人）、普林斯顿大学（76人）、斯坦福大学（82人）、耶鲁大学（119人）。还有的学生进入其他名校，如加州理工学院、剑桥大学、卡内基梅隆大学、杜克大学、埃默里大学、约翰·霍普金斯大学、麦吉尔大学、麻省理工学院、西北大学、圣母大学、史密斯学院、三一学院、塔夫茨学院、弗吉尼亚大学、华盛顿大学、卫斯理学院和威廉姆斯学院等。

3.《纽约评论》（The New York Review）是第一份专门为全球高中学生提供使用英语发表社会科学人文类论文和文艺作品的杂志。《纽约评论》的创刊设想始于2022年1月初。当时由美国东部和西部名校的一些毕业生组成的北美青年精英协会，大力展开宣传活动，鼓励各种族裔的青少年不分党派，积极参与投票，表达选民的心声。在宣传过程中，北美青年精英协会成员深切感到不管是在美国出生，还是新移民，或是来美留学的高中学生，都对科学人文类学科非常有兴趣，他们在历史学、政治学、经济学、国际关系学、心理学、哲学、英美文学、古希腊神话等学科方面，有惊人的认识和体会，特别对美国历史和自己母国历史有深切了解。同时许多高中学生还有旺盛的文学创作激情。由此，北美青年精英协会成员萌发出创办一份刊物的想法，专门让全球高中学生发表社会人文科学论文和其他文艺作品，旨在促进全球高中学生的学术、创作大交流。

除了社会人文学科论文外，《纽约评论》还鼓励全球高中学生开展文艺类创作，可以包括名著读后感、采访报道、游记、短篇小说、诗歌、微电影剧本、美术作品、英文书法作品等。

撰写学术论文，学习文艺类创作，需要经过大量阅读并细致探讨研究。而阅读、研究、写作这3种能力的培养，对青少年成长、申请大学、面对今后的职场，都起着不可替代的重要作用。特别对英语为非母语的高中学生，学习用英语撰写论文或创作，是一种学习和掌握英语的极佳方法。

《纽约评论》通过奖励辅导老师、表扬学生就读高中等方式，鼓励高中学生专注自己喜爱的学术领域的研究，发表学术研究成果或文艺作品，从而促进全球高中学生英语阅读和英语写作能力的提高。

《纽约评论》投稿邮箱：nyc@nyreview.org，网站：http://www.nyreview.org。

塞缪尔·约翰逊（Samuel Johnson）曾说过："一个作家要翻半个图书馆才能写出一本书。"高中学生如何写好一篇历史论文？以下程序是许多学生写论文时的共同经历。

一、选择题材

选题是关键的第一步。人类的历史有几十万年，有文字记录的，也有3000年了。世界四大文明发源地〔两河流域（美索不达米亚）、古埃及、古印度、古中国〕有多少历史人物、历史事件！中世纪的欧洲和封建社会的中国，其文献资料汗牛充栋。关于文艺复兴，工业革命，以及资产阶级革命和十月社会主义革命直至第一次和第二次世界大战的大量文献资料，加上新的历史资料的发现不断充实着世界近代史和现代史的研究。作为一个高中学生，应该如何选择合适的研究对象？

从《康科评论》中，我们看到美国、加拿大、中国高中生的选题多种多样：有写历史人物的，如约翰·沙利文将军、何·塞马蒂、丹尼尔·奥康奈尔；有写重大历史事件的，如《颠覆民主：印度1975—1977年的紧急状态》《1916年的选举》；有写重要历史文献的，如《摇摇欲坠的门面：1923年洛桑条约的持久影响》《〈生物武器公约〉的历史意义》；有写产生重要历史影响的思潮的，如《"回到非洲去"运动：从"使美国白种化"到"教化利比里亚"，种族主义的持续影响》《"二战"后的日本：从陌生人到朋友的美国之路》《虔诚的愿望：中国北魏时期佛教对政治发展的影响（386—557年）》；也有写经济对政治的影响的，如《西伯利亚大铁路与沙皇晚期经济的关系》《19世纪邮购是如何改变美国零售业的：蒙哥马利沃德百货公司和西尔斯百货公司的影响》。我们在为这些学生的学术写作能力赞叹之余，也对他们选题的"新""精""实"叫好。

如果你刚开始确定论文内容，需要查找资料，最有效的方法，一是到你所在地区最大的图书馆查阅资料；二是上网查阅信息，现在的网络资料非常丰富，可以说应有尽有。比较值得推荐的网站有：

美国国会图书馆网站：http://www.loc.gov；

美国纽约中央图书馆网站：http://www.nypl.org；

史密斯学会网站：http://www.si.edu；

艺术百科全书网站：http://www.artcyclopedia.com；

首都图书馆网站：http://www.clcn.net.cn；

上海图书馆网站：http://www.library.sh.cn。

在浩如烟海的历史文献中，发现你最感兴趣的内容是一件令人兴奋的事。因为这不是学校老师布置的家庭作业，而是你自己寻找的题材，可能是你最钦佩的一位历史

人物，或是你最为关注的一次重大历史事件。

如果你尚未找到合适的历史论文选题，下面是一些常春藤名校历史教授的建议。

重要的历史人物

如：查理曼大帝（Charlemagne）

匈奴王阿提拉（Attila the Hun）

凯瑟琳大帝（Catherine the Great）

凯撒大帝（Julius Caesar）

拉姆西斯大帝（Ramses the Great）

托马斯·杰斐逊（Thomas Jefferson）

科菲·安南（Kofi Annan）

孔子（Confucius）

约翰·洛克（John Locke）

让·雅克·卢梭（Jean Jacques Rousseau）

苏珊·安东尼（Susan B. Anthony）

雅格·里斯（Jacob Riis）

简·亚当斯（Jane Addams）

罗莎·柏克斯（Rosa Parks）

马丁·路德·金（Martin Luther King. Jr.）

拉尔夫·纳德（Ralph Nader）

某一历史事件对公共政策的影响

如：1929年的华尔街股市大崩盘（Stock Market Crash of 1929）

2001年9月11日恐怖袭击（September 11, 2001, Attacks）

历史事件发生的背景及原因

如：第一次世界大战（World War Ⅰ）

第二次世界大战（World War Ⅱ）

富兰克林·罗斯福的选举（Election of Franklin Roosevelt）

童工法（Child Labor Laws）

特定时期和地点的社会发展趋势

如：20世纪60年代的美国（United Sates in the 1960s）

南美洲的殖民时期（Colonial Period in South America）

中国的大唐王朝（Tang Dynasty in China）

19世纪的日本（Nineteenth Century Japan）

中世纪欧洲（Middle Ages, Europe）

文艺复兴时期的英国和意大利（Renaissance, England, Italy）

欧洲和美国的工业革命（Industrial Revolution: Europe, United States）

革命或反主流运动

如：19世纪美国的先验论者

（Transcendentalists in Nineteenth Century United States）

19世纪的中国洋务运动

（Westernization Movement in Nineteenth Century China）

20世纪早期的英国和美国妇女参政论者

（1920 Women Suffragists in Early Twentieth Century England and the United States）

重要的历史文件

如：独立宣言（Declaration of Independence）

联合国宪章（United Nations Charter）

大规模迁移的影响

如：20世纪20年代从美国南部到北部的大迁徙（The "Great Migration" from the Southern United States to the North in the 1920s）

切罗基人或其他印第安人的被迫迁移

（Cherokee or Other Native American Group-Forced Relocation）

美国政府各部门的职责

如：国会（Congress）

联邦储备会（Federal Reserve）

最高法院（Supreme Court）

以上这些研究对象，都是对历史发展起到关键作用的人物、事件、文件等，如果你对其中的有关内容有兴趣，建议今天就开始行动。

二、收集素材，分析素材，研究素材

你通过图书馆和网络，花大量时间收集资料，确定了论文选题后，接下来就是要认真阅读原始资料，分析它们，研究它们。譬如，你决定写美国第二任总统约翰·亚当斯和第三任总统托马斯·杰斐逊之间的合作和分歧对美国政治格局的影响，你就需要了解这两位总统的生平及各自的治国理念。两位总统离职后的14年中，共通信158封。你只有通读这些信件，才能深刻了解这两位总统给后人留下的珍贵政治遗产。

如果你的研究还可以找到当事人，那就应该抓紧机会访问当事人。譬如，你想写有关20世纪20年代至40年代犹太难民在上海的论文，你可以访问曾在上海生活过的犹太难民或者他们的后代。访问中你可以发现许多文件，如当时上海给他们的临时居留证和他们保留的生活照片等。你还可以去参观上海犹太难民纪念馆，看到许多珍贵的文物和照片。

收集材料的另一个途径是参观历史名人故居或考察重大历史事件发生的地点。比如，上面提到的关于美国第二任和第三任总统的研究论文撰稿者，就可以创造条件去波士顿昆西镇参观约翰·亚当斯居住的老屋和他的书房，再去弗吉尼亚州的杰斐逊庄园，体验这两位伟人的生活环境。如你想写有关马克·吐温的论文，就要去康涅狄格州马克·吐温的故居参观；写有关美国南北战争的题材，你应该到著名的葛底斯堡战役的发生地考察；如果要写有关晚清洋务运动的论文，你需要去参观考察福建马尾船厂、上海江南制造局博物馆。有一位研究三国的作家，为了写有关三国后期蜀魏争斗的历史论文，专门去诸葛亮六出祁山的所在地勘察了一遍地形，搞清了一些历史遗留问题。

当你参观完一个地方或有了一个学习心得之后，你需要马上整理，最好做成资料卡片，记录关键素材并整理归档，以便写作时参考引用。

在研究素材时，面对同样的素材，研究者看材料的视角、个人学习和社会经历不同，会得出不同的感悟，历史论文的写作主旨（各自的体验）也会不一样。这是正常现象，也是对同样一个题材有不同观点甚至产生学术争论的原因。

三、确定主题

在收集资料、分析研究基础上，你需要确定论文的主题。主题要体现在题目上，要全面或侧面体现你的写作意图——论文的主旨。

题目包含的主题宜小不宜大，宁可小而集中，不可包含太多内容。下面就是一些比较好的题目，能让人马上了解论文内容：

- 明代张居正"一条鞭法"的利与弊

- 李提摩太的西学中译研究
- 杨度人生政治际遇的三次转折
- 轧棉机的发明延续了美国的奴隶制度
- 第二次世界大战结束了大萧条

四、写作布局("三明治"格式)

1. 引言

引言又称前言,属于整篇论文的引论部分。主要介绍研究项目,包括论文的原因、目的、背景等。

引言的文字不可冗长,内容不可过于分散、琐碎,措辞要精练,要吸引读者。引言的篇幅大小并无硬性的规定,需视论文篇幅及论文内容来确定,长的可达1,000字,短的可不到100字。

2. 正文

正文是一篇论文的本论,属于论文的主体部分,它占据论文的最大篇幅。论文要体现创造性成果或新的研究结果,要论证有力,主题明确。为了满足这一系列要求,做到层次分明、脉络清晰,正文部分常被分成几个大的段落。这些段落即逻辑段,一个逻辑段可包含几个自然段。每一逻辑段落可冠以适当标题(分标题或小标题)。段落的划分,应视论文内容与论证方式而定。

3. 总结

对整篇论文做一个全面总结,字不宜多,说清楚即可。有些论文在总结处,会介绍一些这个领域的最新研究进展或其他专家的研究资料,以供读者参考。

五、注明参考文献

参考文献是作者在撰写论文过程中所查阅参考的著作和报纸杂志等,应列在论文的末尾。列出参考文献有3个好处:一是当作者本人发现引文有差错时,便于查找校正;二是可以使论文审稿者了解作者阅读资料的广度,作为评阅论文的一种参考依据;三是便于研究同类问题的读者查阅相关材料。

一些名校的招生官员认为,鼓励学生写历史论文还有以下4个好处。

1. 促使学生增加阅读量,因为要写一篇优秀的论文,至少需要看过50篇参考资料。
2. 培养学生去伪存真和独立思考能力。
3. 为申请大学加分。

4. 为大学写论文奠定基础。

高中生写历史论文时，还需注意以下两点。

1. 寓理论于叙述之中，做到观点与史料的有机联系与内在统一。既要防止空谈理论而缺少史实，又要防止堆砌史料而缺乏理性。要避免将观点和史料隔离，确保从实际情况出发，找出事物的内部联系和规律。要做到这一点，就要挖掘客观存在的事实，详细地引用史料，从这些材料中引出观点。

2. 文章要通畅、质朴、简洁。引用中国古典文献时，首先要正确理解文献，还要把这些古文翻译成贴切的英语。

下面是一些论文的题目，希望能为大家提供一些选题思路：

- 中国古代司法鉴定制度考论
- 中国古代史官制度及文化
- 昭通与清朝的改土归流
- 六朝时期江西地区华夏认同感的加深及该区域的开发
- 先秦史官研究
- 唐代防治官吏贪渎对策研究
- 试论《史记》中的悲剧女性形象
- 论先秦蚕丝文化的审美生成
- 明代预防官吏职务犯罪辨析
- 宋代平民妇女财产权利研究
- 东晋时期北民南移与江南民族关系
- 中国古代小说史视野下的《山海经》研究
- 多视角下的中国家族法
- 西汉云中郡与定襄郡
- 颜真卿评价研究
- 南朝财政收支研究
- 汉代卖官鬻爵研究
- 试论靖康之变前后宋金双方政治军事形势
- 朱子之学在近现代中国
- 日本古代律令国家的驿传马制度
- 从《西乡钞票》看松本清张的文学特征
- 关于镰仓期法皇的思想性考察
- 8世纪中日间的丝绸之路

- 论明治初期西乡隆盛的政治理念
- 纳粹反犹问题研究
- 传统与变革间的维多利亚时代
- 论法兰西第五共和国时期的文化外交
- 论西方传教士的国家背景
- 亚历山大·汉密尔顿与美国金融体系的建立（1789—1795）
- 西方对马戛尔尼使华的历史阐释
- 巴勒莫石碑的历史意义
- 20世纪英国工党妇女政策的变迁
- 农业在以色列建国中的作用
- "圣迭戈计划"与美墨战争危机（1915—1916）
- 简议20世纪五六十年代美国黑人民权运动的原因和影响
- 肯尼迪—约翰逊政府与核不扩散体系的建立
- 英国艾德礼工党政府就业政策研究
- 20世纪60年代至90年代美国环境保护运动研究
- 1935年美国社会保障法研究
- 论欧洲秩序体系的形成（476—1250）
- 美国报界对中日甲午战争的报道述评
- 古希腊殖民城市昔兰尼建城原因探究
- 美国国内围绕《京都议定书》的争论分析（1997—1998）
- 詹姆斯·布坎南与美国黑人奴隶制问题之研究
- 科德尔·赫尔与联合国的建立
- 富兰克林·罗斯福的世界裁军思想

对数学、物理、化学、生物、电脑有兴趣的学生，可以将古今中外的数学家、物理学家、化学家、生物学家、电脑奇才的生平和他们的主要学术贡献作为素材，撰写论文。这类带有强烈理科色彩的历史论文，肯定会获得中美名校招生官员的青睐。

期待更多的中美华人高中生写出更多、更好的历史论文，传播中华和世界文明历史，增进各国高中生交流，为自己申请名校加分。

本节小结

高中生发表历史论文，能彰显学生的阅读能力（reading ability）、研究能力（research skill）和写作能力（writing ability），而这3种能力，是名校招生办极为看重的。

写好一篇历史论文，以下步骤能提供具体帮助：

1. 选择题材；
2. 收集素材，分析素材，研究素材；
3. 确定主题；
4. 写作布局（"三明治"格式）；
5. 注明参考文献。

对数学、物理、化学、生物、电脑有兴趣的学生，可以将古今中外的数学家、物理学家、化学家、生物学家、电脑奇才的生平和他们的主要学术贡献作为素材，撰写论文。这类带有强烈理科色彩的历史论文，肯定会获得美国名校招生官员的青睐。

对不同学科感兴趣的学生可以分别利用各自学科的论文发表平台，以下是3个发表高中学生论文的网站或杂志：

1. 星系动物园科学联盟（https://www.zooniverse.org）；
2. 《康科评论》（https://www.tcr.org）；
3. 《纽约评论》（https://www.nyreview.org）。

第二节 如何写出你的第一篇英文短篇小说

相信有些学生和家长看到本节标题会大吃一惊，高中生完成英文作文作业都有点累，哪敢写英文短篇小说啊？先别急，听笔者一一道来。

学生写英文短篇小说，能为申请名校加分。美国许多著名的升学顾问发现，近年来，名校越来越喜欢会写英文小说的学生。名校认为，能构思小说的学生一定想象力丰富。文科学生当然需要形象思维，而理科学生想要有所成就，他们的想象力也需要得到训练和提升。全美综合排名第29名的塔夫茨大学（Tufts University），就要求申请学生从下面3个题目中选一个，写一篇英文短篇小说：

——一个中学恶霸的忏悔（Confessions of a middle school bully）
——教授失踪（The professor disappeared）
——神秘的实验室（The mysterious lab）

即使你没有申请塔夫茨大学的意愿，不妨思考一下，你会如何选择或写作？
中美华人学生因为写小说被名校录取的例子不胜枚举：

——康州华裔女生Vernita被许多名校青睐，一个重要原因是她的英文写作能力超强。小学4年级，她就写了第一篇小说。她认为斯坦福大学和芝加哥大学录取她的重要原因，是看中她的小说风格的入学作文。
——美国华裔学生邱长婷喜欢数学、文学和写作。她的短篇小说曾在《敏捷日刊》（The Adroit Journal）等多本文学杂志发表。她后来进入哈佛大学深造。
——新泽西高中唐同学常给杂志投稿小说创作。有时为了构思一篇作品，她会将自己反锁在房间，不吃不喝，有点"不到黄河心不死"的味道。她后来被耶鲁大学录取。
——中国成都女孩王思若，10年级暑假参加斯坦福大学暑期学校的新闻课程（Journalism Course），结识了给《国家地理》《华盛顿邮报》写过文章的大牌独立记者。回国后，她创作了自己的第一部英文小说。与此同时，她的GPA常年保持在3.9以上，托福满分120分、SAT 1550分，后来她被斯坦福大学录取。

——上海交大附中的陈诺，自幼喜爱文艺创作，6岁写下她第一篇小说。2020年陈诺出版了自己的作品集，包含了近一年里她创作的各种体裁的作品，包括文学理论、诗歌、散文、小说、古体诗词、艺术赏析等。2021年秋季，陈诺进入美国名校芝加哥大学深造，她选的专业是比较文学。

《读者文摘》有一个很有名的100字超短篇小说征稿，入选征文会在每期刊物上刊登。想练习写英文小说的学生可以先细细阅读《读者文摘》里发表的100字超短篇小说，看得多了，就会慢慢悟出写这类超短小说的诀窍。这类小说需要写作者高度概括所有的故事情节：开端、高潮、结尾，还要有转折，有意义。你可以慢慢模仿，自己练习写100字超短小说，这会提高你收集素材、构造故事、精简表达的能力。

以下是一些写作实例，作者将"没有故事"的简单描述，改写成"有故事，有内涵"的超短小说（暂不受100字的限制）。

——"妻子死了，丈夫也死了。"——"丈夫与妻子是青梅竹马的恩爱一对。妻子不幸病故，丈夫饮食无味，彻夜难眠。不论小辈如何劝慰，丈夫就是走不出妻子过世的阴影，不久也撒手人寰。"读到这里，是否出现了"故事"？人物形象是否有点"丰满"？

——"祖传秘方酿制白酒，送人最合适。"——"桂芳的父亲是祖传白酒第12代传人。去年夏天，酿造厂遭遇大火。父亲冲进大火，抢救出祖传秘方，自己却被大火严重烧伤。临终前，父亲把秘方交给桂芳。为纪念父亲，桂芳从每瓶酒的销售价中提取10%，存进以父亲名字命名的基金，捐给希望小学。"如果有两种相同价格的白酒放在你面前，你是否更意愿买桂芳家族酿造的白酒？

你可以尽可能展开你的想象力，随心所欲地去编故事。看到地铁里两个陌生人，想象他们之间有什么故事发生；看到风雪夜，有女学生拖着旅行箱在艰难地行走，想象她身上有什么故事；看到手机上的图片，你也可以根据内容编出一个小故事。

写出初稿后，反复修改，再向《读者文摘》投稿。有了超短小说的练笔，就可以慢慢过渡到写短篇小说。

诺贝尔文学奖得主、著名作家莫言说，"写小说其实就是讲故事。"短篇小说就是讲一个小故事。一篇好的短篇小说（一个小故事），至少有以下6个要素需要展示给读者。

一、背景

背景就是要交代清楚时间和地点。报纸上的新闻报道常常一开始就讲清楚时间和地点，但小说可能在故事的讲述中，慢慢透露出时间和地点。时间和地点必须符合基本历史常识，曾经有一位高中生写自己祖父的故事，声称在一战期间，祖父在曼哈顿五大道的帝国大厦一楼的餐馆打工，这显然违背历史，因为帝国大厦建于 1931 年。

二、人物

任何一篇小说中，至少要有一位主要人物，我们称为主角。故事可能会出现一个与主角立场不同的对立角色，也可能出现一到两位配角。假设我们要写一位高中女同学 Nancy 的故事，Nancy 就是主角。

三、情节或冲突

故事的核心是告诉读者发生了什么，这就需要提供情节（plot），如主角遇到什么麻烦（problem），主角在什么情况下、与什么人发生冲突（conflict），或者主角内心遇到什么难题。假设我们提到的高中女同学 Nancy 在学校遇到不顺心的事，想逃学，这就有了冲突。

四、人物活动

故事中的情节都伴随着人物的活动而展开。活动越详细，人物的形象就越生动。假设刚才提到的女同学 Nancy 因为想反抗父母管教（Nancy 的父母是对立角色）决定逃学，她从银行取出现金，买了车票，坐大巴到了纽约，这些就是人物活动。

五、故事高潮

人物活动逐步升级，促使情节发展走向高潮。在我们假设的故事中，高潮部分为：高中学生 Nancy 到达纽约后，漫步在街头，很快迷路了，又被几个诈骗犯盯上。紧急关头，巡逻警察帮她脱离困境，她被带到警察局。警察迅速通知 Nancy 父母，父母赶快开车到纽约市警察局。Nancy 见到父母，稍有迟疑，但很快扑向父母。父母微笑，张开双臂把 Nancy 抱在怀里。

六、故事结局

故事到达高潮后，情况或冲突获得解决，产生了结局。结局之前一定有背景、人物、冲突、活动和高潮的铺垫。在我们假设的故事中，Nancy 在回家路上，和父母进行了长时间交谈。最后，Nancy 决定回到学校继续读书，父母表示今后多抽出时间和女儿沟通。这就是这个故事的结局。

上述故事的 6 个组成要素，是写短篇故事必须留意的。在其他文学表现形式中，

如曲艺作品、话剧剧本、影视剧本等，也必须体现这 6 个要素。无论写哪种类型的故事，也不管表现主题简单或复杂、轻松或沉重、悲伤或喜庆、具有戏剧性还是平淡无奇，这 6 个写作要素缺一不可。

刚开始学习写短篇小说，可以先在脑中酝酿构思短篇小说的概要。通常建议初学者将小说构思为一个事件，即在某地、某时间发生的一段故事，人物尽可能少（尽管同一件事可能会牵扯到几个人），讲清楚一个小故事即可。

初学者最大的问题是感到无内容可写，这是通常所说的写作素材匮乏的问题。许多初学者都是从自己的亲身经历中寻找素材。每个人的出身、家庭、求学、工作和与人交往的经历都不同，有些经历对自己影响巨大经久不忘，有些经历生动有趣。静下心来，想想你经常回忆起来的经历，这一般都是写作的好材料。

当然，将自己的经历写进短篇小说，并不苛求全部是真人真事。你完全可以改变姓名、地点、人物性别等，利用经历的某一部分，或改变某一部分经历，或者增加某一部分并没真实发生的经历。你在生活中看到的、听到的其他人的经历也可以是你的写作素材，这就是艺术加工。但所有的加工素材，都要让人觉得可信。即便是科幻小说的作者发挥了充分的想象力，让作品中出现的人物有 6 只手臂、紫色的头发和 3 个头，看起来和人类完全不一样，行为也不一样，但基本上他们就像作者认识的人一样，也有人间的喜怒爱憎，他们的感受大多就是作者的感受，因此读者也会觉得"可信"。

无论构思多长时间，一旦动笔写，你就会感到并不简单。问题接踵而来：如何让小说开头就吸引读者？如何使用对话推进情节和揭示人物？如何使用描述来呈现场景？如何使故事达到满意的结局？想获得这些写作技巧你需要参考不少书籍，以下几点建议，可能对你开始尝试写英语短篇小说非常有用。

1. "第一人称"还是"第三人称"？

这两种人称的写法都能表达小说的故事观点（points of view）。第一人称写作比较适合初学者，因为第一人称写出来的故事，作者或者是主人公，或者是见证者。能够带着自己的观点，罗列自己所见所想，更容易描述并打动读者。但这种人称的写法有视觉盲区，比如，"你"不在场的情节就不能直接表现出来，因为这个时候的"你"并不知道发生了什么。

有些命题小说创作，必须使用第一人称，如本节开头提到的塔夫茨大学的入学小说题目——"一个中学恶霸的忏悔"。美国大学申请通用表中的命题作文，写自己成长中的一个小故事，学生们都需得采用第一人称撰写。

积累了一定的写作经验后，你可以尝试第三人称写作。这样你有更多的自由，因为它允许你写小说中各种人物的动作和想法，但也需要作者对小说的整体结构和情节线索有比较清晰的把握。

2. 直叙还是倒叙？

如何安排故事的叙述顺序？这关系到小说的开头和结尾。最常见的叙述方式有两种——直叙和倒叙。

直叙是按照故事发生的先后顺序而展开的一种写法。这是最基本的写法，也是最难的写法，因为许多初学者很容易写成平铺直叙的"流水账"。为了避免这个问题，建议初学者一定要考虑哪里需要详细叙述，哪里需要粗略交待，必须注意有简有繁，切不可平均。

将事件的结局或某个最重要、最突出的片段提到前边，再从事件的开头按先后顺序叙述，这种写法称为倒叙。这种写法一般容易吸引读者兴趣，最典型的是侦探小说。先描述案发现场看到的情况，然后是警察侦办过程，抽丝剥茧，逐渐发现真凶。作者站在警察、侦探的角度，先告知结果，再讲明原因。

3. 如何"夹叙夹议"？

小说创作最主要的技巧是客观描写和主观表达交叉出现，就是我们从小就学到的"夹叙夹议"。千万不要小看"夹叙夹议"这 4 个字，几乎所有名著都采用了这种写法。

宋代范仲淹的名作《岳阳楼记》中，风景描写是客观的，"若夫淫雨霏霏，连月不开……"，该段结尾处马上变成主观思维，"登斯楼也，则有去国怀乡，忧谗畏讥，满目萧然，感极而悲者矣。"整篇《岳阳楼记》，客观描述和主观感叹交叉出现，非常明显。

鲁迅的《故乡》中，"蓬隙向外一望，苍黄的天底下，远近横着几个萧索的荒村，没有一些活气"全是客观景色描写。接下来，话锋一转，"我的心禁不住悲凉起来了"，立即由客观描写转入主观感受。

顺便提一下，《岳阳楼记》和《故乡》都是第一人称写作，这种写作可以酣畅淋漓地抒发作者的所见所闻和情绪感受。

4. "中文初稿"还是"直接英文写作"？

笔者强烈建议初学者先用中文完成初稿，再翻译成英文稿。在英文无法达到母语水平时，先用中文完成故事构思和语言表达，再改写成英文，是比较靠谱的写作方式。一些培训机构说要"直接运用英文思维"，但对一位母语为中文的高中学生而言，这不是一个有效的方法。

写英文短篇小说，不是高不可攀的事，但也不是一件容易的事。关键要下决心写，动笔写。不管你感觉自己英文如何，动笔写就迈开了成功的第一步。许多初学者动笔写了之后，会体会到可以写的素材渐渐涌现。在修改过程中，也会不断有新的写作思路冒出，越写越有兴趣，越写越有心得。

5. 是否可以模仿成功的短篇小说？

答案是可以，而且要加以提倡。

美国作家索尔·贝娄（Saul Bellow）说："读者走向模仿就成了作家。"（A writer is a reader moved to emulate.）

找一些中国著名作家——莫言或余华的作品，或英美名家欧·亨利（O. Henry，其短篇小说以奇特结尾著称）或哈珀·李（Harper Lee，代表作《杀死一只知更鸟》）写的短篇小说，仔细揣摩。可以集中看其中一位你最喜欢的作家作品，了解和模仿其写作风格；也可以多看几位作家的作品，看看哪些题材能引起你的共鸣，激发你的写作灵感和创作冲动。

诺贝尔文学奖获得者莫言谈到，他的一些前期作品也是在尝试模仿几位外国作家。他的处女作《春夜雨霏霏》模仿了奥地利作家茨威格的《一个陌生女人的来信》，《售棉大道》模仿了阿根廷作家科塔萨尔的作品《南方高速公路》，《民间音乐》模仿了美国的一位女作家麦卡勒斯的作品《伤心咖啡馆之歌》。有兴趣的学生，可以把莫言的3部作品和他模仿的3位外国作家的作品一一对应研读一下，对你的写作肯定有启发。

如果你一时没有短篇小说的素材，从历史题材中寻找，也是一个不错的选择。鲁迅先生就曾在1922—1935年间写过历史小说，后被汇编成《故事新编》，包括短篇小说8篇。其中《出关》写老子晚年的故事，《非攻》写战国时代墨子止楚攻宋的故事。

笔者曾建议一位喜欢历史和写作的学生尝试写历史小说。他查阅了明末清初的许多历史资料，写出《1644年的山海关大战》。这本书以小说形式描绘了李自成的大顺军、吴三桂的关宁铁骑和关外的清军之间一场决定性的大战，非常精彩，获得好评。该学生后来被斯坦福大学录取。

有位作家曾说过："好作品的秘密，在于用新方式叙述一件旧事，或用一种旧方式叙述一件新事。"你可以形象地总结为：新瓶装旧酒，或者旧瓶装新酒。鲁迅的历史小说创作和莫言的处女作，就是对这两句话的具体注解。

国内广告业名人小马宋老师初入行时，感觉自己的思路受限制。他用数月时间把一本世界级的广告创意杂志《广告档案》（Archive）10年来刊载的2万件顶尖创意作品分门别类整理为10个PPT。通过反复研读，他发现当今市面上的大部分广告其实都受这些经典广告作品启发或影响，无非是变变形式而已。仔细分析，这其实就是一种高级的"模仿"。

如果你把300首唐诗和330首宋词，也按"抒情""言志""写景"等归类，反复吟诵体验，你也一定会写出很棒的诗词作品。

写小说也一样。

（有关"模仿"详情，请参阅本书第八章第三节"创造力的7种培训法"之"善于模仿，容易成功"。）

本节小结

近年来，名校越来越喜欢会写英文小说的学生。他们认为，能构思写小说的学生一定想象力丰富。

一篇好的短篇小说（一个小故事），至少有以下6个要素需要展示给读者。

1. 背景（The Setting）。

2. 人物（The Characters）。

3. 情节或冲突（The Situation or Conflict）。

4. 人物活动（The Action）。

5. 故事高潮（The Climax）。

6. 故事结局（The Outcome）。

写小说前还需明了：

1. "第一人称"还是"第三人称"？

2. "直叙"还是"倒叙"？

3. 如何"夹叙夹议"？

4. "中文初稿"还是"直接英文写作"？

5. 是否可以模仿成功的短篇小说？

第三节
如何使你学术竞赛成绩优异？

2018年11月，汤玛丽女士的《MIT面试官教你进美国名校》一书在台湾出版，作者是麻省理工学院在台湾地区的总面试官，她在书中说：

我请通过面试申请上MIT的同学们回想，哪一段人生历程，是帮助他们被MIT录取的重要关键？大家不约而同地认为是在国际奥林匹学科竞赛夺牌。

2019年10月，笔者在纽约与汤女士见面，向她请教麻省理工学院的申请诀窍，她再次强调，国际奥林匹克学科竞赛获奖，是进美国常春藤名校和其他顶尖名校非常关键的因素。

绝大多数美国升学顾问都持相同观点。原因是各国都有各种竞赛，美国名校招生官员一时无法评估这些竞赛的含金量，但国际奥林匹克学科竞赛成绩是美国名校一致公认的。被美国常春藤名校和其他名校认可的其他享有世界声誉的竞赛和全美有影响的竞赛，也都受到美国名校招生官员的关注。这些竞赛的各级选拔赛的获胜者，都是常春藤和其他名校招生官员优先录取的人选。

下面是这些竞赛的逐一介绍。

一、美国筹组参加国际奥林匹克学科竞赛国家队的各级选拔赛

1. 美国数学奥林匹克各级选拔赛

第一轮比赛，称为"美国数学竞赛"（American Mathematical Competition, AMC），9年级和10年级学生可以参加AMC10竞赛，11年级和12年级学生可参加AMC12竞赛。

AMC10和AMC12初赛优胜者，可以参加第二轮竞赛，称为"美国数学邀请赛"（American Invitational Mathematics Examination, AIME）。

AIME和AMC10的优胜者，将参加"美国初级奥数竞赛"（United States of America Junior Mathematics Olympiad, USAJMO）。

AIME和AMC12的优胜者，将参加"美国奥数竞赛"（United States of America Mathematics Olympiad, USAMO）。

从 2022 年开始，USAJMO 和 USAMO 考试优胜者，可同时进入夏季的美国奥数国家队集训，并从中挑选 6 名队员组成美国奥数国家队，参加全球奥数比赛（International Mathematical Olympiad, IMO）。

2. 美国物理奥林匹克选拔赛（US Physics Team Competition）

10 至 12 年级学生可参加，首轮比赛是 F=MA（又名 Fnet=MA）。

F=MA 优胜者，可晋级参加第二轮决赛，称为"全美物理奥林匹克竞赛"（USA Physics Olympiad Exam, USAPhO）。

USAPhO 的优胜者可分别获得金奖、银奖、铜奖。获得金奖的前 20 名选手将进入 10 天的"美国物理奥林匹克竞赛国家队集训"（US Physics Team Training Camp）。集训结束时，从中挑选 5 名选手组成美国物理奥林匹克竞赛国家队。

3. 美国化学奥林匹克选拔赛（US National Chemistry Olympiad）

9 至 12 年级学生可参加，先参加第一轮"地区化学奥林匹克竞赛选拔赛"（Local Chemistry Olympiad Competition, LCOC）。

LCOC 前 1000 名优胜者可以参加决赛，称为"全美化学奥林匹克竞赛"（U.S. National Chemistry Olympiad Exam, USNCO）。

USNCO 前 20 名学生，将进行为期两周的集训。再从中挑选出 6 名学员组成美国化学奥林匹克竞赛国家队。其中 4 名是正式队员，2 名预备队员。

4. 美国生物奥林匹克选拔赛（USA Biology Olympiad, USABO）

9 至 12 年级学生可参加第一轮初赛，称为"全美生物奥林匹克竞赛公开赛"（USA Biolympiad Online Open Exam）。

"全美生物奥林匹克竞赛公开赛"的前 10% 获胜者可参加第二轮的"美国生物奥林匹克竞赛半决赛"（USABO Semifinal Exam）。

"美国生物奥林匹克竞赛半决赛"前 20 名参加"全美生物奥林匹克竞赛集训队"（USABO National Final），再挑选前 4 名组成美国生物奥林匹克竞赛国家队。

5. 美国计算机奥林匹克选拔赛（USA Computing Olympiad, USACO）

9 至 12 年级学生可参加。参赛者可以向学校的计算机老师或者附近社区大学的计算机老师（比赛组织方的协调人）提出参赛的要求。或者直接上网建立账号，自己申请。每年 11 月到次年 4 月（每年略有不同），组织方提供 3 场竞赛，称为首轮比赛（First Contest）、第二轮比赛（Second Contest）、第三轮比赛（Third Contest）。这 3 场竞赛，都是通过网络进行，每次提出 3 至 4 个计算机编程方面的问题，要求在 3 至 5 个小时内完成。参赛者可以使用 C，C++，Pascal，Java，Python 编程语言。3 场比赛的优胜者，可以参加"全美公开赛"（US Open）。US Open 竞赛又称为"全国锦标赛"（National Championship，一般在 3 月或 4 月举行，有监考老师。这次竞赛的前 16 名，在每年初夏（5月底到6月初）进入国家集训队。国家集训队的前4名队员，将代表美国国家队参加7月底到8月初的世界比赛。

二、其他国际奥林匹克学科竞赛

1. 国际哲学奥林匹克竞赛（International Philosophy Olympiad, IPO）

国际哲学奥林匹克竞赛是一项面向全世界20周岁以下爱好哲学的中学生的国际竞赛，由国际哲学团体联合会（International Federation of Philosophical Societies，FISP）和联合国教科文组织（United Nations Educational, Scientific, and Cultural Organization, UNESCO）共同主办。组委会一般会从西方古今哲学典籍中挑选4段文字作为比赛题目，各国参赛选手可以从中选择一个主题，并从英语、法语、德语与西班牙语中选择一种非本国官方语的语言进行长达4个小时的哲学写作。

对中国高中学生而言，英文写作并不容易，更何况是写哲学文章，难度可想而知。2019年，中国派出2名选手，其中来自上海的选手获得铜牌，实现中国在该项比赛奖牌"零"的突破。另1名选手来自常熟，也获得荣誉奖。

IPO往年真题难度很高，跟网上热议的法国哲学高考题不相伯仲。比如"身份和身体是同一的吗？""浅谈康德的《永久和平论》"，2019年考题考了"苦难"和"非正义"相关的内容。

2. 国际天文奥林匹克竞赛（International Astronomy Olympiad, IAO）

国际天文学奥林匹克竞赛，由欧亚天文学会创立，是一个国际认可并每年举行的天文科学的国际竞赛。北京天文馆每年举办全国天文奥赛选拔优秀人才代表中国参赛。

IAO考试由三轮组成：理论、观测和实测。理论考试的问题涉及天文学、天体物理学、空间和行星物理和经典问题。观测考试涉及识别星座，估计亮星的大小和使用望远镜或其他观测设备观测目标。实测考试包括基于观测数据结果回答问题、对这些数据进行分析和提出解决方案及建议。

各国参赛选手，基本都会被美国顶尖名校的天文专业录取。

3. 国际天文和天体物理奥林匹克竞赛（International Olympiad on Astronomy and Astrophysics，IOAA）

国际天文和天体物理奥林匹克竞赛起源于2007年，是一项针对高中学生的年度天文竞赛。比赛的主要目标是提高青少年对天文学和有关学科的热爱和兴趣，通过天文学的通识教育，鼓励各国高中学生参与天文学和天体物理学方面的国际交流。组织者希望通过这样的活动，鼓励高中天文爱好者在大学阶段学习天文学，成为下一代天文学家。

4. 国际地球科学奥林匹克竞赛（International Earth Science Olympiad，IESO）

国际地球科学奥林匹克竞赛是国际地球科学教育机构（International Geoscience Education Organization, IGEO）举办的一项面向中学生的奥林匹克科学竞赛，每年举办一次。国际地球科学教育机构（IGEO）及其下属的"国际地球科学奥林匹克竞赛"组织（International Earth Science Olympiad, IESO）举办的竞赛旨在推进全球范围内的地球科学教育，鼓励和发展公众尤其是青少年对于地球科学的学习兴趣和认知程度，致力于提升全世界地球科学教育的质量。

"国际地球科学奥林匹克竞赛"组织主要考查和测验中学生对于地质学、地球物理学、气象学、海洋学、天文学和环境科学等主要地球科学领域的知识和能力。比赛分为理论考试和实践考试，由地球科学领域的专家负责出题，试题分为4部分，分别是岩石圈、水圈、大气圈和行星系统。理论考试主要考查参赛选手对于地球科学领域的知识和理解，要求参赛选手在6个小时内解决一系列的地球科学问题；实践考试主要考查参赛选手野外科学调查的能力，要求参赛选手在合适的时间内完成实验工作或者野外工作。除此之外，"国际地球科学奥林匹克竞赛"组织还举办"国际团队野外考察"（International Team Field Investigation, ITFI）和"地球系统项目"（Earth System Project, ESP）两项国际团队合作项目，旨在促进全球范围内青年学生的合作和友谊。

5. 国际地理奥林匹克竞赛（International Geography Olympiad, IGEO）

国际地理奥林匹克竞赛是一个为中学生举办的国际地理学竞赛活动，由国际地理联盟（International Geographical Union, IGU）和地理教育委员会（Commission on Geographical Education, CGE）合作举办。

比赛一般分为3个部分：主观笔试，现场问答和野外考察。竞赛就理解能力对每一个参赛者进行全面的测试，其内容包括了地理前沿知识、旅游、难民、食品、人口增长、厄尔尼诺（圣婴）现象、海啸和地震等。

6. 国际语言学奥林匹克竞赛（International Olympiad in Linguistics, IOL）

国际语言学奥林匹克竞赛起源于2003年，这个竞赛的最大特点不是考核某一种语言的知识储备，而是考查参赛者运用逻辑推理能力以及依靠团队力量，创造性地运用各种知识来破解语言现象背后的规律和秘密。

相比较其他奥林匹克竞赛，国际语言学奥林匹克竞赛相对冷门，这给中国高中学生提供了一个表现自己的机会。选手无需具备深厚的语言学知识，只需有一定的逻辑推理及归纳能力，同时对以往考题多多研究，就可能出线获奖。

三、享有世界声誉的竞赛

1. 美国雷杰纳隆科学奖（Regeneron Science Talent Search）

"雷杰纳隆科学奖"（原名为"西屋奖"West House Science Prize）和"英特尔科学奖"（Intel Science Talent Search），是美国科学与大众协会（Society for Science & the Public）所创立，又称"少年诺贝尔奖"，是全美高中生奖金最高，竞争也最为激烈的一项科学竞赛奖。

雷杰纳隆科学奖分为基础研究（Basic Research）、全球福祉（Global Good）和创新（Innovation）3个领域。每一领域的前3名获奖者将分别获得25万、17.5万及15万美元的奖金。

在准决赛中入围的300名学生每人也将获得2000美元奖金，同时雷杰纳隆公司还将额外奖励2000美元给获奖学生所在学校。这样一来，竞赛每年的奖金总额在300万美元左右。

每年全美各州的数千名高中生（美国公民或绿卡持有者）会提交他们原创科研作品。经评选，前300名进入半决赛，再选出40人入围决赛，最后公布前10名获奖名单。美国名校对进入半决赛的300名选手名单非常有兴趣，各所名校大学招生官员都会写信动员这300名学生申请他们的大学，因为这些学生后来被证明都在科学界作出重要贡献。获奖者中，有12人获得诺贝尔奖（Nobel Prizes），11人获得美国国家科学奖（National Medals of Science），18人获得麦克阿瑟基金会奖学金（MacArthur Foundation Fellowships）和其他4个突破性奖项。

2. 谷歌科学竞赛（Google Science Fair）

全球13至18岁学生可参加。这是一项在线科技竞赛，鼓励全世界各国的学生进行科学或实验工程项目。所有参赛者要在谷歌网站上提交自己的科学项目，角逐各种奖项。比赛流程包括提交阶段、评选阶段和最终评选（每年夏季在美国加州谷歌总部举行）。评选条目由8个核心标准，即陈述、问题、假设、研究、实验、数据、观察、和结论组成。大赛冠军，将获得5万美元奖励。

3. 全球高中生商业挑战大赛（The International Career Development Conference）

这个著名商业挑战赛规格非常高，有"商业奥林匹克"之称。挑战赛由美国教育分布俱乐部（Distributive Educational Clubs of America, DECA）举办。该俱乐部始创于1946年，迄今已有70多年历史，它在美国、哥伦比亚、加拿大、中国、韩国、德国、西班牙等世界各地共发展20万余名成员。现在已是一个全球性组织，旨在培养全球新的领导人和企业家以及市场营销、财务、管理、销售、股票、接待和管理方面的人才。每年在美国会有一次全球性的竞赛。

参赛团队要代表同一行业中不同地区的企业，根据举办方制定的规则，模拟进行研发、设备采购、融资贷款、生产管理、产品零售、库存管理等各个方面的企业运营。

除了公司经营外，比赛还有模拟政府，要求通过政策、税收等手段对市场进行调控。最新的一次比赛甚至还融入了金融市场，个人可以购买国家的指数基金，以此决出"少年巴菲特"。该赛事由美国众多知名大学和企业支持举办，大赛拥有50多个项目，评委由1000多名美国知名企业的领袖及管理人员出任。该大赛成绩受到美国国会、美国教育部、美国学生生涯与技能组织、美国中学校长协会、美国大学理事等权威认证，比赛优胜者会被哈佛大学、耶鲁大学、麻省理工学院等争相录取。

4. 戴维森奖（The Davidson Fellows Scholarship）

戴维森奖是"世界十大最大奖学金"之一，同时也被《美国新闻与世界报道》评为"七项著名本科生奖学金之一"。此奖项表彰那些在科学、技术、数学、音乐、文学等领域作出积极贡献的18岁以下美国公民，自2001年创办以来，已有300多名杰出美国高中学生获得了总计超过740万美元的奖励。

据主办方介绍，获奖者都在读高中期间就早早确定了研究方向，业余时间都用来研究自己喜欢的领域知识，发表论文并参加专业级竞赛。

四、全美有影响的竞赛

1. 美国总统学者奖（US Presidential Scholars Program）

美国总统学者奖项目起始于1964年，是根据当时的约翰逊总统（Lyndon Baines Johnson）的行政命令而设立的，用以选拔和表扬美国最杰出的应届高中毕业生。全美每年有161位优秀高中毕业生能获得总统奖，这是高中学生所能获得的最高荣誉之一。

角逐总统学者奖的首要条件是：美国公民；当年高中毕业生。首先，根据SAT或ACT考试成绩，每年从每个州挑选约20名男生和20名女生入围。然后由专门的评估委员会对选手的学术成就、个人品德、领导才能和社区服务经历及选手论文进行评估，并从中选出500位选手进入准决赛。总统学者奖选拔委员会对各选手的申请材料作进一步的评估后，选出121名学术成绩优秀（每州2名，另外21名来自哥伦比亚特区、波多黎各、美国海外领地）、20名艺术成绩优秀、20名职业和技术教育优秀的学生作为总统学者奖的获得者。

每年总统学者奖获得者将获邀免费参加在首都华盛顿举行的国家荣誉周活动。他们与政府官员、教育专家、作者、学者会面，参观首都的博物馆、纪念馆，最后在由白宫主办的颁奖仪式上接受总统学者奖章。每个总统学者奖获得者还可以提名1位对他们影响最大的教师，这些教师同时受邀参与国家荣誉周活动，并获得杰出教师奖称号。

2. 全美青少年艺术和写作大奖（Scholastic Art and Writing Award）

全球 7 至 12 年级学生可参加 28 个艺术和写作类别的竞赛，以自由命题为主，参赛者可以充分发挥自己的艺术想象力。主办方鼓励全球的小艺术家、小作家、小电影制作者、小摄影家、小诗人、小画家、小雕塑家、小电子游戏设计家都来大显身手。每年全球有 25 万学生参赛，递交作品超过 30 万件。其中 7% 的作品可以进入初赛，最后 1% 的作品进入决赛。主办方最后选出 8 位艺术金奖和 8 位写作类金奖得主，金奖（Gold Medal）得主获 10,000 美元奖励。此外还选出 30 位学生获得银奖（Silver Medal），每人获得 1000 美元奖励。获奖作品会在全美 70 多个艺术馆和博物馆巡回展览。金奖和银奖获得者，只要高中成绩优秀，标准化考试过关，基本都被常春藤名校录取。

一位来自台湾的喜欢文科和写作的女学生 Elaine Chang 9 年级时写了一篇《4 小时之后》（Four Hours Later）的散文，被全美青少年艺术和写作竞赛评为一等奖（Gold Key Award）。她在文章中写道，她在打开一本小说之前，曾暗自下定决心，"只看 10 分钟就好"。没想到，她被书中情节牢牢吸引，等她从书页中抬起头时，已经 4 个小时过去了。她这样形容自己的阅读狂热："不管是看似平淡、实则有趣的学校指定读物，或是一本让人一读再读的沉迷之作，也不管是经典名著或其他流派，更不用说是中文还是英文，好的故事从各方面对一名读者施展魔法，让人爱上阅读。当你翻阅书的第一页，开始融入故事的节奏，你可能预想不到，当你抬头时，已经是 4 个小时之后了！"她在文中还说："出门时，我妈不会提醒我要带钥匙、手机、甚至钱包，只会问我有没有带一本要读的书！"该同学后来被普林斯顿大学录取。

3. 全美高中经济学大赛（National Economics Challenge）

9 至 12 年级学生可参加。这个竞赛旨在鼓励对经济学有兴趣的学生通过经济学原理，运用批判性思维，解决现实世界中的经济问题。每年有超过 1 万名学生参赛。参赛的学生必须有高中经济学老师作为教练向州一级组织报名，每校要组成 4 人小组参加比赛。参赛者要经过学区、州、全美半决赛，最后进入每年 5 月在纽约市的全美决赛。进入决赛的小组，每位选手都可以获得免费交通和食宿，一等奖获得 1000 美元奖励，二等奖获得 500 美元奖励，三等奖获得 250 美元奖励，四等奖获得 200 美元奖励。虽然奖励金额不多，但是进入决赛的选手，一半以上被常春藤名校录取，而这些获奖者则大部分进入顶尖名校的商学院本科就读。

4. 全美英语教师协会：英语写作大赛（NCTE：Achievement Awards in Writing）

由全美英语教师协会（National Council of Teachers of English, NCTE）举办的英语写作大赛，欢迎美国和加拿大 10 至 12 年级学生参加。这是一个非常著名的高中英语写作能力比赛，但比赛规则简单，每位参赛者要写两篇文章，一篇是自选题（Best Writing），要写 6 页纸；另一篇是命题作文（Themed Writing），要写 4 页纸。全美英语教师协会将参赛作品每500篇编成一个组，每组中挑选一篇进入决赛，并于每年5月公布决赛获奖者。获奖者也将获得奖状和证明文件。

5. 国会艺术竞赛（Congressional Art Competition）

创办于1986年的国会艺术竞赛，每年会有来自全美435个国会选区的超过65万名高中生参与比赛，参赛的作品包括摄影、绘画、雕塑等各种艺术形式。凡是获得名次的作品，将在首都华盛顿美国国会大厦展出一年。

6. 国家历史日大赛（National History Day Competition, NHD）

"国家历史日"是一项为期一年的学术活动，为学生创造参与历史研究的机会。每年NHD都会提供一个比赛主题，学生可以通过这个主题研究历史。从秋季开始，学生就要选择与年度主题相关的话题并进行广泛的初级和中级研究。在分析和解读收集的资料基础上，学生们将通过原创论文、展览、表演、网站或纪录片等形式展示他们的研究成果。参赛学生的研究成果将作为参赛作品，在第二年春季，参加当地、分会和国家层面的比赛，由专业历史学家和教育工作者进行评估。全国决赛每年6月在美国马里兰大学举行，有近3,000名学生与他们的家人和老师聚集在马里兰大学参加为期一周的活动。这些热情的团体来自全美各地、关岛、美属萨摩亚、波多黎各以及中国、韩国和南亚的国际学校。

每年有超过50万的学生参加NHD比赛。2019—2020年的研究主题是"打破历史的藩篱"（Breaking Barriers in History）。

所有参赛学生将根据年级被分为两组，初中组：6、7、8年级学生；高中组：9、10、11、12年级学生。每组将决出前3名优胜者。高中组的优胜者，将为他们申请名校的历史专业大大加分。

7. 全美高中写作大赛（National High School Essay）

美国外交服务协会（The American Foreign Service Association, AFSA）举办的全美高中写作大赛起源于1998年，参赛者为美国高中9至12年级学生，比赛形式是递交论文。每年主办单位会收到近700份论文。2019年论文获奖第一名的是来自美国康涅狄格州华盛顿谢泼格谷学校的12年级学生威尔逊·金（Shepaug Valley School in Washington, Connecticut, Wilson King），他的论文题目是《从专制到民主》（*From Dictatorship to Democracy*）。论文重点论述了在军事干预中机构间合作的重要性，主要考察了美国干预巴拿马诺列加政权和索马里政权3年后的影响。威尔逊将获得2500美元奖金，此外，他和父母还可免费从美国任何地方前往美国首都华盛顿会见美国国务院的一位领导人，获得为期一个学期的教育旅行的全额费用，并在美国和平研究所的招待会上受到表扬。另一位华裔王科林同学（Collin Wang），是2019年的亚军。他是密歇根州比佛利山庄底特律乡村走读学校的12年级学生。王科林可在获奖当年夏天参

加全国学生领导会议的国际外交项目。

所有立志申请美国常春藤名校及其他顶尖名校的高中生，都要勇于参加这些竞赛，科学安排时间，精心准备竞赛，争取取得优异成绩。不少美国升学顾问认为，学生在名校认可的竞赛中的成绩表现，基本决定了该学生是否可以被名校录取。

不要以为这些活动太"高大上"，其实许多选手和你的实力差不多，只是他们的勇气足够大，从不放弃机会而已。同时他们懂得把精力集中在自己最喜欢、最擅长的一个领域。相比其他同龄学生，他们在这个领域"懂得多""了解深"。

他们是如何做到这一点的？

《纽约客》专职作家马尔科姆·格拉德威尔（Malcolm Gladwell）在其名著《异类——成功的故事》(Outliers - The Story of Success) 中，曾提出一个著名的"1万小时定律"理论。只要专注某个领域，不管是学术研究，还是学习某一高端乐器，或者学习国际象棋等，通过1万小时的练习，你就能成为这个领域的专家。

"1万小时定律"曾获得热烈反响，马尔科姆·格拉德威尔的书一度非常畅销。但对一个高中生而言，即使从9年级开始，对某一种活动，或某一领域特别有兴趣，学生高中四年（美国高中学制）总共才1460天，要完成1万个小时练习，每天要花近7个小时专门练习。这显然不现实。何况如果10年级才发觉自己的真正兴趣点，到申请大学的时候，训练时间总共只有2年时间。

不少美国研究学习方法的专家学者也针对"1万小时定律"提出其缺陷之处，心理学家安德斯·艾利克森（Anders Ericsson）和罗伯特·普尔（Robert Pool）就是代表人物。他们的合著《刻意练习：如何从新手到大师》(PEAK:Secrets from the New Science of Expertise) 提出另一个概念，要成功成为某一领域专家，"刻意练习"（Deliberate Practice）至关重要。他们提出，所谓"刻意练习"，不仅仅指"有目的的练习"，而且还具有以下两个特点：

1. 这个领域已经得到很合理的发展了，并有了一套科学的评分和考核标准。譬如钢琴、小提琴等有了统一的"等级"考试；跆拳道有了等级考核；国际象棋有"大师"称号的颁发标准；围棋有"段位"的考核标准；体育比赛（田径等）有具体的评分标准；就是托福考试，听、读、讲、写也分别有评分标准；SAT和ACT考试，也各自有评分标准；各种美国名校认可的竞赛，如奥林匹克数学、物理、化学、生物、计算机竞赛，都有评定标准。如果你还有进一步的研究成果，甚至可以寄给权威的专业杂志发表，这也是一种评估标准。总之，你关注的、想钻研的领域，一定要有考核标准和评估依据。英国物理学家开尔文（Lord Kelvin）说过："无法测量，就无法改进。"所以诸如插花、茶道、剪纸、折纸、中国书法等领域，因为没有国际认可的统一评分标准，无法提供令人信服的量化指标，美国名校因而无法了解你的真实水平。

第九章
锦囊九：寻找贵人相助
——发展学术偏好，获得行业专家指导

2. 在具体练习时，你必须找到这个领域的一位优秀的"教练"或"导师"。他不但要是这一领域的专家，还要有一整套"教学计划"，能够定时布置作业，并经常检查你完成作业的情况，布置新阶段的作业。从教学角度讲，就是及时给你"反馈"，提出"纠正"方法。这点是非常关键的。

但是，要找到这样一位行业"教练"或"导师"并非易事，一方面人才难找，另一方面是花费不菲。一些教学专家建议，你的某一课程老师就是你最初的"导师"，譬如你喜欢化学，你的化学老师就是一位这样的"导师"。你要展现出你对化学的热爱，经常请教这位化学老师，老师会很快认识到这一点，愿意单独为你"开小灶"。你可以请老师布置一些更难的作业，并请他批阅，这样你就比其他同学在化学这门课，学得更"精"，也更容易在化学的各种竞赛中，取得好成绩。有时你的同学都可以成为你的"教练"，譬如你在 SAT 中的阅读成绩一直不理想，你可以找你 SAT 接近考满分的同学请教，如何提高 SAT 阅读成绩。你也可以自己布置作业，譬如规定每天背 30 个 SAT 单词，自我检查，或请人帮助检查。

当你在某一领域钻研有一定心得后，你可能需要找更好的"教练"或"导师"。还是以化学为例，如果你的化学老师已经没有能力回答你的问题，你可以找附近大学的化学教授请教。如果你想了解最新的化学成就，你甚至可以上网了解最近几年化学诺贝尔获奖者的最新研究成果，仔细查阅并学习这些化学领域最新成就。如果你有心得，也可写信发邮件和这些大师们联络，谈你的感悟，说不定，你可以为此结识一位大师级专家。

《刻意练习》的作者，为此提到三个以"F"开头的单词，作为一个总结，就是 Focus（关注），Feedback（反馈），Fix（纠正），他们认为这是一个有效"刻意练习"的三部曲。

希望有志进名校的学生，通过不断的"刻意练习"，钻研、发展、发挥你的长项，通过考试获得优异成绩而获得美国名校的青睐。

本节小结

不少美国升学顾问认为，名校认可的竞赛成绩表现占名校招生时录取可能性 50% 的比重。

美国常春藤名校和其他顶尖名校认可的竞赛主要包括：

1. 国际奥林匹克学科（数学、物理、化学、生物、计算机等）竞赛。
2. 享有世界声誉的竞赛。

3. 全美有影响的竞赛。

所有立志申请美国常春藤名校和其他顶尖名校的高中生，都要勇于参加这些竞赛，科学安排时间，"刻意练习"并取得优异成绩，这会为你的申请大大加分。

第四节
如何联络你的学术"贵人"
——寻找行业大咖

美国斯坦福大学的经济学教授马修·杰克逊（Matthew Jackson）是社会网络领域的领军人物。2020年由他写作出版的《人类网络：社会位置决定命运》(The Human Network: How Your Social Position Determines Your Power, Beliefs, and Behaviors)一书引起了巨大轰动。

杰克逊教授认为，古往今来，人类社会的发展就是点（个人）、线（人与人的连接）、网（更多人群的连接）之间不断连接、不断网络化的过程。当今社会，这种连接尤为重要。中国古人就有"人以群分"和"近朱者赤，近墨者黑"的认知。一个人的成功离不开一张强大的人际关系网络，这并不在于你认识多少人（数量），而在于他们的素质（质量）、学术水平、在行业的影响力、公共关系能力以及与你的熟悉程度。

许多成功人士都谈到自己曾有过"高人指点，贵人相助"的经历，一些中美优秀高中生也受到过"高人指点，贵人相助"。"高人、贵人"就是学生想申请的专业或行业领域的专家（含心仪大学的专业教授），他们不会从天而降，需要你积极寻找。找"贵人"的方法就是发展你的学术爱好，比如，在高中期间发表学术论文，把论文寄给这些专家，或发邮件向他们请教学术问题。在通信中，逐步重点与某一位专家学者建立更紧密的联系。有些优秀学生还和该领域的诺贝尔获奖者互通邮件。数据表明，诺贝尔奖得主中，30%都有师徒关系。找一位行业权威"师父"，意义重大。

如果你一时无法找到有意义的话题向行业专家、大咖请教，那就联络自己心仪大学的专业教授。如果这位教授对你有好感，那么对你今后申请该所大学、获得学术成长和进行职业规划等有重要作用，因为这位导师可以为你写有分量的推荐信。

美国著名记者、作家史蒂文·科特勒（Steven Kotler）于2021年1月出版了《不可能的技艺》(The Art of Impossible)一书。书中提到，最有效的学习，就是"请教专家"。关注专业领域的专家动态并阅读相关的学术专著，会为你申请名校及心仪专业带来意想不到的益处。

曾经有位哈佛大学校友在中国上海、杭州等市面试几位中国高中生，这些学生都表示出对自己所申请专业的热爱，于是面试官问了学生一个问题：去年10月，是谁获得诺贝尔化学奖（物理奖），他的主要成就是什么（所问奖项与学生申请专业一致）？连问5位学生，都答不上来，只有最后一位学生用流利的英语说出了获奖者的名字和他的主要研究成果。这位哈佛校友满怀激情地向母校招生办写了面试报告，这位学生后被哈佛录取。

普林斯顿大学的物理和数学专业全球闻名。某次该大学校友面试一位申请该大学物理专业的新泽西华人学生，问其是否经常阅读《纽约时报》，该学生回答经常看。校友马上追问一句："《纽约时报》周二科技版，最近刊登了哪些最新的物理研究成果？"该学生一下子呆在那里。如果他能迅速完整地回答这个问题，会大大增加他进入普林斯顿大学的概率。

优秀的中美高中生，早就从学校的升学顾问和学长学姐处认识到了解学术领域最新趋势的重要性，像《纽约时报》周二科技版、专业杂志和探索频道（Discovery Channel），不但要经常关注，还要边学边做笔记。至于关注该领域的诺贝尔奖得主及其研究成果，更需要深入了解和仔细学习。

事实证明，行业专家的一句话、一个指点，就可能帮你进入心仪大学，找到一个正确的专业、一个正确的研究方向，甚至关系到你一生的成功。

如何与行业专家建立联系？可以向刚获得诺贝尔化学奖的大师请教吗？他们是顶级"大腕"、超级名人，会搭理一位普通的高中学生吗？

说一个真实的故事，虽与升学准备无关，但极具参考价值。

布莱恩·切斯基（Brian Chesky）是大名鼎鼎的短租平台"爱彼迎"（Airbnb）的联合创始人兼首席执行官，他曾经完成了一件让人无不佩服的事：他向巴菲特问了四个半小时的问题，非但没把巴菲特问烦，巴菲特还主动邀请他吃午餐，他一分钱都没花。

要知道，和巴菲特吃顿午餐是特别贵的事，2019年的价格已经超过了3000万元，也不会持续四个半小时之久。这个布莱恩有何能耐，能让巴菲特不但乐意回答他所有问题，还出面请他吃午餐？

布莱恩的成功诀窍，第一个就是"做足功课，准备话题"。布莱恩在见巴菲特前，已经对巴菲特的投资理念、投资成就了解得非常透彻，把所有介绍巴菲特生平的书籍通读了一遍，成了一个"巴菲特通"，所以他可以从巴菲特的童年、青少年聊到巴菲特在纽约哥伦比亚大学的事。有些事情，巴菲特可能都遗忘了，布莱恩却"如数家珍，一一道来"，这怎么不让巴菲特感到惊奇呢？

当布莱恩聊到爱彼迎的理念时，巴菲特禁不住赞叹一声，"真希望这是我自己的想法"。看到这儿，你是否理解了"惺惺相惜"这个成语的含义？

其实，巴菲特并不是布莱恩唯一拜访过的名人。布莱恩认为，请教行业中最权威的人是学习这一行业最直接最有效的方法。譬如，他会向苹果公司的乔纳森·伊夫学习设计理念，向迪士尼公司的鲍勃·伊格尔学习管理才能，向脸书创始人马克·扎克伯格学习对产品的追求。

当然，这些大咖不是那么容易见到的。爱彼迎在创业初期的时候也只是一家小公司，布莱恩和几位创始人四处敲门，也不是没有吃过闭门羹。但布莱恩等人会采用第二个诀窍——"不怕丢人，快速行动"。他们曾想请求创业孵化器（Y Combinator）的创始人格雷厄姆和他们谈谈，但是格雷厄姆很忙，他并没有那么多的时间给每一个创业者。那怎么办呢？他们就决定硬闯，一定要把导师堵在办公室里，一定要说上两句。他们总是第一个到，最后一个走，比别人更不怕丢脸，也比别人更加勤学好问。

你可能会说，这不是招人嫌吗？

其实，即便是厉害的人物，他们创业也是从毫无经验的普通人开始的。如果看到那些特别勇于探索、孜孜不倦想要寻求答案的人，他们有可能也会发自内心地去欣赏和帮助那些人。

布莱恩采用的第三个诀窍是"及时总结，立即实施"。布莱恩见完巴菲特之后，第一件事是给巴菲特写信表示感谢。为防止忘记见面时的谈话内容，抵达机场后，他立刻写了篇3600字的报告分享给团队成员，同时他马上把从巴菲特那里学来的智慧复制到了整个公司。比如说，他启动了"周日之夜"系列活动，带领员工总结一周学到的经验；通过邮件与全公司员工交流，让新雇员每周参加1小时的"提问和回答"（Q&A）会议等。这些都是他从巴菲特那儿学来的经验。

布莱恩的"求问"本事，最初是从乔布斯那里学来的。乔布斯年轻时，就特别喜欢直接打电话给某个领域最厉害的人请教问题，根本不在乎是否被拒绝。

看到这里，你应该明了如何与感兴趣的领域专家和心仪大学的专业教授建立联系了。

刚开始时，你可以运用布莱恩的三大诀窍：

"做足功课，准备话题"：了解和熟悉自己喜欢的学术领域的最新趋势，把该领域专家和心仪大学的专业教授的成就、著作、公开演讲等细细研读，并准备问"有意思"的问题。

"不怕丢人，快速行动"：向这些专家和教授发邮件请教，2—3周仍没有获得回复，可适当再发一次，但切记提的问题要"有意思，有质量"。

"及时总结，立即实施"：如收到邮件，要及时回邮件表示感谢，并立即总结邮件中能提升自己的新思维、新观点，与专家和教授进一步互动，也可以与其他同学交流和分享。

可能有些同学认为，布莱恩是在创业期间找导师，我们一个高中生，要认识行业名人、专家，似乎是天方夜谭。其实，根据大部分美国高中学生的经验，做到这一点

并非想象中那么难。

想要联系一位行业专家，进而聘请专家成为你的导师，以下是一些可行又有效的方法。

——搞清楚自己的兴趣爱好和偏好的学术领域（可参阅本书第一章第二节"初中发现兴趣领域，高中选好大学专业"）。如果你还没选定将来的大学专业，现在就静下心来，和父母、亲戚、同学好好交流，请他们帮你寻找出你喜欢和擅长的专业。

——通过搜寻，找到这一专业的专家名单，包括你计划申请的几所心仪大学的专业教授（一般都是顶级专家学者）。看看他们有哪些研究成果，发表过哪些学术论文，哪些成果和论文的研究方向是你在大学里最想学习的。

——从你最想请教的专家学者中间（最好是你最想申请的大学的专业教授），找出他们的论文和著作，好好研读，写好读书笔记。

——写邮件向这些专家学者教授请教。这是联络专家学者非常关键的一步，是你留给专家教授的第一印象。你提出的问题一定要"有意思"（下面会详细叙述）。

——如果你获得回复（一般都是通过电子邮件），请务必迅速回复，除了表示感谢，还要继续深入话题。

——4年高中期间，你一定要联络到一位心仪专业的行业专家或大学教授，也可以是一位作家或学者，作为你的终身导师。你要向他们请教，争取参与他们的研究项目，这是参与科学研究实践的机会，非常有价值。

向专家学者发第一份邮件是关键一步，而提出一些"有意思，有质量"的问题又是获得回复的关键因素。下面是一些高中学生的成功经验。

——对专家学者教授的书中或论文中谈得不够具体、不够明确的地方，或你不理解的地方，向他们请教。

——你的问题必须具体化，能够简单回答。切忌问一些空洞的、难以简要作答的问题（譬如：如何学好这门学科？你有什么学习秘诀？）。

——如果你没有从论文和著作中发现要请教的问题，也可以从其他方面入手找话题。例如，我已经读了您的著作××××，请问您还有什么其他作品我可以拜读的？最近《纽约时报》周二科技版介绍了行业中的一个新观点，请问该观点会带来哪些行业发展新趋势？

——绝对不可第一次联络教授，就开口要求帮你写推荐信。

第九章
锦囊九：寻找贵人相助
——发展学术偏好，获得行业专家指导

一位美国作家的一本书，虽然不是学术性书籍，却可能对你目前和今后与专家名人打交道大有帮助。

蒂姆·费里斯（Tim Ferriss）在40岁那年遭遇了中年危机。某天，他突然想："如果我拥有一个导师团队来帮助我，那会怎么样？"

于是费里斯向300多位各行各业最杰出的人士发信请教，信中提了11个问题。

本来费里斯没有抱什么希望，他认为大部分人不会回复，即便回复，可能也是出于礼貌简单回复一下。结果大大出乎他的意料，有近一半的杰出人士详细回复了他的问题。费里斯把他们的回答加上对名人的采访汇编成书，取名为《巨人的方法》(*Tribe of Mentors*)。该书2017年11月出版后，立即跃居《纽约时报》的畅销书榜首，可见名人的经验是许多人非常想学习的。

你可能会好奇：费里斯到底问了什么问题，让信件回复率如此之高？

下面是费里斯向杰出人士问的11个问题：

1. 你最常当作礼物送给他人的3本书是什么？
2. 最近有哪个100美元以内的产品带给你惊喜感？
3. 有没有某次你发自内心喜欢甚至感恩的"失败"？
4. 你长久以来坚持的人生准则是什么？
5. 你做过的最有价值的投资是什么（可以是金钱、时间、精力等的投资）？
6. 你有没有什么离经叛道的习惯？
7. 有没有某个信念、行为或习惯真正改善了你的生活？
8. 你会给刚刚毕业的大学生什么建议？你希望他们忽略什么建议？
9. 在你的专业领域里，你都听到过哪些糟糕的建议？
10. 你如何拒绝不想浪费精力和时间的人和事？
11. 你用什么方法重拾专注力？

细细分析费里斯的11个问题，还真有玄机。一是最开头的问题，不能是高大上的、需要反复思考的问题。如果以第4个问题开场，可能会吓跑一大批人。二是"你最常当作礼物送给他人的3本书"比"你最喜欢的3本书"要容易回答。三是"有价值的投资"可以涵盖金钱、时间、精力，这给人较大的思考空间。

细心的读者可能发觉，问题3、6和7，与申请大学通用表中的几个命题作文非常相近。笔者对问题9非常赞赏，如果将"在你的专业领域里，你都听过哪些糟糕的建议和有用的建议"作为你向某一领域专家提出的问题，一定会获得那位专家的欣赏和好感。因为这个问题不但"有意思，有质量"，还"有深度"，会促使专家回顾一下自己的学术研究历程。

这11个问题，是费里斯精心挑选、反复打磨后的问题清单。你可以细细体会，当

下或今后向行业大咖请教时，挑选几个作为你的提问。

《巨人的方法》中有一个金句，值得与你分享：

"在你和你想要的东西之间，通常只是差了一系列更好的问题。"（Often, all that stands between you and what you want is a better set of questions.）

下面是几位中美优秀高中学生联络专家学者的真实案例。

——华裔周同学喜欢历史和政治。高中暑假期间，他通过自荐与加州大学圣地亚哥分校教授合作，帮助后者编写希腊历史相关书籍。周同学认为，历史能以古鉴今，对美国各级选举都有指导作用。他还帮助道格·阿普尔盖特上校（Colonel Doug Applegate）参与国会众议员选举，并筹建明日选民俱乐部（Voters of Tomorrow Club）。他依据掌握的历史知识总结选举规律，为候选人提供建设性意见，例如政党轮替时民众看重的因素等。周同学在大学申请自述中介绍了这段经历，引起招生官员的重视。2018年4月，他收到哈佛大学、斯坦福大学、宾州大学等6所常春藤大学录取通知。

——一位美国高中生收集第四任美国总统詹姆斯·麦迪逊（James Madison）的所有文章，写了有关论文发给了自己心仪大学的美国历史教授。后来这位教授为该学生写了推荐信，学生也被自己心仪大学的历史专业录取。

——一位美国高中生利用空余时间钻研自己心仪大学某教授的新书，发觉需要更多的数据为新书提供旁证，他就利用图书馆和网络收集有关数据寄给该教授，为该教授编写第二版新书提供素材。你可以猜到，这位教授一定会极力推荐这位学生进这所顶尖名校。

——黄同学来自台湾，他利用麻省理工学院的网络免费公开课（MIT Open Course Ware）学习MIT名教授——2005年诺贝尔化学奖获得者理查德·施罗克（Richard Schrock）的课程，在面试时对施罗克教授的课谈出很有见地的体会。黄同学虽然没有直接和施罗克教授联络，但因为他对该教授的理论有深刻的领悟，面试官员对此印象深刻，并把这一情况写进面试报告。黄同学后来顺利被MIT录取。黄同学也是台湾奥林匹克化学银奖获得者，从麻省理工学院毕业后，又成功进入普林斯顿大学攻读化学博士学位。

——一位华人女学生对纳米技术特别有兴趣。笔者建议她在阅读一些纳米专家的专著基础上，向这些专家提一些"有意思，有质量"的问题或谈谈自己的感想。结果这些专家全回了邮件，有几位甚至邀请她去访问这些专家任教的大学。笔者更建议她把所有通信的内容汇编成册（当然要获得这些专家的许可），分送给这些专家。她后来被好几所常春藤名校录取。

——一位在芝加哥的华人学生，参加了伊利诺伊大学香槟分校（UIUC）的8周在线课程"可持续发展介绍"（Introduction to Sustainability），教授是乔纳森·汤姆金博士（Dr. Jonathan Tomkin）。他是伊利诺伊大学地球、社会和环境学院的副院长，也是地质学系的研究副教授。这门课不给学分，但学生完成后可获得课程证书，可以在大学通用申请表中注明。这位学生不在乎是否有学分，通过学习和与汤姆金教授交流，他获得了比其他学生更多更全面的知识体验。教授为他写了推荐信，后来他被芝加哥大学录取为地球物理学专业学生。

——在纽约上高中的谭同学喜爱英文写作。她选了艾奥瓦大学青年作家工作室（Iowa Young Writers' Studio）的网络课程，这个工作室共开设3门课程——创意写作、小说写作和诗歌写作（creative writing, fiction writing and poetry writing），所有课程由艾奥瓦大学作家工作室的毕业生讲授。在线课程需要每周约3个小时的参与，包括写作业、阅读指定材料、创作作品、评判同学作品以及参与在线讨论。这个课程聘请美国当代著名作家授课，使学员有机会接触到美国一流作家并受到他们的直接指点，对学生的创意写作帮助极大。谭同学在上课期间，创作了两篇短篇小说，受到同学们和指导作家赞赏，后被哥伦比亚大学英语专业录取。

——一位喜欢植物学的高中生，暑期参加了康奈尔大学的纽约州北部贝尔克里克幼年仙女树树轮田野调查（Younger Dryas Tree-Ring Field Research at Bell Creek in Upstate New York）。这个项目包括现场实地考察、树木年轮分析和教授们的古气候学讲座，还给考试及格的学生授予康奈尔大学的本科学分。这位学生在实地考察中有非常大的收获，还与带队教授建立了良好的互动关系，后来顺利进了康奈尔大学。

——许同学曾就读于纽约唐人街附近的Seward Park高中，他从校史馆中看到有一位杰出校友朱利斯·阿克塞尔罗德（Julius Axelrod）曾于1970年获得诺贝尔生物化学奖。得知这位校友从小就居住在学校附近（当时是东欧犹太人的集中居住地），许同学便提笔给这位校友写信，告诉他学校最近10年的变化和学校附近社区的发展，并向他询问当代生物化学的最新发展趋势。阿克塞尔罗德很快回信，两人相谈甚欢。许同学申请大学时，阿克塞尔罗德为他写了推荐信。你可以想象诺贝尔获奖者的推荐信的分量。后来许同学被多数名校录取，他最后选定去麻省理工学院深造。

——一位美国高中生谈到自己获得到心仪教授的实验室实习的机会、再进一步和教授建立密切联系的过程。他说："我是一名高中生，在一些非常有名的实验室实习过。我几乎从来没有被拒绝过，因为大多数实验室并不介意一个有天赋的高中生来研究一些有用的东西。"给你的目标教授发一封写得非常好的电子邮件，在邮件中表现出你有很强的理解力，对这个研究主题非常了解，并展示你思考这个主题的能力，也就是你的想法，你很有可能会成功。但如果你不尝试，你就不会有机会。

和心仪大学心仪专业的教授建立联系有多种方法，学习教授的网课、参与实习考察、在教授指导下做研究是常见的3种形式。

如果没有条件通过以上3种学术活动和教授建立联系，那么访问心仪大学是和教授见面的大好机会。你可以直接发电子邮件与教授预约时间（教授一般都会同意）；也可请招生办公室帮忙转发邮件给教授（顺便使招生办公室了解你的心仪专业）；或通过联络有关大学下属的分院或专业分部，商定见面时间。一旦安排妥当，勿忘给大学招生官员发邮件通报这个安排，也争取和招生官员见面沟通。

当然，在安排访校与面见教授之前，一定要向前面提到的布莱恩·切斯基学习，先把教授的专长、著作认真仔细地通读两遍，然后通过邮件简单介绍自己对该专业的喜爱，表达想学习教授课程的热切愿望。

与心仪大学心仪专业教授见面时，可以询问以下问题。

1. 每个年级大约有多少学生选这个专业？
2. 这个专业对本科生而言，有哪些研究机会（undergraduate research opportunities）？
3. 我非常想读这个专业，有什么准备工作的建议？哪些书需要阅读？哪些课程需要预修？有无实习要求？

与授课教授建立联系或直接见面，为你今后进大学创造条件，也为自己确定专业增强信心。大多数同学都没有意识到和心仪大学心仪专业的教授见面的重要性。如果你做到了，在申请大学时，肯定比其他同学更有优势。千万记得，访问学校结束后，要写信感谢教授和招生官员抽时间接待你。

2018年，美国出版了一本名为《第三道门》（*The Third Door*）的新书，它的副标题很长：99%的人不知道的进化捷径（*The Wild Quest to Uncover How the World's Most Successful People Launched Their Careers*）。作者是南加利福尼亚大学一位大一的学生亚历克斯·班纳言（Alex Banayan）。新书一出版，立即引起轰动。

亚历克斯·班纳言一直想采访各行业的成功人士，探索他们在事业起步阶段是如何为实现梦想另辟蹊径、突破自我的。许多名人挖到第一桶金的故事已经家喻户晓，但班纳想了解他们是如何获得第一枚金币及名人的第一步具体是如何迈出的，这应该是这些名人真正成功的秘密。这样的秘密才更有学习借鉴意义。

在与比尔·盖茨（Bill Gates）、沃伦·巴菲特（Warren Buffett）、玛雅·安吉洛（Maya Angelou，美国诗人、作家、民权活动家）、史蒂夫·沃兹尼亚克（Steve Wozniak，美国企业家，乔布斯合作者）、简·古多尔（Jane Goodall，英国灵长类动物学家和人类学家）、拉里·金（Larry King，美国电视主持人）、杰西卡·阿尔巴（Jessica Alba，美国女演员和女企业家）、皮特布尔（Pitbull，歌手、词曲作家）、蒂姆·费里斯（Tim Ferriss，美国作家、企业家）、昆西·琼斯（Quincy Jones，美国作曲家，电影和电视制作人）、Lady Gaga（美国歌手、词曲作家、演员）等人进行了精彩的一对一采访后，班纳言发现他们有一个共同点——都选择了"第三道门"。

成功路径和进入一家俱乐部是一样的，有三道门。

第一道门——正门，99%的人都选择在这里排队，等待进入。

第二道门——贵宾入口，亿万富翁、社会名流从这里悄悄地进入。

然而，事实上很少有人知道还有第三道门。要进入这道门，你必须摆脱既定路线，沿着小巷一路探索，一遍又一遍地敲门询问，甚至要砸碎玻璃，从厨房溜进去……总之，走这道门就要另辟蹊径。

无论是比尔·盖茨销售出第一款软件时，还是史蒂文·斯皮尔伯格成为好莱坞成功的电影导演时，他们走的全都是第三道门。

亚历克斯·班纳言的人物采访报道固然精彩，但人们却对他如何筹集资金、如何获得名人大腕的采访机会更感兴趣。亚历克斯·班纳言来自伊朗难民家庭，家境清贫。当他萌发采访名人念头时，他必须解决3个面临的问题：

1. 如何筹集一笔采访经费？
2. 如何获得采访名人大腕的机会？
3. 如何把采访写成一本畅销书？

班纳言估算至少需要1万美元的采访资金，这里如何筹集呢？家里没有多余的钱；勤工俭学，需要好几年时间；买彩票，概率太低。他发现只有一个办法可以快速筹钱：参加一个叫《价格猜猜猜》的电视竞赛节目。猜到某一商品的价格，这件商品就属于参赛冠军。

但是这个节目的报名参赛者超过千人，被导演相中通过面试的只有10个人。许多报名者认为必须显示自己"实力强"，方可被选中。但班纳言的高明之处在于换位思考，他从导演的角度，认识到这是一场"秀"，收视率才是导演关注的重点。所有参赛人必须是话题性特别强、能够吸引眼球的选手。

班纳言意识到了许多人没有发现的规则：导演不会选最会答题的选手，而是选最有表现力的选手。那么海选阶段他们一定会挑选存在感最强的人。班纳言查阅所有评委的资料，了解他们喜欢什么音乐、平时喜欢什么穿着、近期讨论什么话题等。在面试时，他投其所好，成功通过面试成为正式选手，从1‰变成10%。

在准备参赛期间，一般选手习惯上网查资料、背商品价格，或与热心亲友分析猜题技巧。而班纳言独辟蹊径，整天泡在节目后台与其他选手打成一片。他从每个选手嘴里套出一些答题技巧，加以分析，形成自己的答题策略。

班纳言的努力没有白费。大学1年级期末考试的前一天，他在美国知名电视节目《价格猜猜猜》中获胜，赢得了一艘帆船。后来他将帆船卖掉，获得1.6万美元，成功筹集

到采访经费。

班纳言的过人之处在于能发现常人忽视的规则，把一个机会渺茫的小概率事件变成大概率事件。

接下来他需要与名人约定采访时间。发邮件、拨电话给经纪人、软磨硬泡，这些手段很难奏效，因为你在名人经纪人那边没有一点公信力。班纳言意识到必须尽快建立个人信用。他的第一个采访对象是大名鼎鼎的比尔·盖茨，但他从未与比尔·盖茨交往过，于是他先搜寻比尔·盖茨周围信得过的人中，有无自己认识的。如果有，就先争取获得这位朋友的信任并请他引见；如果没有，则再扩大一圈，看看比尔·盖茨的社交圈里，有无自己认识的。在这个思路下，他锁定了一位著名作家蒂姆·费里斯（前面提及的《巨人的方法》的作者）。

费里斯在他一本书的最后一页说，会将版税的十分之一捐给一个公益网站，而班纳言正好有一位好朋友在那个公益网站工作。于是班纳言就找到那位朋友，那位朋友介绍班纳言见了网站的负责人，负责人介绍班纳言见了费里斯。费里斯本身的经历也很传奇，班纳言便对费里斯进行了一对一采访。最后，费里斯把班纳言介绍给了比尔·盖茨，班纳言顺利获得采访比尔·盖茨的机会。

至于如何把采访内容写成一本畅销书呢？

《第三道门》的内容全部是介绍名人如何成功迈出第一步，如何摆脱常规的思维方式，走别人没有走过的路。但读者们发现，班纳言筹集经费、联络到名人的经过，本身就是一个个迷人的故事。许多著名企业家认为，班纳言的书就是一部快速打开陌生局面的行为策略参考书。

《第三道门》出版后大获成功。班纳言也被选入《福布斯》"30位30岁以下商业领袖"榜单，成为《商业内幕》"30岁以下有影响力的人"。

写书前的亚历克斯·班纳言其实和一般高中生相差无几，但他把"包装自己的故事"发挥到极致。他的成功经历值得中美高中学生思考。如果你有与专家学者建立联络的精彩故事，"包装"一下发表出来，甚至写进你的大学入学作文，一定会吸引招生办公室老师的关注。

本节小结

高中生在高中期间，要做到以下2点：

1. 了解和熟悉自己心仪专业领域的最新趋势。
2. 与该领域的专家和心仪大学的专业教授建立良好的互动联系，聘请其中一位成为你的导师。这是你的学术"贵人",可获得他的帮助。

为与该领域的专家和心仪大学的专业教授建立联系,学生要认真仔细研读专家和教授的著作,提出自己的感想和"有意思,有质量"的学术问题。

学习教授的网课、参与实习考察、在教授指导下做研究是常见的3种与教授建立互动关系的方法。

学生也可通过访问心仪大学,与心仪专业教授见面。与心仪大学心仪专业教授建立良好的互动关系,对学生的大学申请有极大帮助。

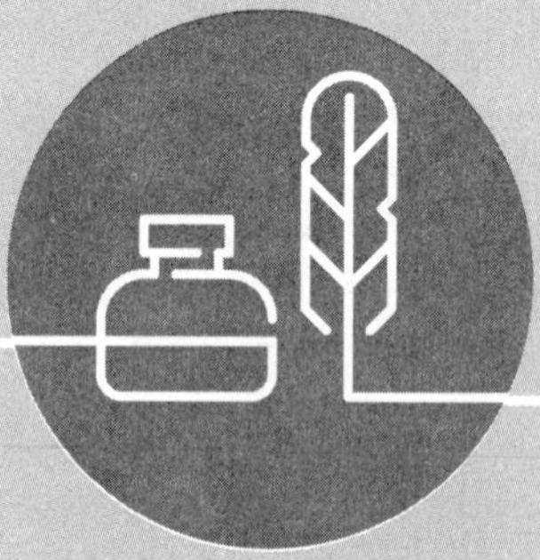

第十章

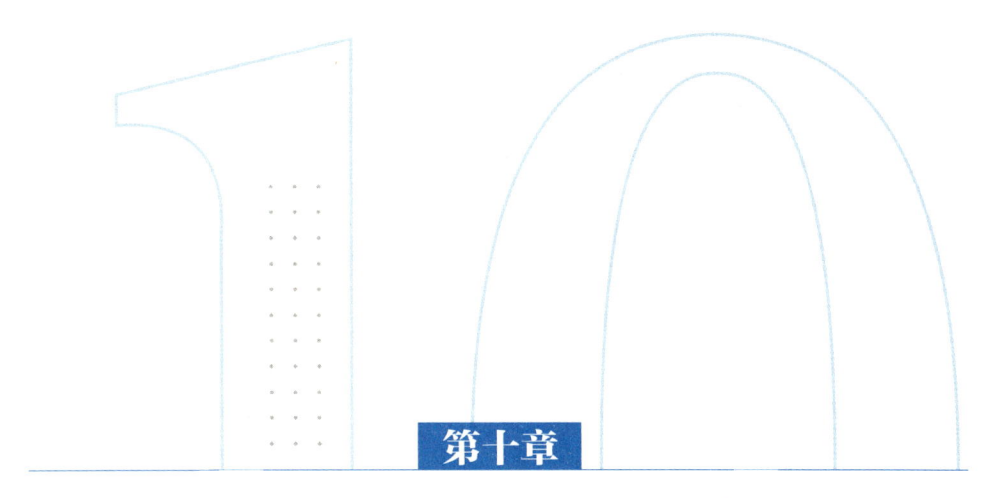

锦囊十：
申请得法得体
——强化个性，匹配专业要求

名校申请失利的原因是相似的——申请材料"千篇一律，亚裔模式"，成功的申请则各有各的道理——亲身经历"与众不同，特色鲜明"。

申请材料要做到"八位一体"，即高中选课、AP考试、学术竞赛、暑期进修、课外活动、社会义工、发表论文、寻找导师，8个方面涉及的内容必须与申请的专业高度一致。

联络心仪大学地区招生代表（regional admissions representative），并争取与招生代表见面交流，会增加你的录取机会。

达特茅斯学院前招生办主任贝姬·赛波吉（Becky Sabky）在她2021年的新书《毕业典礼致辞：学生面临申请大门》（*Valedictorians at the Gate*）中说："申请过程给那些抓住每一个机会的学生带来了好处。在一个被录取学生如此之少的过程中，任何细节都变得很重要。曾有学生申请大学时使用邮箱名称不雅，导致他与常春藤名校失之交臂。"

收到拒绝信后仍有"翻盘"机会。在"等待名单"中力争转正机会，关键是提供的材料要有说服力，陈述方式"有理、有礼、有利"。

第一节
申请材料摆脱"刻板亚裔印象"，提高与心仪专业的匹配度

常春藤名校和其他顶尖名校对华人学生有"刻板印象"（Stereotype），这种成见短期不会改变。

2018年秋季，哈佛大学被指控歧视美国亚裔申请者。当年8月，原告学生公平录取组织在向法庭提交的文件中说，在哈佛招生官员口中，"亚裔申请学生被描述为聪明、勤奋但没趣，彼此没区别。"原告律师还援引美国教育部民权办公室1990年的一份报告并指出，哈佛大学招生官员对亚裔申请学生存在刻板的种族成见，"相当频繁地"把亚裔申请学生描述成害羞、勤奋、科学和数学成绩突出的"一类学生"。如他们这样评论一名亚裔申请学生："他很安静。当然啦，想当一名医生。"原告方指责说，教育部报告警示哈佛招生中的种族成见迄今已20多年，哈佛大学却一直忽略种族因素对申请学生个人评分的影响。

原告律师提供的哈佛大学录取数据显示，美国白人、亚裔、非裔和拉丁裔学生中，有的亚裔申请学生学术成绩得分最高，但由于个人素质综合评分最低，虽然SAT成绩比白人学生多140分，比非裔学生多240分，还是被哈佛大学拒之门外。

哈佛大学否认这些指控。

哈佛大学招生办公室主任威廉·菲茨西蒙斯说，这不是因为亚裔缺乏比白人更具吸引力的个人品质，得分较低可能与学校教师和升学顾问写的推荐信有关。他说，和白人申请学生相比，亚裔申请学生提供的高中教师与升学顾问的推荐信较弱，而白人申请学生的推荐信"稍微强一些"。但亚裔申请学生的推荐信是否比非裔或拉丁裔学生更弱？他表示自己不清楚。

威廉·菲茨西蒙斯的这个回答引起我们深思，为什么学校老师和升学顾问对亚裔学生的推荐力度较弱？在美国高中学校老师和学校升学顾问眼里，亚裔学生究竟是什么表现？

美国名校眼中的亚裔学生，一般指华裔和韩裔学生，主要是华裔学生。

前几年，曾有人控告普林斯顿大学歧视亚裔学生。美国普林斯顿大学招生官员回复说："招生中很难分清亚裔申请人，因为他们的背景资料极其相似。""亚裔学生有着非常相近的个人简介，很难筛选合格的申请人。""每个人都参加过管弦乐团，或者会弹钢琴，每个人都会打网球，都希望成为金融家或医生，'入学作文'都写关于移民到

美国的事。""他们在其他方面欠缺独特性、能力或潜力。"一句话总结就是，亚裔学生的申请材料像从一个模子、一条流水线出来的产品，千篇一律。

笔者与哈佛大学、普林斯顿大学和其他常春藤名校的招生办公室都有过私下交流和沟通，发现他们确实对亚裔学生有"固有印象"，认为亚裔学生表现"千篇一律"，具体表现为：

1. 投入过多精力准备标准化考试，所以托福、SAT考试成绩优异，其中数学特别好。

2. 英语写作能力差。作文中习惯复述别人的观点，不会写自己的故事、不会表达自己的观点。

3. 上课时很少发言。即使发言也是总结他人观点，不善于批评、分析和提出自己的观点。

4. 课后与同胞一起活动，在校园、宿舍都讲中文。一起在厨房吃番茄炒蛋，饭后一起看《甄嬛传》。

5. 课外活动不是自己真正的爱好，许多学生是奉父母之命去学钢琴或小提琴。

6. 在社会义工方面，为做义工而义工，缺乏真正改变社区、社会的热情，跟风去医院、老人院、支教、去非洲挖井。

7. 专业选择上，80%想读金融，想进军华尔街，或将来读法律、医学，以赚大钱为目标。

8. 缺乏创造激情，缺乏独立见解，缺乏团队合作意识，缺乏批判性思维，缺乏领导力，缺乏冒险精神。

9. 勤奋而沉闷无趣（industrious but dull，哈佛大学招生官员2018年10月在波士顿法庭辩护时对亚裔学生的评价）。

千万不要以为只有学校招生官员有"刻板亚裔印象"，不少美国大学的教授对中国学生也有类似看法。哥伦比亚大学教育学院教授林晓东2014年在一篇文章中说："前不久，我请35位美国大学教授回答了两个问题。这些教授执教于美国各地不同类型的大学，所教授的课程涉及科学、人文、商科和工程等，他们的回答可以比较全面地代表美国教授的普遍看法。第一个问题，在你们的课堂上，中国学生经常遇到哪些困难？第二个问题，你会建议中国学生提高自己的哪些技能，从而让他们在学术上获得成功？归纳这些教授的答案，有3种需要提高的技能是所有教授都提到的。第一，良好的写作能力；第二，提出问题并批判地思考问题的能力；第三，良好的表达和沟通能力，特别是跟教授和同学。"虽然谈的是大学学生的学习问题，但对高中学生具有现实指导意义。

美国大学的教授们提到的3种能力，提醒中国学生在高中期间需要加强这些能力的训练。特别是缺乏"提出问题并批判地思考问题的能力"，这方面中国名校招生官员也有类似感受。

2016年8月15日,《中国青年报》刊登了北京大学考试研究院院长秦春华博士的一篇文章。文章中讲述了秦院长去上海面试的亲身经历:

> 学生们做了充足的准备,一个个光鲜亮丽,就像他们提供的申请材料一样。无一例外,每个学生都学习成绩优异——至少位于年级前5%,艺术特长突出——至少会一种乐器,获得过各级科技创新奖励——至少是市级二等奖,热心公益事业——至少去敬老院给老人洗过一次脚……
>
> 在慨叹上海学生综合素质高的同时,我也隐隐有一丝遗憾:
>
> 他们看上去太完美了,似乎看不出有任何缺点;他们看起来也太像了,就像是一个模具打造出来的一组家具一样。
>
> 包括他们在面试中的表现也很相像。一个个正襟危坐,面带微笑而不露齿;说话时吐字清晰,抑扬顿挫,仿佛在深情地朗诵一首诗。一个学生上来就说"子曰……"。我打断他,问他叫什么名字,他告诉我之后,接着说"子曰",我再次打断他,告诉他我不关心子怎么曰,我关心的是你想说什么。他却涨红了脸,一句话也说不上来。
>
> 还有一个学生自信满满地坐在我面前,等着我问各种可能的问题,仿佛一切尽在掌握之中。我说:"我没有什么问题问你,你有什么问题要问我吗?"她完全没有料到我会提出这种问题,顿时惊慌失措,张口结舌,几乎要哭了出来。
>
> 显然,所有的学生在来之前都经过了某种程度的面试培训,至少看过一点如何应对面试的"宝典"。但可能没有人告诉他们,我并不感兴趣他们表现出来的是谁,我感兴趣的是真实的他们是谁。
>
> 最令我吃惊的是,当我问他们,你希望自己未来成为什么样的人时,很少有人能答上来。学生们告诉我,他们压根儿就没有想过这个问题。

是不是和美国名校招生官员和美国大学教授们的评论有点类似?

所以先别急于指责美国名校"有偏见",冷静思考一下,他们讲的是否有值得我们深思的地方?华裔学生是否"普遍"具有以上表现?如果有,或者部分有,都值得我们好好思考如何改变这种状况。

首先是我们华裔家长要反思,是否经常对孩子灌输"听老师的话",而没有鼓励引导孩子在课堂上积极提问、积极发言,谈自己的观点、想法?

我们华裔学生在高中学习期间太安静,还有一个重要原因是英语的口头表达和写作能力差。那我们是否需要在英语的写作、口头表达能力方面下功夫?

我们华裔学生遇到学习难点,是否需要及时和同学、老师多交流?有一位哥伦比

亚大学中国留学生，从来不跟教授们交流，后来在林晓东教授建议下，跟一位曾经获得过诺贝尔奖的教授进行了 30 分钟的谈话。这位教授非常耐心地听他谈了自己的研究计划，并给予了深入的指导。教授甚至拿出自己尚未发表的一篇相关文章给学生，请他阅读并指出文章里存在哪些问题。这次谈话，彻底改变了这位留学生的学习态度，此后，他的成绩一路上升。

我们华裔学生在课外活动和社会义工中，是否需要改变"一窝蜂"现象，而真正从自己的专长和热情出发，为社区作出贡献？譬如，利用专长在社区为其他族裔学生开办免费数学辅导班或者免费二胡培训班。

我们华裔学生是否要积极培养多元文化环境中的社交能力，和其他族裔学生多交流，而不是整天和中国学生在一起，讲中国话，吃中国菜？譬如，多举办一些派对，请其他族裔学生来一起包饺子，过中国年，同时积极参加其他族裔学生组织的活动。

我们华裔学生是否应该在选专业时，多争取与学校升学顾问沟通，而不是只专注金融、会计等少数自认为就业广赚钱多的专业，而是确实从自己的兴趣爱好出发，申请英语、历史、外交、哲学等文科专业？

再回味哈佛大学招生办主任在法庭上的辩白，我们华裔学生是否需要平时和课程老师、升学辅导员增加接触和了解，以便在将来写推荐信时获得有具体事例的生动的推荐信？

越来越多的常春藤名校和其他顶尖名校发表声明，支持哈佛大学的招生政策。2019 年 10 月 1 日，波士顿联邦地区法院宣判，哈佛大学在招生中未有意歧视亚裔申请者。虽然哈佛大学的招生程序"并不完美"，但符合宪法规定。对于此次判决结果，美国亚裔教育联盟发表声明谴责该裁决，但常春藤名校认同裁决，支持多元化的学生构成。据《波士顿环球报》报道，布朗大学发言人克拉克认为，法官的决定重申了多元化的学生构成对学生群体带来的教育益处。

一些常春藤名校的招生官员私下对笔者说，亚裔在美国人口中占 6%，但其亚裔录取率基本在 23%—25%，已经很不错了。国家与地区学生招生时遵循一定录取比例，是常春藤名校久坚持的招生政策。

我们不要指望联邦法庭为亚裔"伸张正义"，也不要指望常春藤名校和其他顶尖名校一下子改变观念。我们的当务之急，是需要我们每一位有志申请常春藤名校和其他顶尖名校的华裔学生，在申请材料中树立具体鲜明的个人形象，思考如何摆脱名校招生官员对自己的"刻板亚裔印象"，为你的个人综合素质评分加分。

俄罗斯伟大作家托尔斯泰在其《安娜·卡列尼娜》开头写道："幸福的家庭全是相似的，不幸的家庭各有各的不幸。"这里套用托翁名句反用之：名校申请失利的原因是相似的——申请材料"千篇一律，亚裔模式"，成功的申请则各有各的理由——故事"与众不同，特色鲜明"。

在本书第七章第一节中，曾提到哈佛大学在审阅申请者的材料时，会关注学生的意向专业。名校招生办公室想了解学生为什么要申请这个专业、对这个专业了解多少、是否适合这个专业。

譬如，一位申请者是全州辩论冠军，获得过中学生英语写作大奖赛金奖，却要申请哈佛大学的生物专业。而其高中生物成绩一般，也没有生物竞赛成绩，这显然是申请者的意向专业有问题（当然，这是极端的例子）。

名校关注申请者的意向专业，就是提醒所有申请者：你提供的所有申请材料，就是要说服学校你就是与学校某个专业招生要求最匹配的学生。

提高与所申请专业的匹配度，是被大学招生官员看中的一个非常关键的因素，学校与学生要"门当户对"。学校提供专业，学生符合专业招生要求。学校与学生的匹配度越高，录取成功率越高。

细化一下，这其实包含两个问题。

问题一：申请者能否充分利用我校资源？是否真正了解我校及所申专业？

——我们学校有自己的历史传统（建校历史、校训、诺贝尔奖获得者、著名校友）、办校宗旨、培养目标。我们能提供卓越的教学资源（师资队伍、有名专业）和学业环境（著名图书馆、实验室、健身房），申请者是否了解？

——我们学校现有的学生团体信息、著名体育运动队、课外活动组织、社交氛围，申请者了解吗？

——所申请专业的特定条件与要求（如高中相应的课程要求、特定的竞赛或实习、SAT或ACT考试的录取分数等），申请者对此了解吗？

——我们学校提供每个专业的完整教学大纲、学习要求，申请者对此了解吗？

问题二：申请者能为我们学校贡献什么（谁能为我们学校作出最多的贡献）？

——申请者能胜任我们学校的学习任务吗？

高中成绩是否越来越好？高中选过多少AP课程？能完成小组研讨（Study Group）、小组工作计划（Group Projects）、独立研究（Independent Research）和实地作业（Field Work）吗？

——申请者有我们学校需要的学术专长、体育专长、音乐美术专长吗？

——申请者的这些专长能在我们校园里继续发挥，为校园带来新的体验并带动其他师生一起参与吗？

——申请者有团队精神吗？他（她）能与同学、教授、室友们友好相处吗？

> ——申请者的七大个人背景（种族、性别、国籍、地区、家庭收入、是否校友子女、是否家中第一个高中毕业生）能为未来的师生交流、同学交流带来积极影响吗？学校希望招的学生不仅仅在课堂上学习，还能在与寝室室友的互动中，以及在饭厅、教室、研究小组、课外活动与他人的互动中相互学习，获得丰富的经验。
>
> ——申请者有家族企业，可为其他同学提供实习或就业机会吗？或该学生家庭是否有捐款可能性？
>
> ——申请者家庭能否支付学费和住宿杂费？这个问题学校会内部掌握，除非你特别优异、值得培养，学校愿意提供奖学金。一般两位申请者材料接近，家境较好的学生有明显优势。

大学提供的专业，就是未来社会的需求。申请者是否符合大学专业的学习要求？是否能达成这个专业的培养目标？这是大学招生办公室最需要考虑的问题。你的所有申请材料（竞赛成绩、高中成绩、SAT或ACT成绩、入学作文、推荐信、面试）如果能体现出你是这所大学、这个专业的理想候选人，你的申请就成功了。

一位康奈尔大学的申请者将他在钢铁厂的暑期工作经历与美国的收入不平等联系起来进行分析比较，后来他被康奈尔大学的工业和劳工关系学院录取。

一位高中生，自学俄语并达到很高水平，他顺利被哥伦比亚大学俄国文学专业录取。

一位学生自小喜欢化学，在自己家的地下室搞了个简易化学实验室，还读完许多著名化学家的传记。她顺利被普林斯顿大学化学专业录取。

笔者多次被中国家长和美国新移民家庭问及：什么才是名校最看重的？

答案是：申请材料摆脱"刻板亚裔印象"，显示个人鲜明的个性；申请心仪专业，提高匹配度。体现这两点，名校有望矣。

本节小结

名校申请失利的原因是相似的——申请材料"千篇一律，亚裔模式"，成功的申请各有各的道理——故事"与众不同，特色鲜明"。

申请材料摆脱"刻板亚裔印象"，强化鲜明个性；申请心仪专业，提高匹配度，这是申请美国名校成功的两大要点。

申请材料要做到"八位一体"，即高中选课、AP考试、学术竞赛、暑期进修、课外活动、社会义工、发表论文、寻找导师，八方面涉及的内容必须与申请的专业高度一致。

第二节

托福成绩超过 100 分、SAT 成绩超过 1,500 分并不困难

托福成绩超过 100 分、SAT 成绩超过 1,500 分是美国排名前 30 的大学对本科申请者标准化考试的成绩要求。

如果不考托福，雅思成绩要达到 7.5 分；不考 SAT，则 ACT 成绩要达到 33 分或以上。

申请研究生，则 GRE 需要达到 330 分，GMAT 需要达到 750 分。

托福过 100 分，词汇量要求是 8,000—10,000 个。SAT 过 1,500 分，词汇量要求是 12,000 个以上。而 GRE 或 GMAT 的成绩若想过关，词汇量需要超过 18,000 个。

本书第五章第二节，笔者建议学生从初二暑假开始，每年按 350 天计算，每天只要读完 15 页英美名著，背 15 个英语单词，4 年过后，便可掌握英语单词 20,000 个，达成这个为其带来巨大人生红利的目标。

2020 年春季开始的全球性新冠肺炎疫情使许多标准化考试减少了考场，或改为线上考试。美国有接近一半的大学将 SAT 和 ACT 考试作为"选择性考试"（Test-Optional），申请学生可以选择递交或不递交这两种考试成绩。但 2020 年和 2021 年秋季新生录取结果表明，递交过这两种考试成绩的学生（当然成绩是优秀的），录取比例明显高于未递交考试成绩的学生。所以升学顾问们强烈建议学生还是创造条件参加这两门考试（多年全美排名第一的普林斯顿大学坚持要求学生必须递交 SAT 或 ACT 成绩）。

许多家长和学生都问，如何满足名校对标准化考试的成绩要求？笔者在纽约《侨报》"名校申请袁老师专栏"里做过一些回答，现整理摘录如下。

问：托福和雅思，考哪一个比较容易得高分？

答：两个都是语言考试，通过听、读、讲、写四个环节考核。前几年一些美国大学还不接受雅思成绩，现在已经基本都接受了。但申请美国名校时还是建议以考托福为主，雅思则适合考英联邦国家的大学。一般而言，考雅思比考托福更容易获高分。建议两种考试都事先模考一下，再决定考哪一种。

问：SAT 和 ACT，哪一种更受美国名校欢迎？

答：以前美国东部地区的学生喜欢考 SAT，而中部和南部地区的学生，偏好考 ACT，现在 ACT 已经在全美普及了。一般英语阅读能力强的学生，喜欢考 SAT，而理科好的学生，则偏爱考 ACT。考生最好把 SAT 和 ACT 以前的考试真题都试做一下，哪种考试更觉得顺手就考哪种。现在这两种考试全美大学都普遍接受了，没有哪一种更受欢迎一说。

问：我是否需要在 SAT 和 ACT 中，加考写作测试？

答：强烈建议在考 SAT 或 ACT 时，加考写作测试。虽然不少学校表示不需要递交写作测试成绩，但还有不少排名靠前的学校仍要求递交写作测试成绩。即使学校不要求递交，如果你递交了写作测试成绩而且成绩不错，也肯定会为你的申请加分。

问：我的 SAT 成绩比我同学高出 50 分，我们的 GPA 非常接近。为什么同样申请公立大学，我反而落选了？

答：公立大学基本参阅学生的 GPA 和标准化考试成绩。如果这种情况发生，有以下几种可能。

1. 你的 SAT 英语阅读成绩可能明显低于你的同学。SAT 英语成绩比数学成绩重要。

2. 你的 SAT 数学成绩非常好，但你的高中数学成绩很差，这会引起招生官员的质疑。同样道理，SAT 英语阅读成绩好，但高中英语成绩不理想，也会使招生官员产生疑虑。

3. 如果两次 SAT 考试时间相差一个月，成绩却提高了 200 分，这也会引起招生官员的怀疑。一旦招生官员对成绩有怀疑，就比较麻烦了，强烈建议准备充分后再参加首次考试。

问：越来越多的大学不用交 SAT 或 ACT 成绩，我是否还需要考 SAT 或 ACT？

答：2018 年 6 月，芝加哥大学率先宣布取消 SAT 和 ACT 考试的强制性要求，但表示可以"选择性递交"，选择权在学生。不少大学也紧随其后。这些学校的理由是 SAT、ACT 考试成绩与家庭收入成正比，一般来讲家庭收入高的学生比收入低的学生考试成绩要好，但这是上补习班的结果。这些大学更看重学生在高中的成绩。如果你来自美国贫困地区的一个低收入家庭，不递交 SAT 或 ACT 成绩问题不大。但对中国大城市的学生而言，这不是一个好选择。特别是中国各学校评分标准不同，有些学校甚至随意提高学生的成绩（如果该学生想申请美国大学），部分美国高校对中国学生的 GPA 成绩持怀疑态度。相比而言，SAT 的成绩更有可信度。当我们不能用 GPA 证明自己的学术水平时，SAT、ACT 等标准化考试成绩就成为我们展现学术能力和发展潜能的最有力说明。

2020 年年初暴发的新冠肺炎疫情，使得不少大学不再强制要求学生递交 SAT 或 ACT 成绩。但 2020 年秋季和 2021 年秋季入学申请者的材料中，递交这两门成绩的学生，还是明显更有竞争力。在申请中，SAT 或 ACT 成绩依旧是重要敲门砖。中国学生还是应该尽可能参加 SAT 或 ACT 考试。

问：有残疾的学生考 SAT 或 ACT 时，有什么照顾吗？

答：根据《美国残障人保护法》（Americans with Disabilities Act），学生如果有医生及学校证明其有缺陷，包括阅读障碍、注意力缺陷多动障碍（ADHD）等，都可以申请延长考试时间。ACT 考试时间非常紧张，如果能获得更多时间就很有利，而且大学看不到学生使用考试时间的记录。

问：我想问一个老掉牙的问题，如何才能短时间内在标准化考试中取得好成绩？

答：美国标准化考试培训大师斯坦利·卡普兰（Stanley Kaplan）说过："重复导致熟悉。熟悉产生自信。自信孕育成功。"（Repetition breeds familiarity. Familiarity breeds confidence. Confidence breeds success.）笔者与许多进入常春藤名校和其他顶尖名校的中美优秀高中学生交流过，他们的经验就是找来每种考试以往 20 套考试真题认真做一次，真正搞懂每一道题的正确答案的道理，就可以考出好成绩，就这么简单。

问：全家移民到美国，我上美国高中的 11 年级，最大的苦恼是英语单词量少，有什么方法能快速增加我的英文单词量？

答：有一些进入常春藤名校和其他顶尖名校的学生，有与你类似的经历。他们曾经采用"集中精力大量训练法"，即找一本 SAT 词汇书，每天背 300 个单词。这类书一般都提供词根词源的解释，帮助记忆。你可以一边看书，一边在笔记本上不停地抄写这些单词。第二天先复习昨天的单词，再学习新单词，坚持 1 个月，你会惊奇地发现自己的单词量猛增。传说古人王献之写完 18 缸水，才成为书法大家。你如果能抄完 1 米高的练习本，你就能掌握 2 万个英语单词。

本节小结

标准化考试高分不是万能的，但没有标准化考试高分是万万不能的。

标准化考试高分的准备"秘诀"有两条：

1. 掌握英语单词 2 万个。
2. 做该项考试以往真题 20 套，搞懂每道题的正确答案的道理。

第三节
名校申请中的6个新动向

近几年美国常春藤名校和其他顶尖名校对新生的审核和录取，出现了一些新的动向。名校日益关注以下六个方面，这些值得我们华人家长和学生了解并在申请这些名校时加以留意。

动向1：2019年舞弊案影响很大，名校对捐款审核日趋严格。

2019年3月，美国联邦政府揭露了一起规模惊人的招生舞弊案，涉案金额超过了2500万美元，涉案的30多名家长大多是美国的名流富豪。招生舞弊案的核心人物是瑞克·辛格（Rick Singer），他主要采用两种手段。

一是帮助学生在SAT等考试中作弊，找枪手代考或买通考试中心暗中修改成绩。

二是贿赂高校的体育教练，让没有体育专长的学生以"体育特长生"的身份进校学习。

最令人吃惊的是，涉案金额最大的两起贿赂案都来自中国家庭。

这件影响巨大的招生舞弊案给申请学生和家庭带来的最根本的教训是：第一，申请材料千万不能造假；第二，正常捐款受名校欢迎，家长们如果想通过捐款形式为孩子进名校加分，完全可以走正常合法途径。

动向2：美国常春藤名校和其他顶尖名校强调应该"激励学生关心他人和公共利益"。

2016年，哈佛大学教育学院推出了名为《扭转潮流：通过大学录取政策来激励学生关心他人和公共利益》（*Turning the Tide: Inspiring Concern for Others and the Common Good through College Admissions*）的报告。该报告长达32页，对大学系统的招生过程提出改革建议，其中包括三大目标：

一是提倡学生对他人、社区和公共利益作出更有意义的贡献。

二是评估学生的社区活动参与度和对他人的贡献，鼓励不同类型家庭出身的学生为提倡种族平等、文化包容和社会阶层和谐作出贡献。

三是重新定义"成功"，为经济水平不同的学生提供公平的竞争环境。避免申请者过度"刷成绩"导致的压力过大。

报告提出后，受到200多个美国大学招生官员及教授的认同。普林斯顿大学、麻省理工学院、斯坦福大学等一流名校的招生官员承诺要朝这个目标努力。如今，哈佛大学、麻省理工学院、耶鲁大学业已开始对录取政策进行改革，主要是在申请表中要求学生回答"你是如何帮助他人的？"这促使家长和学生要更关注如何通过社会义工、社区服务来培养学生乐于助人的优良品质。

报告发表3年后，哈佛大学教育学院于2019年3月，根据新的形势，发表了报告的续集——《扭转潮流续集：家长和高中如何培养学生的道德品质，减少大学录取过程中的压力》(*Turning the Tide Ⅱ:How Parents and High Schools Can Cultivate Ethical Character and Reduce Distress in the College Admissions Process*)。

该报告续集再次强调，现在社会上，尤其是中高收入的社区，常常会过度狭隘地关注学生的高学术成就，并以进入常春藤名校为唯一目标。这种心态无法帮助学生培养批判性思维、正常社交能力和高尚情操。有些父母甚至带头在招生过程中作弊，没有为孩子树立遵纪守法的榜样。报告续集认为，在申请大学过程中，要培养学生形成健全人格，并为此向家长提出7条建议。

1. 将眼光放在你孩子身上。
2. 申请过程要合法合规。
3. 申请过程中注重道德品质教育。
4. 和孩子交流自己真实的想法。
5. 帮助和鼓励你的孩子做义工。
6. 提升道德水平，减少对高学术成就的关注度。
7. 以身作则，鼓励孩子学会感恩。

华裔学生不可"只关心自己的考试成绩，对公共事务毫不关心"。务必要"关心他人，关心公共利益"，特别要关心社区，关心社区弱势团体，利用自己的特长，为改善社区、帮助社区作出应有表率。

动向3：美国大学理事会增加两门AP课程，意有所指。

美国大学理事会于2016年新增了AP电脑课程"计算机科学原理"(AP Computer Science Principles)。2018年，又新增加AP历史社科类课程"美国政府和政治"(AP United States Government and Politics)。"计算机科学原理"的重要性不言而喻，而"美国政府和政治"则重点是谈美国宪法。

大学理事会的两位领导者，大学理事会主席大卫·科尔曼（David Coleman）及委员会的首席全球政策官史蒂芬妮·桑福德（Stefanie Sanford）在2019年2月接受《纽约时报》专栏作家托马斯·弗里德曼（Thomas Friedman）采访时表示："如果你想在我们的民主制度中成为一个被赋权的公民——不仅能够驾驭社会及其机构，也能提高和塑造它们，而不只是由它们来塑造你——你需要知道美国宪法的规则是如何运作的。"

面对美国社群撕裂日趋严重的局势，每个即将进入大学的学生实际掌握（美国宪法）《第一修正案》(First Amendment)的能力是不可或缺的。用科尔曼的话说，每一位学生都需要了解，"我们的国家是经由争论产生的——这是把我们联系在一起的第一件事——但也有一些让我们分割开来的紧张关系。于是我们想，我们怎样才能促使争论转化为富有成效的谈话呢？""必须从高中开始，"桑福德说，"想想有了对《第一修正案》所保护的5项自由——言论、集会、请愿、出版及宗教——的了解，你会为参与大学和社会做怎样更好的准备？《第一修正案》为一个成熟的言论与思想社会奠定了基础。"她指出："技术与民主被认为相互冲突，但实际上两样都必不可少。"当需要相互协作之时，这一点就变得尤为重要。

因此，新的政府预修课程是建立在对15个最高法院案件及每个年轻美国人都应了解的9个基础性文件的深入探讨基础之上的。它阐明了宪法的措辞如何导致了政府架构的产生。

除了对政府课程及其考试进行改进，科尔曼和桑福德也于2014年就确定了SAT常规考试的一项重要内容：一篇长篇阅读理解需选自宪法这类重要文献，或选自一篇伟大的总统演讲这类关于民主的文章。这即是告诉了考生和家长：SAT考试中，一些重要文献的重要性远远高于其他内容。

笔者建议不仅仅要关注AP的数、理、化考试，而且要积极参加AP这两门新科目的考试，并取得优秀成绩。这样你会更得名校青睐，因为常春藤名校和其他顶尖名校与大学理事会持完全相同的观点。

动向4：美国大学理事会推出"逆境指标"仅3个月即取消，但类似计划仍在继续，值得关注。

负责SAT考试的美国大学理事会于2019年5月16日宣布，它将计划为每个参加SAT考试的学生分配一个"逆境指标"(adversity score)。该指标由考生就读高中、就读社区的犯罪率和贫困程度以及学生所在高中的相对质量等15项因素核算而成，指标范围1—100分。高于50分表示该考生所处环境不佳，而低于50分则说明该考生背景较为优越。分数越高，表示学生所处的环境越差。但这一评级不会影响学生的考试成绩，只会作为每个考生背景材料的一部分，仅向学生申请的大学招生官员报告，考生无法在自己的成绩单上查看该项指标评分。

据大学理事会介绍，"逆境指标"的评分依据来自三大部分。第一，学生居住地区环境，包括地区犯罪率、贫困率、房屋价值、住房空置率。第二，学生家庭环境，包括收入中位数、是否单亲家庭、家长教育背景、家庭成员是否需要英文作为外语的培训。第三，学生就读高中情况，包括设施欠缺情况、课程严谨与否、免费午餐率、提供几门AP课程等。

大学理事会没有说明该"逆境指标"的具体计算方式以及各项因素所占比重，但理事会负责高等教育普及和战略的副总裁科尼·贝特顿（Connie Betterton）指出，"逆境指标"并未将种族因素纳入考量范围，采用的数据来自美国人口统计局等公开信源以及大学理事会自备数据库。

大学理事会计划在2019年秋季将"逆境指标"试用范围扩展至150所高校，并在2020年向所有学校开放。

耶鲁大学是首批试用"逆境指标"的学校之一。该校致力于促进社会经济多样化，在过去数年中，来自低收入家庭和第一代大学生家庭的学生数量几乎成倍增加，约占新生总数的20%。耶鲁大学本科招生院长杰瑞密·昆兰（Jeremiah Quinlan）表示："'逆境指标'对我们审阅的每一份申请材料均有影响。这是帮助我们促进新生多样化的一项利器。"杰瑞密进一步表示，学校可以从学生的申请材料中收集"逆境指标"反映出的其他信息，这一分数让学校能够通过一个较为统一的标准对比不同背景的学生。

"逆境指标"一经公布，激起美国教育界、美国中产阶级和国际学生家庭的质疑和批评浪潮。面对社会各界普遍质疑和反对，美国大学理事会于2019年8月27日宣布放弃给每一位参加SAT大学入学考试的学生核算逆境分数的计划。这项计划从宣布执行到宣布结束仅存在了3个多月。

但是，美国大学理事会仍将提供关于学生社会和经济背景的相关数据。这种新数据称为"景观"（Landscape），"景观"和"逆境指标"的评估内容多数相似，主要区别是没有将单项指标组合成一个单独的分数。"景观"主要包含以下内容。

1. 学生就读高中位于城市、郊区还是农村。
2. 高中年级在读学生人数。
3. 高中年级学生领取免费和降价午餐人数所占的比例。
4. 学校SAT平均成绩。
5. 选修大学先行课（AP）的人数和学业表现。
6. 学生升入大学的比例。
7. 学生家庭结构，所在社区家庭收入的中位数、住房稳定性、教育水平和犯罪率。

美国大学理事会表示，"景观"信息向学生、家长、学校和学生所申请大学公开，这些信息仅作为高校招生参考，不会取代学生申请资料，也不会以任何方式改变学生的SAT分数。理事会主席大卫·科尔曼表示，此举"为招生人员提供更加一致的背景信息，使他们可以公平地考虑每位学生"。

据称，不少美国名校希望获得这类信息。一些教育界人士认为，"景观"和"逆境

指标"是"换汤不换药"。此外，中国高中生，或者中国籍在美国寄宿高中的学生，他们的"景观"如何鉴定？显然，美国大学理事会不可能获得有关数据，或获得的很可能是不正确的数据。

但是，还有不少教育界人士指出，教育改变命运。对低收入家庭而言，教育改变的不仅是其中一个孩子的未来，也将改变其家庭、亲族和村镇。而对国家来说，教育则是避免阶层固化、减少社会不平等、促进社会稳定的重要调节手段。虽然美国名校招生名额有限，是块"不大的蛋糕"，但"景观"能在透明、公平、公正的前提下，让"寒门"多出"贵子"，减少社会不公平，仍有其积极作用。

"景观"在名校招生中的作用，仍待观察和密切关注。

动向 5：学生在高中期间的网络媒体发言会受到审查。

2017 年 6 月 4 日，哈佛校刊《哈佛深红报》报道，哈佛大学取消了至少 10 个新生的入学资格，原因是他们在脸书聊天室发帖宣扬性侵，并且有涉及种族歧视的言论。

哈佛大学为 2017 年入学的新生组建了一个脸书群，供新生入学前交流联系。2016 年 12 月，通过该群认识的 100 多人成立了一个聊天室，讨论流行文化等轻松话题。但是 12 月底，几个学生又分出一个更小的私人聊天群，在这个小群里，学生之间交换各种段子和图片，包括嘲笑性侵、大屠杀，甚至儿童致死等内容。据哈佛校刊报道，还有人转发取笑某些族裔的段子。

2017 年 4 月中旬，哈佛招生办听说这个小群之后，给每个成员发了电子邮件，要求他们提供所有的聊天记录。一周之后，至少 10 个学生收到通知，他们的录取通知书已经被撤销了。

2 年后，类似情况重演。

作为 2018 年玛乔丽·斯通曼·道格拉斯高中 (Marjory Stoneman Douglas High School) 校园枪击案事件幸存者的凯尔·克什维 (Kyle Kashuv)，学习成绩优异，曾与特朗普总统见面，并成功推动了联邦立法进程以提高学校安全水平。这些成就为他赢得了名校的青睐。2019 年 3 月，他被哈佛大学录取为当年秋季入学新生。

3 个月后，克什维收到了一份令他感觉"从天堂跌落谷底"的来信，哈佛大学招生主任威廉·菲茨西蒙斯在信中称克什维的"成熟和道德品质受到质疑"。克什维后来发现，这是因为自己 16 岁时，在枪击案发生几个月前曾发表过种族主义和贬损他人的言论。哈佛大学的信中还写道："经过慎重考虑，委员会投票决定撤回你的哈佛入学资格。"(After careful consideration the committee voted to rescind your admission to Harvard College.)

在美国，克什维的遭遇让许多保守派人士愤愤不平，一些人认为这是侵犯言论自由和隐私的表现。这些人士表示，既然言论自由受美国宪法保护，为什么私下聊天都不行了？但是哈佛大学的法律顾问们认为，宪法《第一修正案》针对的是政府，也就是说政府不能限制公民的言论自由。但哈佛大学是私立大学，可以设定自己的招生原则。在不违法的情况下，哈佛大学掌握所有的招生主动权。哈佛大学认为，无论是应届生还是预科生，那些不道德、无礼、不宽容、违背大学价值观的行为都是不能容忍的（哈佛大学"不招收任何有歧视言论的学生"）。当这些信息在录取决定最终确定之前被曝光，学生根本不可能被录取。如果在学生被录取后被曝光，学院将进行彻底调查，并保留撤销录取通知的权利。如果信息在学生注册入学并取得学分后被曝光，学生很可能会被开除，并失去他们积累的所有学分。

很多人好奇，招生人员会检查申请人的社交媒体吗？他们又如何检查申请人的社交媒体？在审阅申请人材料时，时间是非常紧迫的。像克什维已经被哈佛大学录取，为什么3个月后，被发现2年前在社交媒体上的"不当言论"？这件"陈年旧事"是如何被发现的？

2019年6月下旬，在一个小范围的美国大学2019年招生研讨会中，被追问克什维录取资格被取消一事的细节时，哈佛学院招生办的一位负责人说："涉及隐私，无可奉告。"

许多美国升学顾问认为，现在网络如此发达，任何人的社交媒体帖子都不可能完全保密。不想让别人看到的帖子，最好的办法就是不要发布。

纽约大学法学院的教授艾米·艾尔达（Amy Adler）说，这再次表明学生应该小心发帖，"你在网上的发言很少能保密。你的帖子在很长时间里会留下痕迹，所以你必须时刻保留明辨是非的能力。"

无论你的政治观点如何，都不要在任何平台（如脸书、推特、微信等）上发布诸如不宽容、种族主义、性侵犯、性别歧视、冒犯性的、越界的内容。

2021年，一位25岁华裔学生因下载儿童色情文件遭美国名校华大圣路易斯开除学籍，并被判刑5年，刑满后被递解出境。所以遵守所在国法律法规，是留学生的首要义务。

你应该利用社交媒体来讲述你与众不同的故事。写博客，关注你非常关心的问题，分享有趣的科学发现和令人烦恼的数学难题。你可以发布你最喜欢的艺术品的照片，你今年夏天读过的书，你的梦想和抱负，从卧室窗户看到的风景，当然还可谈谈你的宠物。

发推文或帖子之前要三思，不当的言论会影响你的大学本科或研究生申请，今后寻找工作、职场升迁时可能也会受到影响。如果你还有不当行为，那就可能触犯法律了，这绝非"危言耸听"。甚至你的邮箱全名都是你的社交媒体信号，如果邮箱全名给人怪异之感，都会带来巨大影响。曾有学生与大学招生办联络时使用的邮箱名称不雅，导致他与常春藤名校失之交臂（见本书第十章第五节）。

2020年3月，有3万多位加州大学洛杉矶分校的学生，呼吁开除该校22岁本科生

Christian，因为他在社交媒体上发表充满仇恨心理的言论。一年后，监控视频看到他冲进国会大厦，坐在副总统彭斯的办公桌上。他因为涉嫌暴动，在家中直接被捕。

动向6：名校越来越重视联系过地区招生代表和访问过自己学校的申请者。

申请常春藤名校和其他顶尖名校，有点像追求女孩子，要表现出追求者的诚意。最佳表现形式：一是联络心仪大学地区招生代表（regional admissions representative），二是多次访问该校。

在500多位进入常春藤名校和其他顶尖名校的学生中，大部分都联络过心仪大学的地区招生代表，同时也有2—3次访问自己心仪大学的记录，而名校也越来越重视联系过地区招生代表和访问过自己学校的申请学生。

联络心仪大学地区招生代表，并争取与代表见面交流，对自己被录取有非常大的帮助。

担任过达特茅斯学院（常春藤名校）地区招生代表的贝姬·赛波吉（Becky Sabky）这样评论招生代表与该地区计划申请达特茅斯学院的高中学生的关系：

——地区招生代表可能是第一个阅读你的材料、做笔记、归纳总结和提出初步录取意见的人。
——如有需要，地区招生代表会被要求向所有招生人员介绍你的情况。
——地区招生代表有责任介绍你的高中基本情况。
——假如你被列入"等待名单"，地区代表将再次查阅你的申请材料，对是否让你"转为录取"提出意见。

招生代表和你的关系非常重要，所有地区的高中学生都希望能有机会和招生代表见面，留下好印象，但机会非常小，原因何在？

大学招生办人手有限。

贝姬·赛波吉对笔者说，她要利用秋季的5个星期和春季的3个星期，负责走访7个州的全部地区和3个州的部分地区（新泽西州、科罗拉多州、阿肯色州、犹他州、田纳西州、内华达州、路易斯安那州、南佛罗里达州地区、北加州地区、纽约长岛地区），根本无法访问每一所高中学校。新泽西州是她的故乡，有500多所高中（公立和私立），她马不停蹄也只能走访35所高中，访问率仅占7%。

地区招生代表还要参加各级大学招生展览会，时间更不够用。

但有智慧的学生，还是会创造机会与地区招生代表见面。

第一步，先和地区招生代表建立联络。

学生可以从学校的官网中了解到心仪大学的地区招生代表的邮箱地址，如果查不到，也可发邮件向大学招生办公室询问。有了邮箱地址，就可以尝试发邮件问1—2个问题（学校官网中没有提到过的），与地区招生代表建立初步联络。

第二步，为与地区代表见面作准备。

如果该招生代表来自己就读的高中做讲座，那么这是与地区代表见面极好的机会（一般可能性不大）。如果代表去你所在城镇地区附近高中或附近州的高中做宣传讲解，你可以发邮件，邀请地区招生代表顺便来你们高中做讲座，与家长和学生见面。你可以争取成为该大学在你们高中中的"学生大使"（student ambassador），尽可能做一些接待准备工作（需征求高中升学顾问同意）。

如果地区代表参加附近城市或附近州的展览会，你可以事先写邮件，说明自己参加展览会的时间，争取机会与代表见面。这个举动，至少能给招生代表留下"该学生头脑灵活，积极主动"的初步印象。

第三步，准备有意义的提问和话题。

如果有机会与招生代表见面，一定要准备好有意义的提问和话题。这些问题最好是大学官网里没有提到、谷歌网站上也查不到的。曾经有学生的提问给招生代表留下深刻印象：贵校有多少终身教授？贵校图书馆一次能借阅几本书？借阅时间为多久？学生能每天收到地区报纸吗？大一新生能选择室友吗？有些学生提的问题是学校官网介绍得不够详细的内容，如：贵校最热门的专业有哪些？学生有出国交流学习机会吗？最令地区招生代表尴尬的问题是："捐多少钱可以进你们大学的商学院？"或学生拿着成绩单问："我这个成绩可以进贵校的××学院吗？"

千万注意，要节省招生代表的时间，不要问太多问题，更不能成为"话筒霸"——一人独霸交流时间。见面后要给招生代表发邮件表示感谢，留下好印象。

从10年级开始至录取前，安排访问心仪大学至少2次。在访校前，要与学校接待办公室确认好访校的具体安排，同时与招生办公室联络，约定与招生官员的见面安排。最好一对一见招生官员，但一般学校会安排招生官员与学生和家长们集体见面。千万记得在一对一或集体见面后，写邮件表示感谢。

如果在访问大学时，能见到地区招生代表，也尽可能事先联络好与代表见面，邀请招生代表到你就读的高中宣传讲解。这个举动会给招生办公室官员留下深刻印象，至少招生官员在你所在的学校，第一个认识了你。

访问心仪大学，除了学校安排好的活动外，增加以下参观拜访是很有价值的：

——参观你心仪专业的教学大楼，拜访你心仪的专业教授（之前应该通过好几次邮件请教过）并亲自听他的一节或两节课。为此，你可以同时和招生办公室以及该教授联络，或通过有关院、系联络，访校前就安排好这样的机会。如果获得这个机会，

则在听课后,争取与教授聊几句,并准备好自己的名片给教授,甚至买好该教授的著作,请他签名。回家后记得写邮件感谢他,也可以谈谈听课后的感想。这一切,会让该教授对你好感大增。

——访校一般都会被安排参观学校的图书馆、书店、健身房、学生宿舍、餐厅等,这时最好有机会与现有的学生共餐,不仅仅是尝尝校园餐厅的冰激凌是否对胃口,更重要的是观察就餐同学们的精神状态,"偷听"他们的对话,从侧面了解校园生活。如果你听到不少学生讨论作业、谈某堂实验课的体会,你就能感受到学校的学术风气之浓厚。

——事先联系该校中国学生联谊会,争取和联谊会的负责人及一些会员座谈,问问这些会员读哪些专业、有什么体会。这对你肯定有启发,至少使你更具体地了解了这所大学。

——注意观看该校的学生中心公告栏,看看有什么名人讲座、课外俱乐部的活动通知、旧教科书和课堂笔记出售、课后辅导之类的信息,尽量多了解这所大学的学生活动内容。

一般大学都会精心组织安排好未来学生的访校活动,接待人员主要是招生办公室官员,加上大一、大二的志愿者。访校结束之前,校方会安排参观者提问(学校网站已经提供的内容,尽量不问)。提问时要体现出提问者对该校提供的某个专业心仪已久,学生也可以主动谈谈自己被录取后,能为该校作出哪些贡献,这些都是名校招生官员希望了解的。

曾经有学生问了以下一些问题,给接待人员留下深刻影响。

——请问负责接待的几位志愿者导游,你们认为在哪些方面学校给你们带来了深刻影响?

——我能参观学校的植物园吗?因为我酷爱植物专业。

——我可以参观学校学生电台吗?因为我在高中就是电台主持人,我希望有幸被录取后,能继续在学生电台兼职做义工。

对大学某专业心仪已久,甚至对该校的某项活动或某支球队心仪已久,希望参加大学的某些课外俱乐部等,这些都是名校招生办公室认为你热爱该校的最好、最正确的理由。因为学校在审阅申请学生的材料时,也会考虑这样一个问题:"这位学生适合我们学校吗?"若招生官员得知,你对该校的专业感兴趣,和该校的专业任教教授有联络(可能该教授还会为你写推荐信),那么你已经表现出自己适合该校的特质,你就会从其他申请者当中脱颖而出。

最后，他们会认为，一旦录取你，你铁定会来报到入学。这是招生办公室非常关心的问题。

一所常春藤名校的内部统计资料表明，有38%的申请者至少访问过该校一次（见过招生代表，有些见过专业教授），而这些学生中，80%被该校录取。

访问大学后，学生和家长对大学多了一份具体了解和感受。学生在写作"为什么申请我校"的附加作文题时，也能更具体和感人（见本书第十章第四节）。

如果你听闻你的学姐或学长被常春藤名校或其他顶尖名校拒绝，而一位各方面都明显比她（他）差的同班学生，却被几所名校录取，请不要为你的学姐或学长鸣不平，先看看她（他）在申请时，是否了解上述名校招生新动向。名牌大学的录取标准正在变化中，顺应招生趋势，才能因势利导，提高录取概率。

本节小结

近年来，美国顶尖名校对新生的审核和录取出现了一些新的动向，申请者及其家长要注意以下6点。

1. "捐款"要走正规途径，千万不能做"假材料"。

2. 美国名校强调"激励学生关心他人和公共利益"，为此华人学生要在社区义工和有关课外活动中下功夫。

3. 美国大学理事会新增加两门AP课程，华人学生要多加利用，尽可能参加这两门新课的学习并通过考试，为申请名校加分。

4. 美国大学理事会曾经推出"逆境指标"，后又推出"景观"，要留心这类新"指标"对国际学生可能带来的影响。

5. 高中4年，不要在网络媒体发表不当言论。

6. 主动联络心仪大学招生代表，争取与代表见面交流。争取访问心仪大学2次，拜访心仪大学教授和招生办，表现出对心仪大学和心仪专业的强烈兴趣。

第四节
入学作文的素材、初稿与修改

任何一位想申请美国大学的高中毕业学生（包括美国本土学生），都必须递交一篇用英语写的入学作文。递交形式是完成美国大学通用申请表中指定的一篇命题作文。

通用申请表被8所常春藤名校和其他900多所美国大学认可，极大方便了申请大学的高中学生和家长们。通用申请表中每年列出多道命题作文题目，虽然有时会稍做改动，但大部分都围绕下面的主题（近年来开始出现提供一道自由命题题目，方便学生书写）。

——谈谈你的一段经历，它如何影响了你，使你成长？
——你曾经有过什么观点，后来如何改变了，从中学到什么？
——你有过什么计划，后来改变了，为什么改变？

那些没有采用通用申请表的大学，如麻省理工学院、乔治城大学、加州大学等，有自己的入学作文命题，但都与通用申请表的作文题相似，大同小异。

美国大学要求申请学生写一篇入学作文，主要有3个目的。

1. 了解你是怎样一个学生（Who are you）。

大学招生官员希望通过入学作文，了解你的兴趣爱好、信仰、抱负、价值观和对哪些事物充满激情。阅卷人员期待听到你真实的声音和真诚的情感。

2. 申请者的性格和品质，将来能否对学校作出有价值的贡献？

他们想评估申请者的性格和品质会对大学校园产生什么影响。你是否能在课堂上发挥积极作用？你是否会在化学实验室提出新的实验方案？你能否为学校戏剧社提供一个新剧本？你是否能与来自不同国家的同学在同一宿舍友好相处？

3. 申请者的英语写作能力如何？

大学并不指望看到普利策奖获奖作品级别的优美散文，而是想知道你的写作能力是否达到了学校的学术标准。他们希望看到你能够用正确的语法，以清晰的思路来写作。你的写作能力关系到你能否胜任大学的学业要求。

什么样的入学作文才能达到校方要求？

曾经担任耶鲁大学招生官员的伊娃·奥斯特鲁姆（Eva Ostrum）说：

> 这些文章讲述了故事，有生动的例子，以一种精心制作和真诚的方式吸引了我的注意。
>
> These essays have told stories, complete with vivid example, in a well-crafted and heartfelt way that caught my attention.

不仅是伊娃，几乎所有的阅卷官员都希望申请者的入学作文能讲述一个故事，通过故事来展现申请者的性格和品质，真诚又引人入胜（有生动的例子）就能胜出。

理由有两条。

首先，谁都喜欢听故事，招生办公室阅卷老师也喜欢看故事。讲故事是传播信息的最好方式。哈佛大学博士兰迪·奥尔森（Randy Olson）2015年写过一本名著《科学需要讲故事》（*We have a Narrative—Why Science Needs Story*）。连科学家都意识到，传播科学知识的最佳方式就是讲故事。

其次，阅卷老师在审阅材料时，每天要看20—30篇入学作文，难免会产生视觉疲劳。但如果你的作文故事生动，"引人入胜"，赢得阅卷老师赞赏，就能为你的申请加分。

哈佛大学一位招生官员在审阅期间还要加班，他说：

> 阅读（申请）从清晨一直持续到深夜。所以在某种程度上，在阅读一个又一个优秀申请者的文章的材料时，会有一点厌倦。如果一位学生能在这方面有所突破，让我们看到一篇有趣的文章，一个不寻常的话题，让我们发笑，那他就是我们认为能脱颖而出的人。
>
> Reading (applications) takes place very early in the morning and well into late at night. So at some point there's a bit of weariness that sets in reading one good applicant after another. The student that's able to cut through that, an interesting essay, an unusual topic, someone who makes us laugh, that's someone that stands out for us.

入学作文中的小故事要做到"引人入胜"，写作就要有新意，避免平庸无味。笔者参加过数次入学作文阅卷研讨会，许多学生写的故事实在无法引起阅卷老师兴趣。不少学生写自己通过练习游泳，体会到必须不怕呛水、不怕困难才能学会。这都是简单常识，毫无新意。后来大家把这类作文称为"学游泳型作文"——平淡无味的作文。

美国西北大学一位阅卷老师告诉笔者，她看到这样一篇华人学生写的作文，说在旅游时，看到名山里有老妇人要把一根铁棒磨成针，感悟到凡事要坚持，才能成功。她非常诧异："如果真的发生这样的事，这位老妇人要去做精神鉴定。难道中国人认为这是一种值得提倡的行为吗？"东西方的文化差异，会引起极大误解。把小学1年级语文课本里出现的故事变成作文内容，这样的作文一看就是胡编乱造，拿这样的作文申请全美排名第9的名校，真是服了这位申请者了。

问题来了，如何找到和发掘"引人入胜"的故事素材，同时真诚地表现出作者的情感、品质、性格？

开始一场"头脑风暴"，从6方面思考自己有什么故事、事例能说明你的特征。

1. 从学术钻研中选材

你喜欢哪些学术领域？你是否参加过全国、全州（省）、全市的竞赛？是否获奖？准备竞赛过程中，有什么记忆犹新的情节？查阅你所有的投稿，哪一篇获得刊登？投稿前后有什么心得？你在最近6个月中，看了哪些书（最好列出清单回忆）？哪一本书给你留下深刻印象？为什么？你和其他人分享过这本书的读后感吗？对方是什么反应？你读过哪些大师的经典著作？你是否和大师们主动联络过？你参加过哪些学术会议？你是否发表过学术论文？如果你有以上经历和体会，你可以从中发现不少有意思、有价值的写作素材。

2. 从学校生活中选材

翻开你从9年级开始的所有成绩单，哪一门课程学得最好？这是否是你最喜欢的科目？学习中有什么细节能使你铭记在心？你是否发起成立过这门课的课外俱乐部？或者你参加过什么其他的课外兴趣俱乐部？担任过什么职务？在活动中，有什么有趣的事情发生？你是否去社区大学选修过其他感兴趣的课程？你是否自己多学过一门外语？你是否抽时间参加过另一个俱乐部？曾经有一位学校足球队主力，陪同学去参加学校合唱团，结果发现自己对合唱也很有兴趣，由此结交了许多新朋友，感觉很棒，同时也带动合唱团的队员加入了足球比赛的啦啦队。有一位被耶鲁大学录取的学生，写了一段每天上学路上的所见所闻，吸引了招生官员的关注，招生官员认为她观察细致，想象丰富，并把她的作文作为典范，供大家学习观摩。

3. 从社会义工和暑期活动中选材

大学喜欢学生关心弱势团体，对参加过社会义工的学生会特别关注。你参加过哪种类型的社会义工，给你留下哪些印象？你是否关心社区的低收入家庭的学生，帮助他们补习功课？你是否对改变社区、改变所居城镇作出过贡献？有些学生为社区垃圾分类制作广告牌，有些学生在疫情期间帮助社区老人购物，有些学生为社区举办各种讲座，这些都是从自己身边的小事做起，从关心周围环境出发，作出改进，作出贡献。

大学对这类学生特别青睐。前几年，国内流行组织学生去非洲挖井或去南美洲盖房，被美国名校公认为"被做义工"行为，非常不值得。

从暑期活动中也可以发掘题材。你如何安排前两年的暑期生活？暑期活动中，有什么事情是你感到非与朋友们分享不可的？

4. 从个人爱好中选材

你是否有特别的爱好，如喜欢集邮、画风景画、弹琴、烹饪、编织、访问名山大川？这些爱好一定会有不少精彩故事和精彩摄影，这些都是非常吸引人的写作素材。有不少学生酷爱访问名人故居、重大历史事件遗迹，这些带有学术目的的专访，是大有文章可做的。

5. 从家庭背景和生活中选材

你的家庭种族背景、家族历史、文化背景、生活条件对你有什么影响？有具体事例吗？有不少学生从家庭日常生活中发现有意思的事。有些学生写家庭聚会时发生的有趣对话；有些学生写家庭聚餐或喝下午茶的气氛；有些学生写家庭共同外出旅游的经历；有些学生甚至从墙上的一幅画、书桌上的几本书、一件喜欢的毛衣、一双穿旧的鞋子身上挖掘写作素材，给人非常亲近的感觉。

6. 从他人印象和日记中选材

和你的父母、兄弟姐妹、同学、朋友交流，请他们找出你的最大特长、最明显的特点及最可贵的品质。有什么生活小故事说明这点？同学对你有什么评价？有无替你起过绰号？这个绰号能表现出你的最大特点吗？翻阅你的日记、周记，哪些可以作为入学作文的素材？

入学作文的素材选择，一定要突出具体化、个性化，它可以是一个小故事、一个小场景回忆、一段感悟。用朴素的语言表达你的经历，会使阅卷老师微微一笑，"合卷想象"你的感悟。

——直接说自己在西班牙巴塞罗那旅游时学习西班牙文，不如举一个例子，"当我在巴塞罗那菜馆点菜时，把橘子汁说成橘子牛奶，引起哄笑，我会永远记得这个学习西班牙语的经历。"

——不要用"我的祖母是我的英雄"一类题目，改成"暑假回家乡时教我祖母使用筷子吃中国菜"。

——避免用"我的足球教练"作为题目，改成"教幼儿踢足球的艺术"。

——不要写"我如何在辩论中胜出"一类题材，自己从"害羞内向"的小女孩变成辩论高手，这类故事太多人写，内容大同小异。建议写"学习辩论技巧，说服学校领导让社区中国餐车在下午停靠在学校停车场，方便了华裔学生买中国点心"。

入学作文千万不要写成"有重大意义的"论文，如"如何避免2018年金融危机再次爆发""试论布隆迪的社会动荡历史背景"。如果你想写一篇学术论文，可以尝试这类题目。但学生入学作文只允许写650字，能写清楚吗？阅卷老师看到你的论文时第一个感觉是：你是否准备申请我校的博士学位？

如何确定写作的故事素材，把故事用真诚的方式写好？曾经有一位美国入学作文辅导老师，用"ESSAY"（作文）这个英文单词的各个字母，概括了入学作文故事的要点：

——Express Yourself（表现真实的自己）。
——Say Something Positive（说出积极观点）。
——Show, Don't Tell（举例说明，而不是简单陈述）。
——Answer All Questions（回答命题作文所有问题）。
——Your Story（你独有的故事）。

（1）表现真实的自己

学生们必须在他们的作文中展示他们的个性，这些个性可以被表达为：有思想的、求知欲强的、足智多谋的、有抱负的、热情的、敬业的、勤奋的、有领导力的等。学生们往往习惯用在英语课上学到的写作方法，从学术角度来写作。但是入学作文需要一个个人的故事，用一篇真实的小说来真诚地表达自己。

（2）说出积极观点

入学作文要表达出某一个积极观点。例如，仅仅说明你是某个组织的主席、参加了志愿者工作或者参加了一项体育运动是不够的。大学希望了解你每一次经历的背景。你为什么要参加？你学到了什么？所学的经验是否影响了你的思维方式？以及你完成了什么？这才是积极的观点。读者应该在读完后，能够用一个句子总结这篇文章，说出这位学生表达出来的积极观点，并产生积极乐观的精神感染。

（3）举例说明，而不是简单陈述

不要简单地告诉读者你是谁，而要通过例子展示给读者。例如，不要简单地告诉读者你是一个领导者，而是去讲述一个你锻炼了领导力的故事；不要简单地告诉读者你是一个深刻的思考者，而要写一个你已经经历过、深入思考过的事例。要通过例子呈现出一个"鲜活"的你。

（4）回答命题作文所有问题

要仔细看清、看完整通用表和名校要求的额外命题作文的写作要求，千万要紧扣题目要求，不要跑题。如果你先起草中文稿，基本可以避免这个错误。

（5）你独有的故事

你陈述的故事要确保是独一无二的，是有趣的、对你有启发的。例如，你为了学习滑雪而摔倒，仍坚持继续练习；或者暑假去黄山旅游，感叹祖国山河秀丽，这都不是独一无二的故事，任何人都会有同你一样的体会和感叹。你的故事必须引人注目，这样才能在与其他文章的比较中脱颖而出。

具体如何完成你的入学作文初稿？笔者总结了以下两条行之有效的写作方法。

1. 先写成中文稿

许多学生交来的入学作文初稿，有十分之一没有紧扣命题作文要求（俗称跑题）；接近四分之一是根本没有故事，全是空洞地讲道理；四分之一是举例平俗、毫无新意，不能说明主题；剩下的是文章结构混乱。笔者这时只提出一个要求：把英文稿翻译成中文。许多学生一看自己的中文翻译稿，自己也忍不住作"自我批评"，怎么写得"这么烂"？

道理很简单，国内高中生和新移民家庭的高中生，要马上使用美式英文思维来写作（许多机构反复宣传的），基本不可能。即使在参加 SAT 或托福考试中的写作部分考试时，也要先拟一个中文大纲腹稿，再动笔写（可能许多作文辅导老师不同意这个观点，但这被实践证明是有效的）。

中英文俱佳的著名学者王烁在他的名著《在耶鲁精进》中提到，他"往往要自己用中文写一遍，然后再改写成英文"。实在是经验之谈。

笔者对尚未开始动笔写入学作文的同学的建议是：先写一篇中文稿。这篇中文文章要紧扣题目要求，并讲出一个引人入胜的小故事，阐明作者获得的成长。如果没有，就继续修改，直到让读者清晰地看到这 3 个要点。

中文稿的结构，要做到"凤头""猪肚""豹尾"。就是文章的起头要奇句夺目，引人入胜，如同"凤头"一样俊美精彩；文章的主体要言之有物，紧凑而有气势，如同"猪肚"一样充实丰满；文章的结尾要转出别意，宕开警策，如同"豹尾"一样雄劲潇洒。

不必担心"先写中文，再译成英文"会影响学生英文写作能力的提高。事实证明，只要持之以恒，通过"先写中文，再译成英文"的反复练习，也能使英文写作能力大幅提高，到那时直接用英文写作便水到渠成。

2. 再完善英文稿

中文稿完成，随之就是先逐字逐句翻成英文。由于阅卷老师只有 3 分钟看你的作文，所以"入学作文"规定不能超过 650 个英文单词。把中文文章翻成英文后，再仔细修改，特别是要合理安排 3 个段落的单词量。

（1）开头 75 个单词为宜，前 30 秒要吸引眼球。

文章的开头必须要吸引人，实验证明，文章的前 30 秒必须让读者（阅卷者）有兴

趣读下去，这个开头才成功。开头一般是"提出问题"或"抛出悬念"。

（2）文章主体400个单词为宜，3分钟讲完一个完整清楚的故事。

主体要介绍问题或冲突背景，挑战由来。问题如何严重，作者如何解决问题，接受挑战？要有具体事例，甚至场景描写。详细之处像电影慢镜头，令人印象深刻。可以适当增加对话，增加故事现场感。

（3）结尾125个单词为宜，表明作者有新的体会和领悟。

结尾处要有创意，使读者受感染。从一个场景出发，"故事"结束时，作者已经不是原来的"我"，变成另一个"我"——新的"我"，有了新的思想、新的认识、新的领悟。作者的思想境界升华了。

入学作文要求不超过650个英文单词，但经验表明，600个单词左右更受阅卷老师欢迎。

美国著名小说作家约翰·厄普代克（John Updike）说过，小说就是讲故事，故事的讲法应该三段论：故事开头要使人感到惊奇，寥寥数语引人入胜；到中段得到深入展开；结尾处要给出有意义的阐述。这与上述建议如出一辙。

许多优秀高中学生说，11年级结束后的暑假就开始酝酿入学作文写作思路，起草中文稿花了2至3周时间，修改花了2个月时间，可见需要修改好多次，才算完稿。

任何文章，都需要反复修改。俄罗斯伟大作家托尔斯泰的后裔塔季扬娜·托尔斯泰娅是一名当代作家，她曾看到托尔斯泰的《战争与和平》的手稿初稿，发现初稿非常一般，与最后作品完全是两个模样。她说，托尔斯泰曾经反复修改自己的作品。我们从中可以体会到两点：一是任何文章的初稿都是粗糙的，哪怕是文学大师的初稿。二是任何文章都是需要修改的，反复修改能把粗糙稿件修改成好文章。

下面是修改入学作文时需要注意的7点。

1. 检查是否符合命题作文要求，主题是否清晰集中

先看一下作文内容是否切题，是否符合命题作文要求；再考虑自己想表达的主题是否清晰又集中。因为入学作文限650个单词，不可能描述太多的内容。有一位学生先谈论自己为什么喜欢辩论，继而陈述如何与辩论教练搞好关系，最后点明辩论老师是她的英文老师……不是所有有关辩论的经历和体会都可以写，你必须只谈一个主题。

2. 增加细节描述

几乎所有老师都强调："Show, Don't Tell."（举例说明，而不是简单陈述。）但大部分学生的作文，还是缺乏生动事例和细节描述。仔细看看自己的作文，是否有事例？事例是否说明主题？描写是否生动？

3. 检查句子中的动词，是否"有力"

动词是句子的"灵魂"，动词给力，句子就"活"了。请看以下3个句子。

Nancy's dance across the floor was graceful.（南希在舞池里跳舞很优美。）

Nancy danced gracefully across the floor.（南希在地板上优雅地跳着舞。）

Nancy glided across the dance floor.（南希轻快地穿过舞池。）

第一句使用 to be 类动词，此类动词尽可能少用，表现力不佳。

第二句使用动词 dance，比第一句好，但表现力不够。

第三句使用动词 glide，含"滑行，滑移"之义，能表现出舞者的轻盈形象，是 3 句中最有表现力的。

4. 避免使用被动语态

不建议使用被动语态写作，因为它使人不清楚谁在做动作，即使点明动作者身份，表现力仍是不够的，不如使用主动语态，主语就是动作者。试比较以下 3 句。

It is clear that the job must be done.（很明显，这项工作必须完成。）

The job must be done by Tony.（这项工作必须由托尼来做。）

Tony must do the job.（托尼必须做这项工作。）

前两句是被动语态，第三句使用主动语态，也是最好的表述。主动语态特点是简洁、有力、紧凑。

5. 避免多重形容

如果连续使用 2 个甚至 3 个形容词，就显得多余，试看下面一例。

Cool, clear sparkling mountain stream（清凉、清澈、波光粼粼的山溪），不如写成 the sparkling mountain stream（闪闪发光的山溪）更简洁明了。回顾你的文章，看看你是否有相似问题。有时连续使用两个形容词，可能使描写更生动，但大多数情况下是多余的。

6. 避免太多以"I"开头的简单句

"入学作文"是表现"我"的特点，以 I 开头的句子免不了。但使用太多以 I 开头的简单句，会给人单调、呆板之感。使用 I think… 时，改成 One can conclude…（我们可以得出这样的结论……），就把"I"省了。

试比较以下句子：

I had a headache. I went home.（我头痛。我回家了。）

I went home because I had a headache.（我回家了，因为我头痛。）

Though I went home with a headache, it wasn't as bad as the one that sent me to the hospital last year.（虽然我回家时头痛，但还没有去年把我送进医院的那次严重。）

第一句没有把头痛和回家联系起来，第二句描述了因果关系，第三句在保持关系的同时增加了更多关联信息。同时第三句，避免了以 I 开头，你也可以体会到适当使用复合句的益处，即可以增强文章的表现力。

7. 删除不必要的口语化短语和词汇

不必要的口语化短语，如 as you can see（正如你所看到的），或者 it is obvious that（这是显而易见的）；不必要的单词，如 basically（基本上）、perhaps（可能）、和 additionally（另外）等，都尽可能删除。逐字逐句仔细检查你的文章，看看有无这类短语和词汇。

入学作文初稿完成后，把稿件放在一边，过几天再读一遍，再修改。修改后，再征求朋友、家人和老师的反馈。在他们的修改意见基础上，再修改一次。再把修改过的文章，给你熟悉的同学、老师、家人看一次。如果他们看后，认为真正反映了你的特点、特长，这才是最好的入学作文。

下面是一些进入常春藤名校的学生入学作文的写作内容，你可以从中获得有益启示。

——Elaine Chang，这位美国学校以第一名毕业的台北高才生，极具写作天赋，9年级就获得全美高中艺术及写作大赛（Scholastic Art & Writing Awards）一等奖（Gold Key Award）。她以在鼎泰丰打工的独特经验为灵感，写了主题为"加茶是一门艺术"（The Art of Refilling Tea）的入学作文。文中写道："在我克服挑战和与人互动的过程中，我学会花时间仔细观察、理解和真正关心他人。'加茶'教会我注意生活中的小细节，从不同的角度思考问题，对自己的行为负责。"（As I worked through challenges and interact with people, I now take time to closely observe, to understand, and to truly care. Jiacha has taught me to notice the little details in life, to consider matters from different points of view, and to hold myself accountable for my actions.）Elaine 的这篇作文受到多所藤校青睐，最后她选择去了排名第一的藤校普林斯顿大学深造。

——低收入家庭的维多利亚以自己家里的餐桌和5把椅子作为有象征意义的道具，描写家庭成员之间的故事。随着2个姐姐的离家和奶奶的去世，5把椅子剩下2把，每天她和父亲面对面，乐观地过着清贫而充实的生活。维多利亚最后被哈佛大学录取，她的作文还被刊登在《纽约时报》，获得高度好评。

——单亲家庭的阿斯特丽德，因为借书迟还遭到罚款。她只能先还20%的罚款以获得继续借书的许可。她在作文中，倾诉了自己对图书馆的热爱。高中时，她在图书馆做义工，看到和她相同经历的低收入家庭孩子来借书，总会热情接待这些小读者，因为她想起自己的"图书馆童年"。阿斯特丽德的作文后被刊登在《纽约时报》，本人被哥伦比亚大学录取。

——拉丁裔学生玛丽娜的入学作文，从她年幼时父母给她的笔记本，谈到读高中时的课堂笔记本，再谈到笔记本如何记录了自己对世界的观察、记载着自己的失败和成功、对问题的看法。全文故事生动，思路清晰。后来她被哈佛大学录取。

——一名黑人和犹太人双族裔后代高中学生艾登，面对其他学生对自己身份的看法时，他用积极充满活力的心态克服世人偏见，让人们通过他和其他族裔学生的互动来认识自己。后来他被哈佛大学录取。

——美国华裔学生艾历克斯描写自己通过一次失败的科研实验，认识到科学研究需要智力、创造力、努力工作、批判性思维和开放的心态。他后来被耶鲁大学录取。

——韩国女学生萨曼莎在入学作文中介绍了自己的兴趣，一个非常独特的科学领域——研究动物语言及其与人类的关系，这使得这篇文章非常与众不同。她生动地描写树蛙、蝙蝠的"语言"以及如何在现代化实验室"捕获"并"显示"它们的对话，使读者看到现代科技能帮助人类更好地理解自然现象。后来她被哈佛大学录取。

——费城高中学生克里斯多夫通过组织团队为总统候选人竞选和越野经历的例子，表达出对领导力细致入微的理解和对团队合作的奉献。后来他被哈佛大学录取。

——美国麻州亚裔女学生桑德拉描绘了她和高中的拉丁语老师一起在哈佛大学学习拉丁文暑期课程的经历，她说："学习拉丁语，是因为它丰厚的回报、难以置信的精确、对智力的挑战、丰富的历史和文化以及对我们世界的深远影响。"如此热情的入学申请作文会给招生官员留下深刻印象。后来她被哈佛大学录取。

——华裔学生 Andrew 从 10 年级开始读俄国作家陀思妥耶夫斯基创作的长篇小说《卡拉马佐夫兄弟》(The Brothers Karamazov)，经过一年研读，Andrew 说他同书中的三兄弟都有共鸣，能够多多少少找到彼此身上的共同点。后来，他就用自己的读后感作为入学作文获得了斯坦福的青睐。斯坦福的当地招生代表写了一封信给 Andrew，说让她印象深刻的是写在文书里的一年一本书的故事："你花一年时间读《卡拉马佐夫兄弟》，说明你有敏锐和富有洞察力的头脑。"(The fact that you spent one year reading The Brothers Karamazov means that you have a sharp and insightful mind.)

——一位华裔高中生，在自己小区内办了一个课后数学辅导班，专门帮助低收入家庭的孩子补习数学。她把这个经历写进了她的入学作文。笔者看了初稿后，发现没有具体事例，内容不生动，建议她从帮助某同学解决具体数学难题入手，比如一部电影的"特写慢镜头"。她回忆帮助一个学生理解"等式两边同时加上或减去同一个数，等式仍成立"时，拿了一个天平给学生演示：天平平衡时，同时加上或减少相同砝码，天平仍保持平衡。学生马上就理解了。笔者建议把这个具体内容作为作文素材。后来该高中生同时被哥伦比亚大学和麻省理工学院录取。

常春藤名校和其他顶尖名校，一般除了要求学生完成入学作文，还要求学生写几篇"回答问题作文"(Essay Questions)，又称为"补充作文"(Supplemental Essay)。这

类作文，一般要求每篇在 250 个单词之内。

相当多的学生，对通用表的主要入学作文倾注大量精力，反复斟酌，反复修改，等到写各名校的补充作文时，已经有心力交瘁的感觉，更何况每所名校都有 2—3 篇补充作文要写，学生不免有点力不从心。其实笔者在和名校招生办公室官员交流中得知，他们对补充作文的关注程度要超过主要入学作文，这些补充作文的写作内容，正是他们非常想从申请学生那里了解的，请申请学生不要掉以轻心。

这类作文的命题多彩多姿，但不外乎两大主题：

——有关"你"的主题。（Who Are You?）
——有关"为什么申请我校""为什么申请这个专业"的主题。（Why This School? Why This Major?）

1. 有关"你"的主题（Who Are You）

大学招生办已从你的递交材料、推荐信、面试官的报告里，大致了解了你。现在，他们希望从你的自我评估中，看到你是如何自我定位的。你认为你是哪一类型的人、你是否了解其他人对你的评价、你想做哪些改变。对自己有一个正确评价是你将来成功融入大学生活的先决条件，而把对自己的评价写进你的作文中，这能使学校招生办更好地了解你。学校一般想通过以下问题来了解你。

——哪些问题对你是最重要的？
——作为社会中的一员，你如何评价自己？
——你估计将来的室友会如何评论你？
——如果要你写一封自我推荐信给学校，你准备如何写？
——如果要你说你最擅长的一个科目或一个爱好，你说哪一个？如何使人信服？
——哪些方面使你有别于其他学生？

2. 有关"为什么申请我校""为什么申请这个专业"（Why This School? Why This Major?）

这个题目其实是问你以下的具体问题：

——你为什么想上这所大学？学校有什么吸引你？
——你想申请什么专业？为什么？你有什么职业规划？
——你可以为这所大学做出哪些贡献？

名校问你这些问题，是想了解你选择本校的目的。你表示自己特别喜欢学校的某一专业、某一位教授、某一运动队，或者说你有长远的职业生涯规划，这些都是回答这类问题的明智答案。

名校最喜欢有某种专长或钟爱某种专业课程的学生，这正反映了名校一直执行的行之有效的招生诀窍：他们不想招个"十全十美"的学生，却希望名校的校园呈现出"十全十美"。申请学生不必是个"面面俱到"的"三好"高中生，却要有一技之长，或是对某门学科特别爱好、特别有研究心得。如果校园里充满了这种学生，那课堂上、图书馆、实验室、健身房、校园里，不就一派生气勃勃、到处有"脑力激荡"了吗？这正是名校乐意看到的景象。从某种意义上说，这是美国名校保持世界领先地位的核心"秘诀"。

名校的回答问题作文题目各有不同，要留意每一所美国顶尖名校都有自己独特的理念和风格，许多名校希望录取的学生符合该校的理念风格，将该校的校风传承下去。所以写这类题目时，申请学生不仅要自我了解，也需要通过学校网站和其他有关资料，对申请学校的历史、办校理念、师资队伍、有名专业、著名校运动队、校园氛围有深入的了解。

如果你曾参观过自己心仪大学1—2次，你就有更多内容可回答"为什么申请我校"这个题目，而且你的回答会比其他学生显得更具体、真实、有见地。下面是一位参观过常春藤名校——达特茅斯学院的高中生回答"为什么申请我校"的文章：

> 一位崭露头角的计算机科学家可能会在达特茅斯的现实与机器人实验室（Reality and Robotics Lab.）目睹那些会打结的机器人；对同性恋问题感兴趣的学生可能会在入住达特茅斯学院的三角公寓（Triangle House）后，对学院承诺提供中性卫生间一事发表相关评论；一个烘焙爱好者可能会在校园里滔滔不绝地谈论糕点的质量。（糕点可能不是选择一所大学的最重要原因，但如果有人喜欢达特茅斯校园餐厅果酱条的甜味，我不会责怪他。）

名校补充作文的写作要点，同通用表中的命题作文一样，"不是你做了什么，而是怎样做，做的理由。"（But it's not just what you do that matters, how and why is just as important.）喜欢某一大学、专业，要说明为之做了哪些准备，以及喜欢的理由，这才是最重要的。

相当多的国内留美学生选择经济学专业。现在通过一位印度裔学生申请波士顿大学时写的命题作文，介绍写这类题目的3个要点。

第一次看到一个国家的国内生产总值（GDP）数据时，我并不了解GDP的含义，直到后来探索凯恩斯（Keynes）、马克思（Marx）和新古典主义的经济学理论，才知晓GDP的定义。这使我迷上了经济学，因为它让我思考经济学与宗教、文化和伦理等方

面的冲突，以及对我们生活产生的重大影响。在波士顿大学，我想探讨如何通过经济学分析这些重要问题。

我同时对行为经济学和发展经济学感兴趣。虽然我在高中期间没有研究过这些，但像《卧底经济学家》(The Undercover Economist) 这样的书和 TED 演讲让我对经济学的不同分支感到好奇。波士顿大学教授雷蒙·费斯曼 (Raymond Fisman) 的研究论文《群体冲突和群体间借贷的经验》探讨了基于宗教的群体暴力和借贷之间的联系，我发现这种联系很有趣，因为宗教是促使我父亲的印度家乡经济发展的因素之一。为了进一步探索宗教与经济学之间的联系，我研究相关内容，并写了一篇 4,000 字的文章，阐述乌贾因的宗教朝圣和旅游的贡献，作为我的 IB 课程的扩展文章。

除了经济学课程，波士顿大学的社区组织也让我感兴趣，比如，印度俱乐部和辩论俱乐部。印度俱乐部会让我有宾至如归的感觉。我非常喜欢辩论，这让我对不同的信仰和价值观保持开放的态度，并让我与持不同观点的人建立了联系。我也对波士顿大学的杂志感兴趣，它有助于人们之间的交流和联系。

要点一：一开始就写清楚大学名称和专业名称。

强调这一点，一是因为作文规定不超过 250 个单词，必须开门见山。二是一定不能写错大学名称。一些同学为了图方便，把一份作文当成万金油使用，直接把 A 校的"为什么申请我校"改一改套用到 B 校上，结果常常写错学校名称。如在文书中写"我是真的想去哈佛大学……"，然后也不检查直接发送给麻省理工学院；或者在写给纽约大学的文书里提及"一想到能去布朗上学，我就感到兴奋不已……"，麻省理工学院和纽约大学一看就知道你在敷衍它，会直接拒绝你的申请。

要点二：对专业的喜爱，通过具体事例体现；对大学的向往，可以通过具体提及大学教授及其论文、著作体现。

这位印度学生在谈及对经济学的爱好时，谈到"像《卧底经济学家》(The Undercover Economist) 这样的书和 TED 演讲让我对经济学的不同分支感到好奇"。谈到波士顿大学时，他直接说："教授 Raymond Fisman 的研究论文《群体冲突和群体间借贷的经验》探讨了基于宗教的群体暴力和借贷之间的联系，我发现这种联系很有趣，因为宗教是促使我父亲的印度家乡经济发展的因素之一。"

要点三：说一些你感兴趣的关于心仪大学的其他事情。

你可以说喜欢波士顿这个有文化和历史底蕴的城市，也可说，喜欢波士顿大学某个体育队。这位印度学生说，喜欢该大学的"印度俱乐部和辩论俱乐部"，自然又得体。

花点心思为每所名校的"为什么申请我校""为什么申请这个专业"量身定制内容。说到底，只有提供具体细节才能体现你的真实感情，获得招生官的好感和好评。

一篇优秀的入学作文或补充作文会有如下特征：故事和举例引人入胜，文笔生动有趣，文章意味深刻、构思新奇、个性鲜明，可以令人产生共鸣。每位高中生的写作风格不一样，但一篇令人印象深刻的作文，一定符合美国著名大学招生办公室阅卷老师的心愿：使招生审阅人员"喜欢看，记得住，想分享"。这9个字的评价也适合所有的好文章。

需要提醒，书店会提供许多名校学生入学作文汇编，其中英文版居多，如《50篇优秀常春藤入学作文选》(*50 Successful IVY League Application Essays*)等，这些都是不错的参考资料，可以给人启发。但切记遵守学术诚信规范，千万不要抄袭，也不能稍做修改就直接变成自己的入学作文。如被发现，招生官员就会在你的文书上写下DDI，即Daddy Do It（老爸代写），那你的名校申请就彻底"悬"了。

吉尔·舒尔曼（Jill Shulman）是美国一名资深入学作文辅导作家，同时在纽约两所著名大学教英文写作。2019年她出版了一本新书《破解大学招生》(*College Admissions Cracked*)。书中总结了入学作文写作的8个要点：

- 文章应该讲述一个引人入胜的故事。(The essay should tell an engaging story.)
- 一开始就要抓住读者的注意力。(It should hook the reader's attention at the beginning.)
- 它应该让读者对中间内容保持兴趣。(It should keep the reader interested in the middle.)
- 文章的主角（你的孩子）应该是可爱的。(The protagonist of the essay (your child) should be likable.)
- 应该向读者展示，你的孩子已经对他的话题进行了有深度的思考。(It should show the reader that your kid has reflected upon her topic with some depth.)
- 听起来应该像你的孩子在随意说话时的风格，让读者可以捕捉他的个性特征。(It should sound like your kid sounds when speaking casually to capture a snipper of his personality.)
- 结尾应该让读者有所思考、有所感悟，或增进对你的孩子的了解。(The ending should leave the reader thinking, feeling, or understanding something about your kid.)
- 不应该有拼写错误。(There should be no typos.)

吉尔所总结的入学作文的写作要点，就是"写一个自己成长中的引人入胜的小故事，说明自己通过这个故事，有了新的启发，获得了新的成长"，表现出"自己已经对这个话题进行了有深度的思考"。这也是一些名校招生官员的观点，更是数百名成功进入美国名校的学生亲身经历过并被证明行之有效的写作要领。

本节小结

入学作文和补充作文必须紧扣题目要求，表现真实的自己，表现申请者的爱好、特长、特点、激情、领导力等。"写一个自己成长中的引人入胜的小故事，说明自己通过这个故事，有了新的启发，获得了新的成长。"

一篇好的入学作文应该具有4个标准：Correctness（准确）、Content（有料）、Clarity（清晰）、Creativity（新颖）。

华人学生应该先写中文稿，在结构上体现"凤头""猪肚""豹尾"，再将其翻译成英文。作文需要反复修改，直到家人、老师、同学都认为其反映了申请者的最大特征。

一篇优秀的入学作文应该使人"喜欢看，记得住，想分享"。这9个字的评价也适合所有的好文章。

入学作文和补充作文一定要自己亲自写。招生官员可以从你高中英文成绩和SAT成绩判断你的英文写作水平。一旦认为你是找人代笔或抄袭他人作品，你的名校申请就"悬"了。

中国古人有"以诗会友"一说，今天的名校招生人员就是"以文选人"。要让你的"文"有先声夺人的气势、捷足先登的效应。

第五节
聘请可靠顾问，利用 ED 优势，填好申请表每一栏内容

成功申请到美国顶尖名校的学生，会留心做好 3 件事：聘请可靠有声誉的升学顾问，利用 ED 申请心仪大学，认真填好通用申请表。

美国高中都聘请升学顾问（Guidance Counselor），这位顾问的一项重要工作就是辅导本校的毕业生申请大学。一般公立高中，由于经费有限，一位升学顾问要照顾 300—700 位学生，显然没法仔细辅导到每一位学生。这类公立学校的升学顾问，一般优先辅导本校最优秀的前 10 名学生申请名校，再指导成绩差的学生申请社区大学。大部分成绩中等的学生，只好自己照顾自己了。

一些有名的私立高中，每一位升学顾问可能被分配 40—60 位学生。但根据经验，这个比例依然难以满足实际需求。这样就使得美国的私人升学顾问大行其道，基本上有条件的家庭都会为自己的孩子聘请一位社会私人升学顾问。统计表明，能申请到排名前 30 的美国名校的高中毕业生，基本都得到过可靠的有声誉的私人升学顾问的鼎力相助。

一位高中生申请常春藤名校和其他顶尖名校就像一家公司计划推出一款新产品，申请者就像那款"新产品"，要把自己"推销"给哈佛、耶鲁。公司推出新产品的准备工作异常烦琐，高中生申请名牌大学的准备工作也是千头万绪，要准备学校课程考试，要准备 SAT，要参加课外活动，要参加义务活动等等。公司推出新产品，需要一位经理全职负责，对于申请大学而言，私人升学顾问就是那位"全职经理"，帮助学生处理好申请名校的所有准备工作。

高中学生接触到的成年人其实非常有限，比较有影响力的常常是父母和学校各课程老师。学校老师的水平参差不齐，在学生申请大学期间，一般避免这些课程老师深度介入，因为他们不一定熟悉和了解申请程序，只能停留于泛泛的指导。父母虽然最了解孩子脾性，对孩子也会无私奉献倾心相助，但是他们经常与正值青春期的高中孩子缺乏有效沟通。且相当多的新移民华人父母英文能力有限，对美国教育和升学事宜也不是全方位了解，这时聘请一位有经验有声誉的升学顾问很有必要。一位优秀的升学顾问，不但能掌控名校申请的各种细节，还能与孩子有效沟通，成为引导孩子奋发图强的良师益友。

美国著名升学顾问玛乔里·谢维茨（Marjorie Shaevitz）写过一本书《让录取变为可能》（*Admission Possible*），书中她这样说：

> 我做了很多年的升学顾问，指导过数千学生。我认为自己是一位学生的利益策划者。我的客户并没有被申请过程击垮，而是感到一切尽在掌控中，获得了主要生存技能，并对自己有了信心。我服务过的学生都成功地找到了与他们的学术背景、个人需求、希望和心愿相匹配的大学。更重要的是，他们已经被哈佛、耶鲁、普林斯顿、斯坦福、宾夕法尼亚、布朗、康奈尔、达特茅斯和许多其他大学录取。
>
> I have worked as an admissions counselor for many, many years now, and have coached thousands of students. I consider myself a student advocate. Rather than beaten up by the admissions process, my clients feel in control, gain major life skills, and develop confidence in themselves. The students with whom I have worked have been successful in finding colleges that match their academic backgrounds as well as their personal needs, wants, and desires. More importantly, they have gained acceptance to the likes of Harvard, Yale, Princeton, Stanford, Penn, Brown, Cornell, Dartmouth, and many other colleges.

虽然私人升学顾问布满美国全国，但有声誉的升学顾问"一位难求"，原因是他们早早就和许多家庭签约，为这些家庭的孩子——从9年级开始——提供细致、专业和有效的咨询服务。

可靠有声誉的升学顾问一般会提供以下咨询服务。

1. 这些升学顾问，具有多年实际辅导学生申请名校的经验，可以帮学生从9年级开始"量身定做"总体教育规划，并分阶段实施。升学顾问还会充分发挥学生的专长，规划设计学生的课外活动，制定参加何种比赛，获得何种等级的奖项，指导学生如何参加义工，如何向计划申请的专业领域的专家学者和心仪大学的专业任课教授请教。

2. 升学顾问了解学生学习情况和兴趣爱好，同时又熟悉常春藤和顶尖名校的招生要求（如SAT最低分数线和高中平均成绩底线）、招生评估细节，能够在学生选校和选专业时（从11年级开始），提供非常有价值的"正确定位"建议。如果家长和学生初步确定了申请大学名单，升学顾问还会具体安排时间，让学生和家长去访问几所计划申请的常春藤和其他顶尖名校，特别是访问招生办公室和计划申请的专业任教教授。

3. 升学顾问会全面审核学生的申请材料，指导学生谨慎填写申请表和简历，特别是辅导学生反复修改入学作文。指导学生请老师准备有具体事例的推荐信，准备好得体的面试。总之，升学顾问会把每一个申请环节的准备工作圆满完成。

4. 进入12年级，学生已经将申请的学校缩小到3—5所。这时，有经验并专业的升学顾问会带上学生的基本申请材料，去走访这几所学校的招生办公室，面对面推荐学生。请注意，这一切都是合法合规的。因为美国名校都是私立的，名校招生部门就像私人公司招聘部门，私人公司招聘部门为公司招聘优秀员工，而名校招生官员的任务就是为学校招到优秀学生，这些官员把升学顾问看成"猎头公司"。一些著名的升学顾问总有办法约到与名校招生办公室的见面时间，像加州著名私立高中哈佛西湖学校（Harvard-Westlake School）就与美国常春藤学校关系密切。每年11月，该校的升学顾问们倾巢出动，飞到美国东北部，访问8所常春藤名校的招生办公室，极力推荐自己学校的学生。到了第2年3月下旬至4月上旬发榜前夕，又飞到常春藤名校和其他顶尖名校的招生办公室，继续推荐自己学校的学生，希望"临门一脚"取得成功。而效果也非常不错，连续5年，该校平均每年有10名学生进哈佛、5名学生进耶鲁、8名学生进斯坦福。

5. 申请文件正式递交后，升学顾问会随时与申请的大学招生办公室保持信息畅通。有时托福成绩、SAT成绩、高中官方成绩会遗失，需要补交。这些事看似小事，其实是申请细节危机。有发生过托福成绩递交3次而招生办公室坚持说没有收到的情况，如果处理不好，招生办公室就可能直接拒绝学生申请。但认真负责的升学顾问会立即处理好这类细节危机，确保申请过程顺利。

6. 如果你在名校的"等待名单"中，这些升学顾问会千方百计为你准备新的材料、新的推荐信，甚至传递家庭有捐款意向，以增加"转正"机会。

7. 可靠有声誉的升学顾问不会做"保录哈佛"之类的承诺，他们知道即使今年辅导的学生进入哈佛，也不意味着明年或后年就一定有学生能"保录哈佛"，因为每位学生的情况和优势都不同。

有声誉的升学顾问会帮你扬长避短，整合资源，突出亮点，进入名校。名校总是找理由拒绝你，而优秀的升学顾问是找理由让名校录取你。

几乎所有的升学顾问都会建议你充分利用ED申请优势。

所谓ED申请，就是比一般正常申请的递交时间提前2个月左右（一般是12年级秋季的11月1日为截止期），而学校在当年12月中旬会发出录取通知。申请者如果被录取，必须在第2年秋季报到入学，因为申请学生和家长会和学校签署提前决定协议书（Early Decision Agreement），意味着你做出这样的承诺：该学校是我的第一选择，如果该学校录取了我，我一定会注册入学。这种申请方式让申请者和学校感到"双赢"：对学生而言，ED录取率是常规决定申请录取率的3—4倍，当然需要抓住这个机会（宾州大学2021年新生ED录取率为14.9%，而RD录取率为4.4%）；而学校方面因为ED

申请的学生必须报到入学，这样学校就有了新生入学率基本保证。

ED 申请受到广泛欢迎，据统计，成功申请进入常春藤名校和其他顶尖名校的学生，超过 90% 采用了 ED 申请方式。

以往，一位高中生一般只有一次递交 ED 申请的机会，因为几乎所有大学的 ED 申请截止期都是 12 年级秋季的 11 月 1 日，不允许同时申请两所大学的 ED。但近年来，有一些大学提供第 2 次 ED 申请机会，一般申请截止时间是 1 月初，通知于 2 月中旬发出，简称 "ED2"。提供 ED2 申请机会的大学，把自己在 11 月 1 日之前提供的 ED，简称为 "ED1"。

大学提供 ED2 的目的，是吸引更多的申请者。提供 ED2 申请的比较有名的大学包括：

- Boston College（波士顿学院）
- Boston University（波士顿大学）
- Bowdoin College（鲍登学院）
- Brandeis University（布兰迪斯大学）
- Carnegie Mellon University（卡内基梅隆大学）
- College of William and Mary（威廉玛丽学院）
- Emory University（埃默里大学）
- George Washington University（乔治华盛顿大学）
- Johns Hopkins University（约翰·霍普金斯大学）
- Lake Forest College（莱克森林学院）
- Lehigh University（里海大学）
- New York University（纽约大学）
- Northeastern University（东北大学）
- Rochester Institute of Technology（罗彻斯特理工学院）
- Syracuse University（雪城大学）
- Tufts University（塔夫茨大学）
- University of Chicago（芝加哥大学）
- Vanderbilt University（范德堡大学）
- Washington U. St. Louis（圣路易斯华盛顿大学）

如果学生在申请某校 ED 或 ED1 失利后（一般是 12 年级秋季 12 月中旬获知），马上可以申请另一所大学的 ED2（申请截止期是第二年年初，实际只有 1—2 周准备时间）。

上海某高中学生申请纽约大学 ED1（排名第 28）失利后，马上转而申请范德堡大学 ED2（排名第 14），被顺利录取。

采用 ED、ED1、ED2 申请哪所大学，则考验学生、家长、升学顾问的智慧。

如果利用 ED 申请一所录取机会微乎其微（10%—20% 的成功希望）的学校，就是犯了"冒进主义"错误；如果申请录取机会很大的学校（80% 的成功希望），则是犯了"保守主义"错误。比较正确的做法是利用 ED 申请一所申请机会有 50% 左右的大学。

每一位家长和学生都要理解 ED、ED1、ED2 的规定。

——这是"唯一排他"的申请方式。如果学生申请了一所学校的 ED，那么他将没有机会申请其他学校的 ED。简单一句话，不能同时申请两所或以上的学校的 ED。

——捆绑承诺。申请 ED 的学生，一旦被该校录取，你必须注册入学。

——当 ED 或 ED1 申请被拒后，你可以申请另一所学校的 ED2。你不可以同时申请某所学校的 ED1 和另一所学校的 ED2，也不可以同时申请两所大学的 ED2，你只能有一个正在进行的 ED 申请（不管是 ED1 还是 ED2）。只有这样，你才不违背 ED 申请时唯一排他的规定。

——学生申请 ED 的时候，可以申请别的学校的提前行动（EA）和常规决定（RD）。但是，当你被 ED，或 ED1，或 ED2 录取以后，你必须立即撤回所有正在进行的申请，且不能进行其他新学校的申请。

学生在正式决定申请某校的 ED、ED1，或 ED2 时，需要及时查阅该校的官方网站，核对一下申请信息。有些学校会临时改动截止日期，有些学校对 ED2 申请的学院或专业有限制，如卡内基梅隆大学 2022 年秋季入学的 ED2 申请不适用戏剧、音乐、设计或艺术学院。

绝大多数美国高中学生和国际学生，都使用通用申请网站[①]（Common Application）上的通用申请表来完成申请手续。但美国有些大学仍使用自己单独的申请表，比较出名的有麻省理工学院（MIT）、加州大学系统（UC 系统）、乔治城大学（Georgetown University）、德克萨斯州的 100 多所大学等，但通用申请表使用最普遍。因为几乎所有的常春藤和顶尖名校都接受通用申请表，这些学校招生官员都需要从这份申请表了解你的所有申请信息，所以申请表的每一栏都要认真对待、仔细填写，千万不可掉以轻心。

登录申请平台时，需要提供你的 E-mail 全名并自设密码，请注意设定 E-mail 的名称不要给人怪异不雅之感。曾经有一位非常优秀的学生，仅仅因使用一个叫

[①] 通用申请网站（Common Application）是美国大学入学网上申请的一站式网站，旨在帮助申请人一次性、一站式地完成原本烦琐的大学申请流程（如提交高中成绩单、推荐信以及文书等）。

ibrakeforhotmoms@gmail.com 的邮箱名登录申请表（同时也用这个邮箱与大学招生办联络），最后与常春藤名校失之交臂。因为名校招生官员认为学生的邮箱全名也是一种个人社交标志。（笔者还看到诸如 puppiesrule@gmail.com 和 ihatbooks@verizon.net 的邮箱名，建议学生赶快改换。）

下面逐一介绍通用申请表的填写要点。

一、注册账号

1. 在首页的 Apply now 选择身份

新生——First-year student

转学生——Transfer student

教育工作者——Education professional

家长及其他——Parent or other adult

2. 选好身份后，建立账号

账号注册完成后，跳转到登录界面（Dashboard）。

二、搜索并添加学校

可以将意向学校都添加进学校列表，这样更方便查看学校信息及申请进度等。

1. 搜索学校

在 College search 中输入学校名称或者大学所在城市名称之后，下方搜索列表里会出现结果。（如果搜索不到，那就是该学校不参加 Common App 申请系统。）

2. 添加学校

在结果列表里点击学校名称左侧的加号（十字符号），可以将其添加到学校列表中，最多添加 20 个。点击右侧的菜单能查看学校信息、学校网址、学校招生办信息。

3. 查看学校

在 Dashboard 板块里可以看到你添加的学校，并查看申请进度等信息。

三、填写 Common App

填写 Common App 主表。这部分内容是每所学校都能看到的，分为 7 部分：Profile（个人）、Family（家庭）、Education（教育）、Testing（考试）、Activities（课外活动）、Writing（写作）、Courses & Grades（课程及成绩）。这部分内容非常重要，务必小心填写。

1. Profile（个人）

（1）Personal Information（个人信息）

包括 First name（名）、Middle name（中间名）、Last name（姓）、Suffix（姓名后缀）、Nickname（绰号、昵称），以上内容如实填写即可。

建议你在 Nickname 一栏填写自己的昵称或者英文名。因为有些昵称可以显示你的特点，如 Golf Fan——高尔夫迷，Stamp Boy——集邮男孩。

被问到你是否有其他姓名时（Have you ever used any other names?），除非你有过正式的曾用名，否则建议不要填写，以免给招生办公室产生不必要的联想。

Sex 一栏，没有任何悬念。

但是 Sex 下面这一段，需要就你的"性别认同"（gender identity）填写个人实际情况。

如果你认为自己是常规性别认同者，可以不必填写。但如果你是"男同性恋"（Faggotry），或"女同性恋"（Tribade），或"双性恋"（Bisexual），或"性取向尚不清楚"（Sexual Unclear）者，可以如实填写，不必犹豫，因为美国常春藤名校和其他顶尖名校不但丝毫不会歧视同性恋或性取向不清楚的申请者，而且非常包容。某种程度上，这些招生官员甚至会特别留意这些同性恋或性取向不清楚申请者的材料。

下面"生日"一栏，注意使用标准表示法，如 March 22, 2001。

（2）Address（地址）

填写 Permanent home address（永久地址）时，网站会自动显示注册时填写的地址，需要修改的话点击 Change。如果没有填写，可以点击 Add Address 进行添加。选择国家后，在 Address 栏填写地址，下拉菜单，如果没有找到正确的地址，选择"I don't see my address in this list."，并点击下方 Continue 后输入正确地址。

如果你家有两套房子，轮流居住，都可以收到邮件，则可以选择填写一个地区相对偏僻、较不富裕的地址。

如果没有其他地址，则在"No alternate address."处打钩。如果想将邮件寄到临时地址，要选择"Send mail to a temporary or alternate address."，再添加地址。

（3）Contact Details（联络电话）

建议填手机号码（mobile）。如果没有其他联络电话，则在"No other telephone."处打钩。

（4）Demographics（人口统计）

第一项，Religious preference（宗教信仰），表中任选一个，如 Baptist（浸信会教徒）、Buddhist（佛教徒）等。没有就选 None。

U.S. Armed forces status（美国军队服役），没有选 None。

关于种族，华裔都填 Asian。亚洲具体国家选项中，如果你来自中国，则在 China 处打钩。

在"Yes,I have completed this section to my satisfaction."处打钩。

（5）Geography（地区）

这里要填写你的出生国家和出生城市，还要填写你在美国境内居住过几年（在美上学或在美长期交流都算在美国居住，短期观光旅游不算）以及填写你在美国境外居住过几年。

（6）Language（语言能力）

根据个人情况，可以添加多种你熟练的语言。作为一位中国高中学生，你至少可以填写两门语言：汉语和英语。当然需要填写哪一门是 First Language（母语），在口语、阅读、写作方面的熟练程度，以及是否在家使用这种语言。一般在美国读高中的学生，至少可以填 3 种——英语、汉语和在高中选读的一门外语。

如果你会其他语言，你可以在这里一一添加。多掌握一种语言，会为你的申请加分不少。

（7）Citizenship（国籍）

填写国籍，有 5 个选择：美国公民、美国双重国籍者、美国绿卡持有者、在美难民或避难者、其他国籍（Other）。

如果选择其他国籍，表中会陈列全球所有的国家供你选择。要留意，如果你眼下持有加拿大绿卡但并未入籍，则你不能填加拿大国籍，只能填中国国籍。

如果你已经取得其他国家的国籍，填上那个国家的国籍，你申请名校的概率将明显胜过和你各方面申请资料类似的中国籍高中生。

如果你现在持有美国的有效签证，需要在表中注明是 F-1 学生身份，还要填写签证号码和签发日期。需要申请新的签证，也要注明签证类别（一般填 F-1 Student）。

（8）Common app fee waiver（申请费减免）

这里填 NO，不要给人留下"你家庭经济状况太差"的印象，这多少会影响申请成功率。

2. Family（家庭）

（1）Household（家庭成员）

这里要填你双亲的婚姻状况，以及你是否和父母同住或与其中一位同住，本人有无小孩。

（2）Parent 1 & Parent 2（双亲概况）

要填双亲姓名、是否健在、他们的称谓、姓和名、出生国家、电子邮箱地址、电话号码、地址、职业（含具体雇用公司名称、具体职务等）、教育程度。

最后两项是大学非常希望了解的。家长的职业和教育程度决定了家长的思想境界、学术能力、经济收入、对孩子的影响，学校甚至可以据此预测家长对大学的捐赠能力。

即使家长已经退休，甚至去世，仍要提供这方面的信息（填写退休前或健在时的职务及教育程度）。表中有许多现成的职务和教育程度术语供你选择，请务必仔细填写。

（3）Sibling（兄弟姐妹）

填写兄弟姐妹的数量、姓名、年龄、与申请者的关系、教育程度等信息。这部分材料中，招生办最关心的是学生是否为家中第一个大学本科申请者。

3. Education（教育）

（1）Current or Most Recent Secondary/High School（目前或最新就读高中信息）

查找到所在学校，再填写入学年份、是否寄宿学校、毕业时间（有否 Gap Year 计划或已经处于 Gap Year 状态）等信息。如果没有查询到所在学校，可以选择"I don't see my high school in this list."。

（2）Other Secondary/High Schools（其他中学/高中）

如果所填高中不是你就读的第一所学校，需要填写之前就读的高中的名称、地址、CEEB Code（美国的高中编号，中国高中不必填写），以及在前一所学校的入读时间和离校时间，并写不超过 250 字的离校理由。

如果高中期间转学多次，按照要求填写转学次数、起始日期以及转学原因。

（3）Colleges & Universities（学院和大学）

如果你进修过大学的课程，例如夏校，可以在这里填写信息（就读大学名称、选修课程、学习起止日期等）。

（4）Grades（成绩）

高中 GPA 是申请中非常重要的参数。这里要填毕业班人数、你在班上的排名、排名的方式、GPA 是加权（weighted）还是未加权（unweighted）。填写前最好和升学顾问或班主任商量一下，确定后再写。

（5）Current or Most Recent Year Courses（目前或最新的学校课程）

填写最近一学年学过几门课、这些课程的授课学制、课程名称、课程等级等信息。

（6）Honors（奖项）

填写从 9 年级开始所有获得过的荣誉奖励，包括奖励的头衔、获奖时所在年级、获奖级别（学校、州一级、全美、国际）。最多可填 5 个。未获奖者，填 0。

（7）Community-Based Organizations（社区组织支持）

此项要求填写在你的申请过程中，有多少社区项目或组织为你提供了免费的帮助。一般都填 0。

（8）Future Plan（将来学习计划）

这里填写你未来的职业规划，以及希望将来获得的最高学位。注意这一栏一定要填写。建议填将来想当大学教师（College Teacher），最高学位希望是博士（Doctorate

PhD）。

4. Testing（考试）

选择自己参加过的考试或者即将要参与的考试，这些考试包括 ACT、SAT、AP、IB、托福、PTE、雅思。国际学生如果参加了高考及会考，可以填写成绩。

填写标准化考试成绩，还要提供考试名称，考试中各个部分的成绩、考试日期。

5. Activities（课外活动）

这部分就是我们经常说的课外活动，表中提示的课外活动包括艺术音乐类、俱乐部、社区活动、家庭分忧、兴趣爱好、体育活动、工作或义工、其他有意义的活动。最多填写 10 个活动，要把最重要的放在第一个，以此类推。

在表述每一个活动时，都要写明活动类别、组织名称、你在组织中的职务以及如何体现你的领导能力，并用不超过 150 个字母（characters）的单词描述参加这个活动使你有了哪些体验，获得了何种认可。还要写明自己在高中哪几年参加这个活动，这个活动每周参加的多少小时和每年参加多少星期，是否有意愿在将来大学校园继续参加这类活动。

许多学生说，150 个字母的活动描述比文书更难写。原因很简单，你需要用精练的文字描述出自己在这个经历中具体做了什么、从中有什么收获、为这个活动带来了什么，以及自己对这个活动的感受。要用 150 个字母的描述使你"与众不同"。

优秀的课外活动经历可以提升申请成功率，在课外活动描写部分要用心写。同时一定要表示，将来进大学后，会继续参加这类活动。

6. Writing（写作）

（1）Personal Essay（个人作文）

这里就是我们熟知的入学作文，有 6 篇命题作文和 1 篇自由命题作文。每篇要求最少 250 个单词，最多 650 个单词。

你申请的学校可能要你再写 1—2 篇额外作文，要按照具体要求写。

建议大家先在文档里写好，再复制过来。

有关如何写好入学作文，请参阅前一节"入学作文的素材、初稿和修改"。

（2）Disciplinary History（处分记录）

要求学生表明是否在之前的学校受到处分，是否曾经在从 9 年级（或国际同等水平）开始就读的任何教育机构中违反纪律，不仅限于学术不端行为。这些行为包括但不限于缓刑、停学、开除。如果有，请提供每一事件的大致日期，解释当时的情况，并反思你从该事件中学到什么。

没有的选"NO"。

（3）Additional Information（其他信息）

2020—2021 年的通用表，一共有两方面内容供学生填写。

一项是新冠肺炎疫情给申请学生带来的影响。

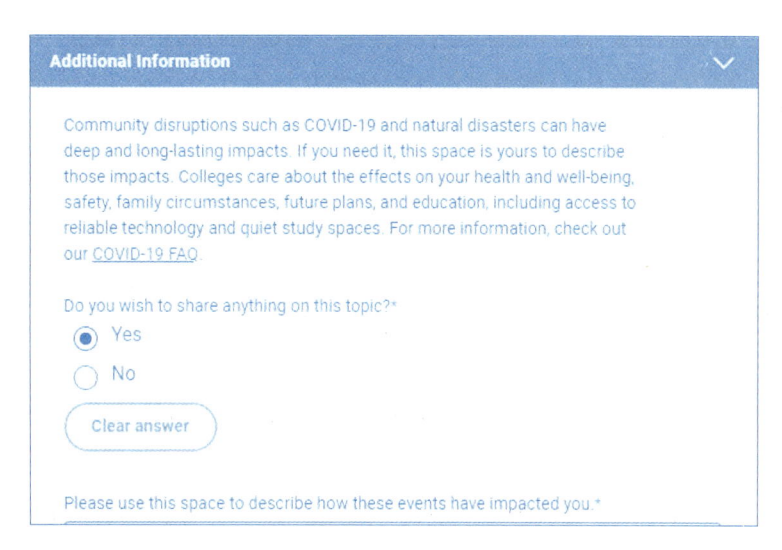

> **Additional Information**
>
> Community disruptions such as COVID-19 and natural disasters can have deep and long-lasting impacts. If you need it, this space is yours to describe those impacts. Colleges care about the effects on your health and well-being, safety, family circumstances, future plans, and education, including access to reliable technology and quiet study spaces. For more information, check out our COVID-19 FAQ.
>
> Do you wish to share anything on this topic?*
>
> ○ Yes
> ○ No
>
> Clear answer
>
> Please use this space to describe how these events have impacted you.*

新冠肺炎疫情和其他自然灾害可能会给社会带来长期的影响。如果学生需要，可以在下方描述你受到的影响。因为大学十分关心疫情是否对学生的身心健康、安全、家庭状况、未来计划和教育产生了影响，包括你是否能获得可靠的设备和安静的学习空间。

这里较为详细地提示了如何在 250 个单词之内来表述这些影响。

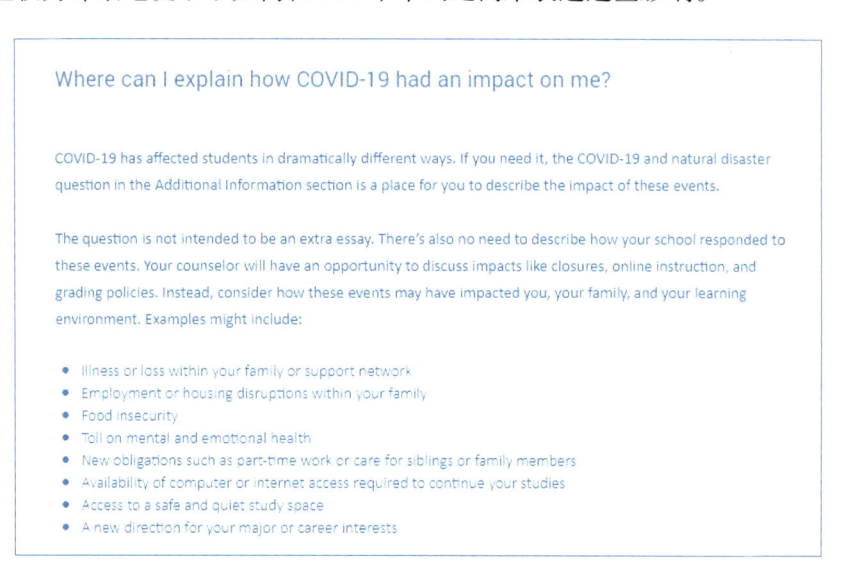

> **Where can I explain how COVID-19 had an impact on me?**
>
> COVID-19 has affected students in dramatically different ways. If you need it, the COVID-19 and natural disaster question in the Additional Information section is a place for you to describe the impact of these events.
>
> The question is not intended to be an extra essay. There's also no need to describe how your school responded to these events. Your counselor will have an opportunity to discuss impacts like closures, online instruction, and grading policies. Instead, consider how these events may have impacted you, your family, and your learning environment. Examples might include:
>
> - Illness or loss within your family or support network
> - Employment or housing disruptions within your family
> - Food insecurity
> - Toll on mental and emotional health
> - New obligations such as part-time work or care for siblings or family members
> - Availability of computer or internet access required to continue your studies
> - Access to a safe and quiet study space
> - A new direction for your major or career interests

针对这个新增加的问题，Common App 的 CEO 珍妮·莉卡德（Jenny Rickard）说道："我们非常高兴收到大学的反馈，了解他们是如何帮助学生分享疫情对他们个人和教育带来的影响。我们的目标是让学生和老师可以分享他们关于疫情的经历，同时提供给

大学他们需要的信息，以帮助他们了解学生独特的背景。"

由此我们可以猜测，虽然该题目设为选填（optional），但是美国大学更希望申请者分享他们的经历，所以正在或者即将要开始头脑风暴的同学们，可以将这次新增的题目安排在内，争取利用这 250 个单词的小文章展现自己在疫情中的收获。

2020 年，因为托福、SAT 等考试的相继取消，标准化考试成绩在申请中的比重势必会降低，美国大学将会更加看重申请者的课外活动，包括学术、兴趣爱好，甚至在疫情中做出的信息共享，都将成为重中之重。正如曾登上微博热搜的英国留学生吴芃，他实时追踪和更新疫情信息的推特受到广泛关注，连英国卫生部也转发他的推特。还有直播从美国回中国旅程的海外学子们，他们也在以不同的形式分享自己在疫情下的特殊经历。许多学生利用这次新增题，使自己有了更亮眼的申请表现。

2020—2021 年申请表中增加有关疫情的选填内容是一个特殊现象，这也提示我们，今后一旦再碰到类似世界性难题，申请者如何克服困难、突破困境、挑战自己，将是大学关心的内容。

另一项是表中其他地方没有提到的个人"附加信息"，不超过 650 个单词，应该充分利用。

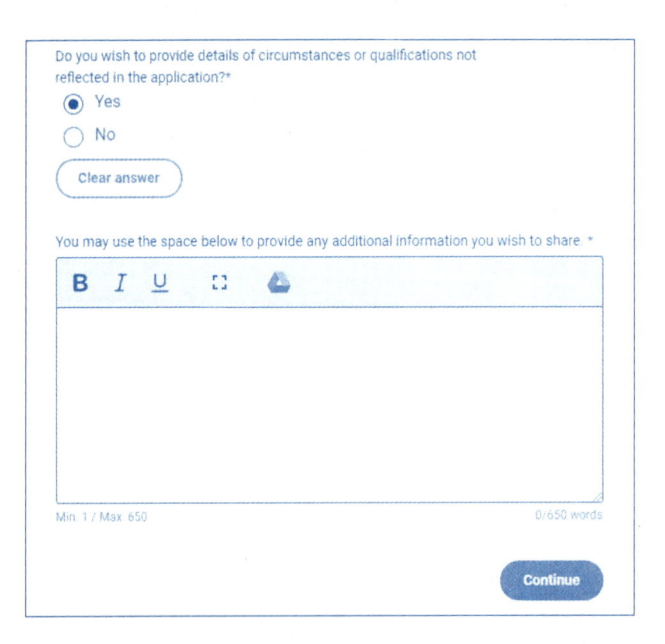

可以上传你高中写的论文；

如果申请商科，可以提交你的商业计划书；

可以填写前面写不下的活动、荣誉等信息；

也可以对有些科目成绩不理想做出解释。

7. Courses & Grades（课程及成绩）

有些大学要求学生填写所学课程及成绩，学生要根据高中学校开出的成绩单对照填写，但是以后仍需提交官方成绩单给录取的学校。

到这里，主表格的填写就结束了。你提供的内容是所有你想申请的大学都能看到的，但是不要忘了有些大学还有单独的申请表要填写。

8. My College（我的大学）

你所申请的大学，可能有额外作文要求，称为 Writing Requirements。通常是写一篇短文，并回答两个问题。这部分的内容也因学校而异，应认真阅读学校要求，细心填写。

想要申请财务补助（主要是美国公民和绿卡持有者），要填写 Financial Aid Resources 这一栏的内容。

填写完成后，不要急着提交，务必认真检查1—2遍，然后点击 Review and Submit，确认信息内容填写正确后再提交申请并付款。

本节小结

聘请有经验有声誉的升学顾问，他们会帮助学生处理好所有与申请有关的工作，为你成功申请进入常春藤名校及其他顶尖名校起到很重要的辅助作用。

充分合理地利用 ED、ED1、ED2 的申请优势，提高申请成功率。

用心填好申请表中每一栏内容，任何细节都会影响你的申请成效。

第六节
让你的推荐信打动招生官员
——提供数据和情节

推荐信是申请美国名校的6块敲门砖之一（另外5块是竞赛成绩和课外活动、高中成绩、标准化考试成绩、入学作文、面试），是唯一不经学生本人直接递交给大学招生办公室的申请材料。绝大多数学生的推荐信由熟悉学生的高中升学辅导员（Guidance Counselor）、授课老师或其他人士经由通用申请表，直接递交给美国大学招生办公室。

通用申请表上，家长和学生有权利查看老师的推荐信，这受到《家庭教育权利和隐私法案》（Family Educational Rights and Privacy Act,FERPA）的保护。但基本上，所有学生都会放弃这个权利，这通常意味着你信任帮你写推荐信的老师，也让大学招生办公室更加确信推荐信的真实性。

问题来了，既然推荐信具体内容无从得知，那么应如何让推荐信为你申请名校加分呢？换言之，如何让你的推荐信打动招生官员？

数百名优秀中美高中学生的经验表明，想让推荐信发挥最大的作用，你需要做到以下3点。

1. 选对推荐老师。
2. 合理安排时间。
3. 提供更多的个人材料给推荐老师。

一、选对推荐老师

推荐信的撰写人主要有三类，第一类是高中的升学辅导员，你无法选。升学辅导员写推荐信的重点是提供学校总体情况（School Profile），介绍学校历史、学生种族和男女比例、提供课程，介绍学生SAT和ACT的考试分数线，学校课外活动组织等。因为升学辅导员面对数百名毕业生，不可能熟悉每一位学生，所以他的推荐信内容简单，除非你是全校第1名（毕业典礼致辞者）、校刊主编、乐队指挥、各类大型竞赛第1名，或者至少是学校课外俱乐部发起人，否则他的推荐信内容无法生动。

授课老师的推荐信非常重要。除了个别大学指定11年级的英语或历史老师写推荐信（如康州的三一学院），一般你可以选择任意两位任课老师。选择老师时，请留意以下几个条件。

1. 你这两门科目的成绩非常好。

2. 两位任课老师对你非常友好。

3. 两位任课老师目前仍是你的任课老师（通常是11年级）。

4. 两位任课老师最好一位是文科老师，另一位是理科老师。

5. 其中一位老师执教的科目与你申请的大学专业相关（如你申请大学化学专业，那高中化学老师的推荐信至关重要）。

其他人士为你写推荐信，这些人士包括你的体育教练、乐器老师、社区领袖、教会牧师、打工雇主等，除非你在这些领域获得非常出色的成绩，一般不建议请这些人士为你写推荐信。道理很简单，一位申请者提供三封推荐信，会给审核老师增加很大压力。

二、合理安排时间

美国大学ED申请是12年级秋季的10月底正式递交材料，但你绝不能在当年秋季开学才开始联络写推荐信的老师，时间太仓促。一般建议这样安排时间。

1. 11年级春季的4—5月期间，与你心目中"理想"的写推荐信的老师约好时间交流10分钟，先介绍自己计划申请的大学和专业，询问其是否可以担任你的推荐老师。如果老师同意，先表示感谢，再说明在暑假前，会给老师发送书面邮件，提供整理好的个人材料。

2. 有些学校会给家长一份推荐信调查问卷（Letter of Recommendation Questionnaire），请家长和学生认真填写，尽快交回学校。如果学校没有提供这类问卷，学生可以自行提供类似表格和说明材料，暑期前发给升学辅导员和任课老师作为参考。这件事非常重要，是这个申请环节中最值得你认真对待的。

3. 12年级秋季开学前的7月中旬，发邮件给写推荐信的老师，询问需要补充什么材料，同时婉转告诉老师需要在当年10月底之前完成推荐信（因为有ED申请），并解释9月开学后，老师和12年级的学生会进入最紧张的申请期。这样提醒老师的目的，是确保老师在整个暑期期间留有足够时间写推荐信。

4. 12年级秋季一开始，发一封邮件，婉转询问老师是否完成推荐信，告诉老师自己计划申请ED的大学名称，并说明当年11月第一周老师会收到大学要求递交推荐信的邮件。

5. 如果12年级的秋季结束前ED申请成功，要立即发邮件告诉写推荐信的老师，并表示感谢。如果ED申请不顺利，则告诉老师，之后要申请ED2、EA和RD，请老师继续帮忙递交推荐信。

6. 12年级春季的4月下旬，申请结果已经明了，无论结果如何都要写信给老师表

示谢意。毕竟写推荐信不是老师应该做的事，纯粹是在帮助你。

三、提供更多的个人材料给推荐老师

这是非常重要的一件事，直接关乎推荐信的成功与否。大部分任课老师都在推荐信里介绍学生在自己任教的这门课的课堂表现，赞扬学生成绩名列前茅，使用"学习努力""肯帮助他人""富有激情""有团队精神"等词汇，却没有具体数据和情节支持这些陈述。

要使形象更加突出，需要你提供更多的材料。有些学校提供推荐信调查问卷，除表上内容以外，你仍可提供额外材料。如果学校不提供问卷，你更有必要提供类似材料。只有材料充分，你的推荐信才能与众不同，打动招生官员。

一般你需要向老师提供以下材料。

1. 你的简历。
2. 你计划在通用表中列出的10项课外活动。
3. 你计划在通用表中递交的入学作文。
4. 你在哪一年级，读这位老师哪一门课？这门课的考试成绩排名如何？
5. 你上老师这门课最大的收获是什么？
6. 你还上过哪些类似的网课、大学和社区大学的大一课程？为什么选这些课程？成绩如何？
7. 你在这门课的课外兴趣俱乐部中有什么创新的活动？提供数据和情节。
8. 你计划申请哪几所大学、哪些专业？为什么申请这些大学和专业？
9. 这些大学的申请截止期。
10. 你引以为傲的成绩和成就。

要注意，在提供以上材料时，尽最大可能多提供数据和情节（摆事实和讲故事）来凸显你的性格和个性。譬如，你从9年级发起数学爱好者俱乐部，有15人参加，到11年级发展到70人。俱乐部里获得美国奥数AIME参赛资格人数，从10人发展到42人（用数据说话）。这期间，你动脑筋丰富俱乐部的活动内容，除了请数学老师辅导外，还通过升学辅导员邀请毕业的老校友帮助安排俱乐部成员参加大学暑假课程、学习大一数学课程、提高成员的数学知识，这样就有情节、有故事了。把这些材料提供给数学老师，数学老师推荐信的内容丰富了，你的个人形象也丰满了。

再譬如你可以给英语老师提供自己主编校刊的经历，你如何从主编助理做到主编，校刊如何从5—6位投稿人发展到超过20人投稿，从月刊变成半月刊（用数据说话）。最后和学区其他学校校刊合作，成功创办几所学校的校刊综合刊物，并推荐优秀作品到地区报纸投稿，受到校内校外好评（情节有了，故事出现了）。这样的数据和情节出

现在英语老师的推荐信中，当然会吸引大学招生官员的眼球。

请注意你提供的数据和情节，不要与你准备的其他申请材料（入学作文等）有重复之处。你可以在通用表的课外活动表格里强调活动对自己的影响，把这些数据和情节留给老师在推荐信中述说。你的推荐信内容越真实，效果就越明显。

当然，想让任课老师对你印象深刻，除了成绩好，还需要你和老师保持长期良好互动。以下是中美优秀高中生的经验之谈。

1. 在课堂上多参与、多表现

不迟到不早退，积极参与课堂讨论，尝试在课堂中回答问题，这是你崭露头角的好机会。

如果真的觉得课程内容太艰深，也可以举手提问，请老师针对你不懂的地方再讲解一次，或是下课后留下来问老师。在有挑战性的内容上表现努力也被视为课堂的一种积极参与，你的老师也会对你产生良好印象。

按时交作业，认真准备每次考试，考出好成绩。

2. 积极主动，帮助他人

配合班长和老师做各种力所能及的工作，帮助学习有困难的学生。

3. 积极参加老师主办的各类活动

如果老师担任某个课外俱乐部的辅导老师，要积极配合老师在俱乐部的工作。如果老师要举办讲座，积极主动做会前各种准备工作。

如果做到以上3点，老师不但会热心帮你写推荐信，还会给你优秀的课堂表现成绩。

本节小结

让推荐信发挥最大的作用，你需要做到：

1. 选对推荐老师。

2. 合理安排时间。

3. 提供更多的材料给推荐老师。

向老师提供个人材料时，尽最大可能多提供数据和情节（摆事实和讲故事）来凸显你的成绩和个性。

注意平时和任课老师保持良好互动，应做到：

1. 在课堂上多参与、多表现。

2. 积极主动，帮助他人。

3. 积极参加老师主办的各类活动。

第七节
面试要显示你热爱心仪大学，适合心仪专业

一般美国公立大学不要求面试学生，因为申请者太多。像加州大学，仅洛杉矶分校申请者就高达12万人，加州大学无法提供那么多面试人员。许多文理学院希望你去参加校园面试，其中一个目的是希望美丽的校园增加你入读的决心。而常春藤名校和其他顶尖名校都会委托世界各地的校友尽可能面试每一位申请者（有些国家和地区没有该校校友，就没法提供面试机会），面试结束后，校友会递交面试报告给招生办公室，作为招生审核的参考资料。

名校招生部门培训校友成为面试人员，一般会提供80—100页的面试指导材料。材料包含详细的面试细则和面试报告的写作指导，要求将学生的性格特点凸显出来反馈给招生办公室，同时要求面试人员写下自己对面试的学生是否适合母校的看法。

大约在面试前两个星期，名校的面试人员都会收到母校招生办公室发来的邮件，邮件中会提供面试学生的个人资料。收到这些材料后，面试人员会通过邮件联络申请学生，商定面试的具体时间和地点。一般面试人员会先提出面试的时间和地点建议，通常在面试人员就职公司附近的咖啡店见面，时间在1小时左右。

学生如果收到这种邮件，就要立即进入面试"精心准备"阶段了。

1.学生要在第一时间回复邮件，并表示愿意配合面试人员的时间和地点建议，这样还没见面就留给面试人员一个好印象。特别是ED申请时，由于审核时间短，学生更要迅速回复邮件，争取早日完成面试。

商定面试时间、地点看来是一件再简单不过的事，有些学生却犯下以下"低级错误"。

——邮件拖了一周之久才回复，而且邮件称呼缺乏基本礼貌，直接使用David或Hi, David，好像与同班同学在联络。

——商定时间和地点时，以自己为中心，不提供方便给面试人员，回复"希望周三14:00—15:00，或周四10:00—11:00，或周五13:00—14:00，地点在火车站附近的星巴克咖啡店，因为那里交通方便"云云。

——有些学生提出家长也要参加面试，理由是家长能更好地介绍自己。这显然是违背招生办公室面试初衷的，不应该提出如此要求。

以上情况看起来有点匪夷所思，但的确发生过。相信你不会犯如此错误。

2.准备一份你的书面简历，虽然面试官员会收到学校发来的你的基本情况介绍，但面试官员可能看过不少学生材料，容易混淆。你准备好简历，会使面试官员快速确认你的概况。

3.精心准备面试人员可能问到的问题（数百名常春藤名校和其他顶尖名校学生回忆到的问题汇总）：

——为什么喜欢我们这所大学？
——为什么喜欢我们大学的这个专业？
——未来你能为我们大学做出哪些贡献？
——如果能进入我们这所大学，你有什么课外活动计划？
——你对我们大学有哪些好奇的问题？
——你最喜欢高中课程的哪一位老师？（建议回答是为你写推荐信的老师）
——你在高中最喜欢哪一门课程？为什么？
——你在高中最不喜欢哪一门课程？为什么？
——你在高中参加过什么俱乐部？从中学到什么？
——说说你认为做得最棒的一件事。
——你在高中遇到的最大的失败是什么？
——你有什么优点和缺点？
——最近读了哪一本书？为什么想读这本书？
——你喜欢阅读网络文章吗？经常浏览哪些网站？
——大学毕业后，你想从事什么工作？
——你去年暑假做了什么？今年暑假有什么打算？
——用3个单词来形容你自己。

如何精心准备面试的核心话题？

面试人员希望看到学生真实的一面。答案没有绝对正确或绝对错误之分，但精心准备还是非常必要的。特别是2个最有可能问到的问题，笔者总结以前学生的回答，提供以下回答范例供参考。

——为什么喜欢我们这所大学？

理想回答：因为贵校提供的某专业是我梦寐以求想学习的专业。尤其是×××教授，是我仰慕已久的专业大师。而且，贵校的划船队，也是我一直想参加的。

差劲回答：听说你校有名；听说你校排名蛮靠前的；爸妈要我念这所学校。

——你喜欢我们大学哪个专业？为什么？

理想回答：以化学为例。化学是我最喜欢的专业，我从小就立志当一名化学家。我知道贵校有诺贝尔化学奖获得者，我特别想要当他的学生。为此，我在高中期间，年年参加全国的化学竞赛。

差劲回答：贵校的经济专业排名很靠前，全家都希望我读这个专业，但我尚未决定；我想当一名外交官，还想当律师，就是不喜欢理工科课程，我想读一年书后再决定选什么专业吧。

以下是3个曾令学生"措手不及"的面试问题：

——如果你到一所远离家乡（家庭）的大学，你会怀念家乡（家庭）的哪些方面？
——如果要你推荐一位健在的名人/作家/音乐家/艺术家来大学做演讲，你会推荐哪一位？为什么？
——万一今年秋季，你没有机会进大学，你计划干点什么？

不管面试官提出什么问题，最关键的一点，是你要显示热爱自己申请的大学，你适合你所申请的大学及专业。

麻省理工学院台湾地区总面试官汤玛丽女士在她的《MIT面试官教你进美国名校》一书中写道：

> 1. 美国大学面试官最想了解学生的是：
> （1）志向、专长；
> （2）个人特质与大学是否合适；
> （3）个人履历中的不足之处；
> （4）学习深度、广度与纬度；
> （5）德育、品格养成。
> 2. 除非状况极特殊，否则不要选择视讯面试，务必与面试官见上一面。
> 3. 面试往往会跳脱申请资料，由面试官面对面认识你，深入了解你是否适合该所大学。

面试过程中的注意事项：

——面试前，先去面试地点"踩点"，不要搞错地点，同时了解交通情况，估计到达所需时间。

——记清面试官姓名，不要叫错面试官名字。

——上一次洗手间，照一下镜子，检查一下仪表。

——手机关机，放在包里。

——穿着整洁大方，避免太耀眼或太随意，不宜穿戴本民族的传统服装，应尽量符合美国主流社会公共场合的穿戴共识。

——看到面试官进来，要主动起立，和面试官打招呼，可使用"Good Morning!"或"Good Afternoon!"开头。接着应改用 Mr. 或 Ms. 称呼对方，或根据面试通知书上的有关提示称呼。面带笑容主动伸出手，握手有力，展现自信。

——学会关注，仔细听对方发言，身体保持前倾以显示兴趣，千万不要跷二郎腿。

——回答问题简明扼要，不要刻意表现幽默。

——可以补充一些申请材料中没有提及的内容。

——不要对自己的兴趣爱好夸夸其谈，把面试变成你宣扬自己长处的地方，这是初次面试者最容易犯的错误。

——千万不要谈敏感的有分歧的如同性恋、堕胎等话题，也不要谈政治上有党派争论的有关移民、健康保险之类的话题。

——面谈时，要时时保持不卑不亢的态度。如果面试官打了一个喷嚏，你可以说"God Bless You!"，给面试官员留下好印象。万一有人突然要见面试官，你应该立即停止说话。这些小事，面试官是很看重的，这能反映出一个人是否有基本社交礼节。

——一般面试官都喜欢和你交流，在面试即将结束时，面试官都会问你有什么问题要问，这时不妨请面试官员简单介绍一下他（她）在学校时的经历，如面试官员当年入学时读什么专业，学校里有哪些课外俱乐部可以推荐。注意这类谈话要简单扼要，不要占据太多时间。

——和面试官分手前，问一下面试官的收信地址，告诉他你想手写一封感谢信给他（她），这也会博得面试官的好感。分手时，不要忘了说："I enjoyed the interview very much. Thank you so much for your time."，也不要忘了再握一次手。

面试后要做的事：

——向父母、老师、亲戚、同学等一切关心你面试的人报告面试概况，感谢他们对你的关心和指导。

——发邮件，同时写感谢信，寄给面试官。

——把面试经过写成简单报告给高中升学辅导员（Counselor）。

许多学生对面试过程非常满意，感觉面试官对自己印象非常好，被心仪大学录取指日可待。通常一些学生会如愿以偿，但更多学生却接到拒绝信或被纳入"等待名单"。原因是面试官虽然可以把面试报告写得很好，但面试报告仅是一份材料，供招生官员参考，并不起决定性作用。

所有名校都希望能面试每一位申请学生，但限于校友网在全美各州和全球各国的分布，无法给所有申请者提供面试机会。如宾州大学可以安排 90% 申请者面试，康奈尔大学的面试覆盖率只有 60%。所以有面试机会不意味着你已被录取，没有面试机会则不代表你已经出局。

有些特别的专业，如康奈尔大学的建筑、艺术和规划学院（College of Architecture, Art and Planning, AAP）的专业，申请学生必须经过招生官员或有关专业教师面试。

2020 年年初开始的新冠肺炎疫情大流行，使得不少名校开始采用网络视频面试。其中一种称为"视频面试"（Virtual Interview 或 Video Interview），由招生官员或校友通过网络视频实时面试。

另一种方式是"录制视频介绍"（Recorded Video Introductions），芝加哥大学、布朗大学和圣路易斯华盛顿大学就采用这种方式。这种面试方式要求申请者录制一段 2 分钟的自我介绍录像。有些大学还提供一些提示，如布朗大学说，申请者可以"在申请中提供的信息之外，用你自己的声音，更多地向我们介绍你自己。分享一段 2 分钟的个人视频向我们展示你是谁，以及你为什么对就读布朗大学感兴趣"。

不管大学采用哪一种面试方式，其核心都是希望听到你对"为什么申请我校"和"为什么申请这个专业"这两个问题的回答。

本节小结

常春藤名校及其他顶尖名校都会委托世界各地的校友尽可能面试每一位申请者。面试结束后，递交面试报告给招生办公室，作为招生审核的参考资料。

面试一定要显示自己热爱申请的大学，并且适合这所大学及专业。

要为面试做充分准备，时间、地点不能搞错。对可能提问的问题要准备好腹稿。礼貌为先，不卑不亢，面试表现得体大方。

由于疫情大流行，名校越来越多采用视频面试和录制视频介绍等新型方式考查学生。

面试结束，记得发感谢信给面试人员和关心你面试的所有人士。

第八节

"拒绝信"后仍有"翻盘"机会，"等待名单"中力争转正名额
——收到 ED 和 RD 通知之后的应对之道

每年 12 月中旬，一些美国名校会陆续公布 ED 的审核结果。申请者都会收到下面三种通知的其中一种。

录取（accept）、延期决定（defer）、拒绝（reject）。

万一收到拒绝信或延期决定不必太沮丧，生活中难免有不完美的时刻。既然已被拒绝，你就不再受之前的提前决定捆绑协定限制，这时最好的行动就是赶紧申请提供 ED2 的其他名校。提供 ED2 申请的名校有芝加哥大学、范德堡大学、埃默里大学、莱克森林大学、塔夫茨大学、纽约大学等。注意：你不能在 ED 申请失利后，再申请同一所学校的 ED2（有关 ED2 申请，请查阅第十章第五节）。

收到延期决定通知，表明你仍被学校考虑，只不过你的申请被纳入常规申请阶段的考虑中了，这其实是给你"第二次机会"。大学的招生部门不直接拒绝一些他们觉得有潜力的学生，而是把他们的申请推迟，和常规一轮的申请人再进行一次比较。这样他们就可以综合考虑包括 ED 申请和常规申请的所有申请人，然后从中筛选出他们觉得最适合的学生。

事实上，申请 ED 的学生总体背景都比常规申请的学生强，所以被延期到跟常规申请的学生竞争，被录取的可能性较大。另外，第二次机会也给学生争取了更多时间提高自己的实力，并向大学招生部门展示自己。比如，学生 12 年级选修一些很有挑战性的课程，而成绩可能要到次年年初才出来。如果你在次年常规申请发榜前把成绩作为补充材料发给大学招生办，会提高录取概率，因为学生的成绩和选修课程的难度是影响录取决策的重要因素。

但不是每所学校都允许你提供补充材料。大多数的学校会要求提供更新的成绩单，而很多大学可能也只允许提交这一项补充材料。另外一些大学会允许学生提供额外的材料，比如，新的推荐信、更新的课外活动列表等。你要认真看一下大学的要求，有哪些补充材料是允许提供的，然后根据大学的规定和喜好来提交材料。注意，除非一所大学明确要求或允许某项材料，否则不要发送他们没有要求的东西，违反学校规定

反而会适得其反。

如果规则允许的话，你可以写一封 Letter of Continued Interest，我们俗称"求爱信"。大学肯定希望招收真正对这所大学感兴趣的学生，在"求爱信"里面，你应该重新阐述自己对这所大学的兴趣，自己为什么适合这所大学，并表示一旦获"常规决定"（RD）录取，肯定来报道。还可以顺便谈一下自己的近况，让大学了解在上次提交了提前申请之后自己又有了哪些提高。写这样的"求爱信"会提高被录取的概率。

在等待 RD 发榜期间，许多大学会发邮件，邀请你参加网络讨论会、听教授的讲座、或通过虚拟现实技术参观校园。大学招生官员会追踪你是否打开他们的电子邮件，了解你是否仍表现出对所申请大学的向往，如果知道你使用了这些材料，他们会很高兴。即使你没有踏入校园，学校也希望你可以通过社交媒体、虚拟参观、信息会议、学生大使和学院网站，对学校有一个全面的了解。

一般收到延期决定（Defer）通知是 12 月中旬，你还有时间申请其他大学的 RD，通常 12 月 31 日是许多大学 RD 申请的截止期。

如果收到录取通知（Accept），第一，恭喜你和你的家人；第二，提醒你几点注意事项。

——别到处炫耀你被录取，你的许多同学可能还没递交 RD，要体谅他们的想法。

——写给你的高中升学辅导员、帮你写推荐信的老师们、你的私人升学顾问、你的补习班老师、关心你申请的所有亲朋好友等。

——认真学好 12 年级春季的课程，如果成绩出现大幅下滑，你可能被取消录取。

——注意不要在私人媒体上发表不适宜的言论。无论你的政治观点如何，不要在任何网站上（Facebook、Twitter、Instagram、QQ、微信等）发布不宽容、种族主义、性侵犯、性别歧视、冒犯性、越界的内容。哈佛大学取消过不少这类学生的录取（可参阅本书十章三节）。

第二年三四月间，RD 发榜，你的名字会出现在 3 张不同的名单上：录取；拒绝；等待名单。

名字出现在"等待名单"上，这是最令家长和学生抓狂的事。大学虽然没有拒绝你，但凭学长学姐们的多年经验，从"等待名单"中被录取的学生，少之又少。笔者被家长和学生问得最多的两个问题就是：同在"等待名单"中的学生，是否有内部优先排名？我在"等待名单"中，如何争取出线机会？

答案可能令人有点失望。

笔者与前 30 名名校的招生官员多次接触请教，他们强调学生从等待名单上转入"录取名单"的理由是机密的，但可以透露一二，这不违反规定。同在"等待名单"中的学生，内部没有优先排名。因为大学录取"等待名单"中学生的原因是非常"自私"、完全从大学需要的角度出发的，譬如：

——5月1日后，有一位亚利桑那州学生表态不想报到注册，大学会把"等待名单"中的某新墨西哥州学生转为正式录取：学校想让校内的美国西南各州学生保持一定比例。

——5月1日后，有一位女生不打算入学，大学会从"等待名单"中录取一位女生，以保持新生性别平衡。

——5月1日后，有一位高中第一小提琴手表示不来报到，大学会从"等待名单"中挑选一位小提琴高手转为正式学生，因为大学原来管弦乐队的小提琴手毕业了。

——5月1日后，有一位学生不来报到，该生ACT满分36。如果录取新生中，他是唯一ACT满分学生，大学会从"等待名单"中，寻找一位ACT 35分的学生，列入录取名单。因为大学可以在发表新生录取概况报告中，将学校录取新生ACT上限分数写为35分（如果"等待名单"中还有一位ACT满分者，肯定优先录取该新生）。

听起来令人沮丧，好像自己在"等待名单"中毫无主动性可言，那倒也并非如此。你可以做如下努力。

1. 立即写一封"求爱信"给该校招生办公室，表达强烈想进该校学习的愿望，一旦能被正式录取，肯定会来报到。在信中还可提出访问大学招生办公室的请求，如果招生官员同意，你就有一个当面表达自己心愿的机会。假如你有新的材料，也可一并带上。

2. 写邮件给该大学地区招生代表（请看本书第十章第三节），表达自己想获得正式录取的强烈愿望。

3. 请此前没有为你写过推荐信的人写新的推荐信，如果你有体育或文艺特长，或获得新的奖学金，也可请体育教练和文艺指导老师，或奖学金颁发单位负责人再写新的推荐信，这也有助于使你获得正式录取。

4. 同时继续和高中的升学顾问联络，请升学顾问再帮忙写信给大学，表达你热切想进该校的心情。

5. 提交新的材料。一般常规决定申请截止期都是年底，任何在第二年1月1日之后获得的新的材料——新的学习成绩、新的竞赛成绩、新的课外活动、新的义工记录、新获得的奖学金，都是证明自己学术专长和个人品行的强有力的书面材料。曾经有一位学生递交新获得的奖学金证明材料给招生办，3天后就收到了正式录取。有些学生

12年级参加美国奥数竞赛，第二轮AIME考试成绩4月才公布，如果成绩优异，完全可以作为新材料递交，而且会大大提升正式录取的概率。

需要特别提醒，绝大部分学校都是等5月1日以后确定了有多少学生决定不来报到，统计出还有多少名额需要补充后，才从等待候补名单中挑选学生。所以，如果你在等待候补名单里，一方面积极争取"出线"，另一方面也要在已经被录取的名单里挑选一所学校，在5月1日之前，表示愿意入学并递交学费定金。如此一来，即使候补失败，仍有大学可读。万一"候补出线"，可以再给录取你的大学写信，说明情况。学校能够理解，只是原先预交的学费定金可能会损失，但你有幸从"等待名单"中转正了，数百美元损失就无所谓了。

从ED申请和常规申请中得到"拒绝"通知，并不等于"尘埃落定"，还有可能"翻盘"。

常见的"翻盘"是提起所谓"上诉程序"（appeal）。学生如果认为大学招生办对自己的拒绝明显不公平，可以通过大学网站中的appeal，填写上诉信。

但是大部分学校都不会告诉你appeal的相关信息。目前美国大学提供上诉程序的学校仅包括南加大、加州大学及一些文理学院。即便学校提供"上诉程序"，学生的"上诉"空间也不大。以加大伯克利分校为例，申请人只能在500个单词以内补充新的信息或陈述其案情。

许多学校的招生网站上，规定你可以在明年继续申请，但是不提供上诉的程序。他们的决定是最终的，没有任何翻盘的机会。

在美国U.S. News新闻报道中，大学上诉的成功率为1%—2%。

据加州大学一份内部资料显示，2021年秋季申请者中，加州大学洛杉矶分校有1,227人提出上诉，2人获准入学；加州大学伯克利分校有1,617人上诉，有9人获准入学。

上诉失败多，主要是因为上诉人没有仔细查看检验自己的申请材料。许多学生要么是没有仔细查阅申请大学上一年录取新生的SAT或ACT成绩线和高中平均成绩线，要么是入学作文缺乏新意、课外活动少、推荐信质量低、就读高中信誉低、面试表现差、对专业没有体现出有说服力的热爱理由等。收到拒绝信后，情绪冲动，马上就发上诉信，文中充满抱怨和愤慨，又没有提供新的材料，这如何能说服招生官员呢？

一般上诉理由包括：

——重要文件（托福成绩、SAT或ACT成绩）寄送过程中遗失或提交太晚。

——高中成绩单错误，或SAT或ACT分数不正确。

——学生的情况有所变化，如家庭变故、突患疾病。

——获得重要的奖项、奖学金、其他令人信服的学术新成绩。

申诉信一定是全新且有说服力的（new and compelling），你要晓之以理、动之以情，让招生官员无法拒绝你的申诉。

实践证明，申诉的结局大多并不理想，而且绝大多数大学还不提供申诉渠道。如果你确实感到被拒是不公平的，或者你有说服力强的新材料，最有效的方式是：

——继续表达对心仪大学的热爱和对心仪专业的向往。
——要求再次面见招生官员或地区招生代表交流。

下面是笔者从顶尖名校招生办公室获知的两个真实案例。

——一位美国白人家庭学生被某顶尖私立名校拒绝，其母和学生发邮件再次表达对该校的无比向往和热爱，并请求见学校招生官员（邮件中附上家长和学生的照片）。学校同意后，学生带着简历、高中成绩单、SAT考试成绩单，家长带着近两年的报税单，驱车400英里（约650千米）到学校。他们指出，学生所在学校同年级的另一名学生被该校录取，而该学生被拒，他们觉得不公平、不合理。因为两位学生各方面情况（种族、性别、SAT成绩、家庭收入状况）都很接近，而该学生的高中成绩还明显更优秀，家长和学生要求学校重新考虑这个情况。接待家长和学生后，学校招生办公室立即开会，最后一致同意，补发一份录取通知给这位学生。

——一名2021年毕业的美国高中学生申请顶尖名校的计算机科学专业被拒。他在递交申请后，花了半年时间，通过在线学习平台（Coursera）学习谷歌公司提供的"数据分析"和"用户体验设计"两门课程，通过考试后，获得谷歌公司签发的两份职业证书。同时他也新获得一家公司提供的每年2,000美元的奖学金。当他收到大学拒绝信后，立即把这两份职业证书和奖学金通知，发邮件告诉大学该地区招生代表。与此同时，他也请高中的升学辅导员又写了一份说明给大学招生办，表达对大学和这个专业的向往。大学招生办公室为此专门开会研究这位学生提供的新材料，并委托地区招生代表再次面谈这位学生。面谈后，学校招生办公室立即给这位学生发了正式录取通知。

必须指出，收到拒绝信后再被录取的情况非常罕见。以往有些家长收到孩子入学申请拒绝信后，委托律师状告大学，想"迫使"大学收回成命，但都没有什么效果。要想申请被拒后再"翻盘"，除了材料有说服力，陈述方式必须体现"有理、有礼、有利"。主动联系大学地区招生代表、联系大学招生办公室，是关键一步，这需要勇气和智慧。事实证明，大学招生官员并不反感学生提出见面要求，但学生必须：

第一，符合招生最基本的成绩要求。（可以查看学校上一年录取学生的高中成绩平均线和 SAT 或 ACT 成绩线，通常可从学校官方网站的 class-2025-profile 或 new-class-profile 处获得。）

第二，有过硬的对比理由。（如第一个案例。）

第三，确实有新的有价值的材料。（如第二个案例。）

见面时，强调对大学的向往和热爱是很重要的感情申诉，绝不能表现出沮丧或愤慨的情绪。

即使你竭尽全力仍没进你的心仪大学，也不要丧失斗志，你仍有两个机会圆你的"名校梦"。一是利用"优惠项目"，进入名校的有关学院（相同教材、相同教授、相同考试、相同学历）；二是在其他学院读完一年后，申请转入（transfer）名校。美国许多名人都是通过转学进入常春藤名校。著名例子有美前国务卿基辛格，从纽约城市学院（City College）转学到哈佛大学；美前总统奥巴马从加州西方学院（Occidental College）转学到哥伦比亚大学；美前总统特朗普从纽约福特汉姆大学（Fordham University）转学到宾州大学。

有关名校"优惠项目"和转学，详情请参阅笔者的《美国名校，一步之遥》（人民日报出版社 2018 年版）第六章。

本节小结

收到 ED 申请和常规申请通知后，不管结果是录取、延期决定、拒绝还是等待，都有应对之道。

收到拒绝信后仍有"翻盘"机会，在"等待名单"中也要力争转正机会。

万一没被心仪大学录取，仍可通过"优惠项目"或申请转入名校圆心仪大学之梦。

附录一
后疫情时代的留美趋势

2020年年初暴发的新冠肺炎疫情，给全球政治、经济、金融、交通、教育、文化等带来极大的冲击。各国政府应对疫情采取不同处理方式，加上病毒变异、新毒株多次出现，这一切严重干扰了全世界的正常生活节奏。

教育首当其冲。190个国家关闭了学校，15亿学生不能到校上课，相关考试和比赛取消，留学生签证暂停，航班停飞。这是前所未有的，它让很多家庭都直接感受到失去学校、离开教育的生活。虽然随着新冠疫苗的接种普及，不少国家的学校一度恢复上课，但后来大批学生感染新冠肺炎，学校不得不再次恢复线上授课。这些都给全球教育带来许多不确定因素。

根据历史经验，全球性的疫情总有消停的一天。我们有信心看到全球各国人民生活回到常态，教育回归正常。

但是，这次全球的新冠肺炎疫情，不可避免地给全球的教育带来深远的影响，有些影响会持续很长一段时间。特别对中国学生留美，会带来一些新的变化，变化持续的时间久了，就形成新的趋势。

以笔者看来，后疫情时代的留美趋势，至少包含以下6方面。

1. 招生条件变化：标准化考试成绩可以选择性递交，课外活动和参观校园移到线上。
2. 名校优惠项目：继续向弱势家庭子女倾斜，少数族裔和低收入家庭学生机会增大。
3. 授课方式变化：网络授课会持续很长一段时间，变成常见辅助形式。
4. 授课内容变化：名校尝试与科技巨头合办实用专业。
5. 国际学生管理日趋严格，留学生专业选择受到限制。
6. 和中国大学合作办学的美国名校受到中国留学家庭欢迎。

一、招生条件变化：标准化考试成绩可以选择性递交，课外活动和参观校园移到线上

受新冠肺炎疫情影响，SAT和ACT的全球考场都先后关闭，后来陆续开放网络考试，托福和AP考试也移到线上。一些著名的学科竞赛，如美国奥林匹克学科选拔赛也采取线上线下结合方式。由于标准化考试受到巨大影响，美国常春藤名校和其他顶尖

名校及时宣布，SAT 和 ACT 考试成绩可以"选择性递交"（Test-Optional），这使申请这些美国名校的学生骤增。但 2020 年和 2021 年秋季新生录取结果表明，递交过这两种考试成绩的学生（当然成绩是优秀的），录取比例明显大于未递交考试成绩的学生，所以升学顾问们还是强烈建议学生创造条件参加这两门考试。

由于要求保持社交距离，许多课外活动被迫暂停了，各种兴趣俱乐部无法开展活动，社区志愿者项目也停止了。当这些精心挑选的活动被迫暂停，原本在大学申请表中可以填写的课外活动没有内容可写了，名校将会有兴趣看到学生们如何安排"宅家"的活动。学生在应对这个前所未有的时代挑战时，有哪些想法和行动？参加课外活动和社区义务活动永远是使你"与众不同"的重要表现形式，但"宅家"也可以继续保持你的兴趣爱好和学术追求。与其一口气看完你最喜欢的电视节目，不如花点时间去探索新的兴趣，释放出现有的激情。最好在这段非常时期保持你的兴趣，并使这些兴趣充满创意。譬如，每周抽出几小时来做一些你感兴趣和有挑战性的事情：启动研究一个独立项目、练习一种乐器、有针对性地阅读一套感兴趣的丛书、参加一些可以网络递交的写作和绘画竞赛、参加一些在线烹饪课程、为社区青少年提供虚拟篮球教练教程、开辟一个网上博客、完成一篇学术论文、学习如何编码、利用学习网站提高你的外语口语技能等。最值得推荐的是尝试写英文短篇小说、个人随笔、个人短文。为此你需要增加阅读量，探索不同的体裁和写作风格，找出最能引起你共鸣的题材进行构思和写作。名校越来越青睐能写英文短篇小说的学生，创新和跳出常规思维比以往任何时候都更能显示出学生的价值。

由于疫情，许多大学取消了春假期间最受申请者欢迎的校园参观和信息交流活动，但许多大学网站能提供虚拟校园参观。学生可以通过学校提供的视频，身临其境地参观校园，看到校园的方方面面，如课堂授课、实验室、健身房、学生餐厅等。虽然虚拟旅行不是亲身的体验，但信息交流活动也可以使学生从招生人员那里了解学校。在很多情况下，你的问题可以通过网络得到直接的回答。

疫情使名校招生条件发生变化，招生官员会愈加重视学生的高中成绩、学生的入学作文、老师的推荐信、学校举办的网络视频对话等。

由于美国的疫情尚未被完全控制，这些名校的招生变化会持续下去。至于持续多久，无法精确预估。2021 年 12 月下旬，哈佛大学宣布，未来 4 年，哈佛仍继续执行 SAT 或 ACT 考试成绩自愿递交的策略。估计许多名校会执行相同的招生政策，中国留美家庭可做相应申请策略调整。

二、名校优惠项目：继续向弱势家庭子女倾斜，少数族裔和低收入家庭学生机会增大

少数族裔学生、美国中西部地区学生、低收入家庭学生、家中第一代大学本科申请学生，他们的家庭在疫情中受到的经济冲击明显高于美国其他家庭。名校认为，理所当然要为这些家庭的孩子提供优惠，提高这些学生的录取率。

2022 年 ED 录取结果中，可以明显看到这种趋势。

莱斯大学（Rise University）和约翰·霍普金斯大学（Johns Hopkins University）的 ED 招生中，少数族裔、低收入家庭和第一代大学生的比例持续上升。

弗吉尼亚大学（University of Virginia）的第一代大学生提前录取总人数比去年增加了 68%，从 76 人增加到 128 人。

圣母大学（University of Notre Dame）的 ED 录取学生中，少数族裔学生、国际学生或其家庭中第一个上大学的学生的数量也有明显增长。

在宾夕法尼亚大学（University of Pennsylvania）提前录取的学生中，有 52% 是少数族裔，14% 是第一代大学生，这两类学生比例都比去年上升了两个百分点。

布朗大学（Brown University），51% 的 ED 学生是少数族裔，比 2021 年的 48% 和 2020 年的 44% 有所上升。

达特茅斯（Dartmouth College）的 ED 录取比例达到了有史以来的最大（54%），生源地的分布比往年更具多样性，57% 的录取学生来自南方、西部和海外。

三、授课方式变化：网络授课会持续很长一段时间，变成常见辅助形式

疫情使得许多大学把很多常规课堂授课变成网络课程，还有些名校线上线下混合教学。这会引起许多教育界人士和家长担心：网络授课能取得和课堂授课一样的教学效果吗？这会成为一种教学趋势吗？

近两年的试验证明，美国大学的线上线下混合教学的效果非常好。由于视频教学软件的不断升级提高，学生们的上课、讨论、递交作业、与教师联络都能有序进行，教学效果基本与线下一致。我们要有充分思想准备，这种教学模式会成为一种常见的教学辅助形式，这也是让偏僻地区的学生获得一流教学资源的好方式。

四、授课内容变化：名校尝试与科技巨头合办实用专业

近年来，科技发展迅猛，特别是人工智能的发展，使得许多专业面临淘汰。学校应该淘汰哪些专业、增加哪些专业？制造业和服务业的管理者一直抱怨找不到所需的人才，而求职者却抱怨工作越来越难找，学校和企业都想搞明白究竟哪里掉链子了。

2020 年 10 月 22 日，《纽约时报》发表该报著名专栏作家托马斯·弗里德曼（Thomas Friedman）的一篇文章，回应了这些问题。文章标题为《大流行后，迎接一场教育和工作革命》（"After the Pandemic, a Revolution in Education and Work Awaits"），文章强调："工业革命产生的是一个雇主与雇员之间、教育工作者与雇主之间、政府与雇主之间、

政府与教育工作者之间有明显界限的世界，但是现在人们将看到所有这些界限变得模糊。""数字化和全球化的加速正在逐渐将越来越多的工作'模块化'，工作将被分解为公司可以外包出去的小模块。"他认为，公司将越来越多地成为用合成和协调这些模块来制造产品和服务的平台。"为了应付这种新形势，印孚瑟斯（著名印度技术服务公司）、微软或 IBM 等公司将与不同的大学甚至高中合作。大学生们将能够在公司的内部大学里学习适时课程或实习，而公司员工还能在公司外的大学里学习人文课程。学生和员工都将能同时学习、赚钱和工作。"

这可能是将来教育和产业发展的新趋势，而越来越多的教育界人士已经开始尝试。

五、国际学生管理日趋严格，留学生专业选择受到限制

2021 年 9 月 28 日下午，50 多名中国留学生收到就读的纽约州立大学布法罗分校（University at Buffalo,the State University of New York,UB）国际学生服务办公室（International Student Services）的一封邮件，邮件称这些学生因未在规定时限内向学校有关部门提交 I-94 表进行注册报到，他们的 SEVIS 记录终止，也就是学生 F-1 身份被终止，被要求尽快离境。

I-94 表格是美国海关及边境保卫局颁发给外国人，用于记录其在美国入境、出境信息的文件。外国人入境美国时必须完成该表的填写，然后以非移民的身份进入美国。

校方说，学生在开学后 30 天之内必须向国际学生服务办公室递交 I-94 表的复印件，在这一规定时间内，学生还需提供录取通知、I-20 表、护照、有效在美地址、注册全日制课程并缴清全部学费的证明。学校将在开学后 30 天之内，向美国国土安全部报告学生的信息。如果这些信息不完整，大学就不能报告学生在美国有效存在，学生的合法 F-1 身份就会失效。

校方表示，已经多次向国际学生发送邮件通知这些规定，超过 98% 的新生都准时提交了所需文件。这 50 多名学生也看到过校方邮件，但表示校方没有注明这是"重要紧急"文件，因而没有引起足够重视。但这样的抱怨已经无济于事，他们不得不买机票回国，并支付一个月的自费隔离费用和重新签证费用，教训可谓大矣。

坦率说，校方这样做是不够厚道的。校方可以拨电话逐一通知这些学生，如果工作量大，也可在学生公告栏里提醒这些学生，或者委托中国学生联谊会联系这些学生。

国际学生到一个新国家、一所新学校，要牢记：一定要仔细阅读学校各部门给你的所有邮件，特别是国际学生服务办公室的邮件；对邮件中不理解的部分，要及时与学校有关部门联络或面谈沟通，这样可以避免给自己带来不必要的麻烦。

国际学生要提高警觉，做到以下 6 点，保持合法 F-1 身份，顺利完成学业。

1. 到校第一天，先去国际学生服务办公室报到。在办公室里，完成录取信、护照、I-20 表、I-94 表的复印，交给办公室人员。如果校园住宿紧张，该办公室一般会提供学校附近地产经纪公司的信息，帮助你尽快找到合适的居住地。同时会发给你一份"国际新生须知"文件，你要仔细阅读。你落实居住地后，要将居住地址及时通知国际学生服务办公室。

在 I-20 表中，有一个 SEVIS 号码。当你报到后，学校会利用这个号码向国土安全局注册报备，你的 SEVIS 号码就被激活了。SEVIS 号码是美国国土安全局追踪留学生在美国停留期间的信息的检索依据。国际学生的 SEVIS 号码、I-20 表与 F-1 学生身份三者是统一的。三者同时生效，也同时失效。

在你找到合适的居住地（开学后 30 天之内），注册完全日制学生学分要求（一般是每学期 12 个学分）课程并缴清学费后，应立即通知国际学生服务办公室（不要拖到最后一天，最好在开学后两周内完成）。

2. 当你计划转到另一所美国大学并获得新校录取通知后，你需要同时通知两所学校的国际学生服务办公室，要求申请 I-20 表转移，即目前学校要"放行"（提供 Release Form），新学校再"转入"（提供 Transfer Form）。两校的国际学生服务办公室负责人会联系沟通 I-20 表的转移事项，关键一点是新校的新的 I-20 表上的 SEVIS 号码必须与目前学校的 I-20 表的 SEVIS 号码完全一致，这样美国国土安全局知道你转学了，也知道你转到了哪所大学。通常学生也无须再回中国重新签证。

3. I-20 表格上第一页明确列出了开始日期和结束日期，称为 I-20 表的有效期。在此期间 F-1 学生可以在美国合法居留学习。完成所有课程或已取得学位的学生，在毕业后有 60 天 Grace Period 处理个人事务。但是，对于中途退学、被开除或其他原因导致 SEVIS 中途被终止的学生，身份被终止的当天就是 I-20 表实际失效日期，而不再以 I-20 表上的结束日期为准。

如果有合理原因（如生病延长了学习时间）导致在 I-20 表期限内没有办法完成学业，应尽早和国际学生服务办公室联络更换 I-20 表。

4. 国际学生选课后，如果发现课程不喜欢或不合适想退选时，一定要事先和国际学生服务办公室联络，了解是否会违反国际学生每学期至少 12 个学分的最低要求。

5. 国际学生在校园求学期间，是不允许打工的。毕业后的实习（OPT），也一定要获得批准。如果学校获知你在求学期间"非法打工"而取消你的 F-1 身份，绝对是得不偿失。

6. 一定要遵守学校的校纪校规，喝酒要到合法年龄，开车要有正式驾照，成绩要达到最低 GPA 要求，严格遵守学术诚信，考试不作弊、论文不抄袭等。

合法 F-1 身份至关重要，国际学生千万不能掉以轻心。

美国一些政客，对一些国家（包括中国在内）的某些指定大学的本科毕业生申请美国研究生横加干涉。某些国家的学生申请美国大学本科或研究生时，美国政府会借口涉及"敏感专业"加以签证限制。尽管美国名校许多校长、著名教授强烈反对，但由于签证无法通过，名校也就不考虑发放这些专业的录取通知。虽然这些限制不会持续太久，但近期尚未看到解冻迹象。

六、和中国大学合作办学的美国名校受到中国留学家庭欢迎

中国在疫情期间采取有力措施，为教学提供了一个安全的环境，使得和中国合作办学的美国名校受到中国留学家庭的欢迎。

早在 2020 年秋季，纽约大学就宣布采取 Go Local 计划，允许纽约大学的国际学生选择在纽约大学的任何一所海外大学（上海、巴黎、阿布扎比）申请当年秋季选课。在中国的前几届纽约大学学生和 2020 年秋季的新生，都纷纷报名申请到上海纽大学习，3,000 个名额被一抢而光。

美国杜克大学和武汉大学合办的江苏昆山杜克大学、天津大学佐治亚理工深圳学院都建议被录取的中国新生先就近在昆山或深圳入读，等到疫情平缓之后再去美国校区上课，或直接选择在中国入学。

2020 年 6 月底，康奈尔大学出台了一项新的教学措施——Study Away 计划。康奈尔大学将与中国大学合作，中国的康奈尔留学生可申请在中国大学学习，同时参加线上和线下课程，与康奈尔大学的同龄人共享课外活动，并使用当地大学的设施和服务。

康奈尔大学的中国合作院校一共有 7 所，教学质量都很突出，知名度颇高。它们是清华大学、北京大学、浙江大学、上海交通大学、中国农业大学、首都师范大学、东华大学。

杜兰大学、伊利诺伊大学香槟分校、康涅狄格大学等诸多高校纷纷效仿，与中国的大学达成合作，为中国留学生提供入读机会（具体合作院校和申请方式可去学校官方网站查询）。

政策的剧烈变化和疫情的不断蔓延让许多计划留学的家庭陷入迷茫之中，如何让孩子没有隐忧地接受国际化教育成了一道难解的谜题。于是，类似上海纽约大学和江苏昆山杜克大学这样中外合办的院校，成为越来越多家庭的优先选择。

以上 6 个后疫情时代的留美趋势，将会影响名校的招生政策和授课方式。中国留学家庭应该结合这些趋势，根据孩子的实际情况调整申请规划。

附录二

参照美国名校招生要求可以帮助你进中国名校

许多华人家长和学生认为中美名校招生要求完全是两套系统。准备进入中国名校，只要照搬衡水中学模式，拼命刷题即可，而美国名校的申请过程，要复杂得多，比如，高中成绩优秀，要考托福、考雅思、考SAT、考ACT，参加竞赛，还要兼顾课外活动和义务劳动，体现出领导力和创造力等。

但是只要观察中国目前正在进行的高考改革，你就可以看到，中国高校的招生要求与美国常春藤名校的部分招生要求有越来越多的相似之处。以下5点是值得注意的中国高考改革趋势：

1.综合素质也开始成为中国大学招生时的参考因素。

2014年9月3日，中国国务院颁布《关于深化考试招生制度改革的实施意见》的提出："改革招生录取机制。探索基于统一高考和高中学业水平考试成绩、参考综合素质评价的多元录取机制。高校要根据自身办学定位和专业培养目标，研究提出对考生高中学业水平考试科目报考要求和综合素质评价使用办法。"美国名校重视的综合素质评价材料，开始成为中国大学招生时的参考材料。

2.中国开始尝试高考招生改革，与美国名校招生模式接轨明显。

"前言"中提到的北大考试研究院秦院长在他的书中具体介绍了中国高考改革：

新高考改革方案最根本的变化是将学生的综合素质评价纳入大学招生环节，从原有的以高考成绩作为唯一录取依据变为"两依据，一参考"，也就是以统一高考成绩和高中学业水平考试成绩为依据，参考综合素质评价，逐步实行"三位一体"的招生模式。

所谓"三位一体"就是高考成绩+高中成绩+综合素质，非常类似于美国名校招生时采用的SAT（类似中国高中）+GPA（美国高中平均成绩）+综合素质。中美名校的招生模式非常接近了。

3.中国名校推出"先修课程"，与美国高中的AP课程非常相似。

美国高中有大学先行课程，称为AP课程。学生有无AP课程、有几门AP课程、

AP考试成绩如何，都是美国名校招生时考虑的因素。中国名校也开始提供类似课程了。

北京大学率先推出中国大学先修课程，包括微积分、电磁学、大学化学、中国古代文化和中国通史（古代部分）、线性代数、几何学、力学、热学、光学、近代物理、化学前沿、经典名篇选读、世界历史、人文地理、环境科学、心理学、生命科学、微观经济学、宏观经济学、计算机科学等多门先修课程，供学有余力的高二学生选修。

上海复旦大学也推出"周末课堂"，邀请来自上海多所高中的百余名高一学生在周六走进复旦课堂，与复旦教授面对面学习交流，这意味着复旦大学拔尖学科高中先修计划正式实施。虽然官方称这个计划与"拉取"高分考生无关，就是"让孩子学有余力时，愿意和复旦的教授在学科、学术上进行对话和交流"，但家长和学生都相信这多少会为学生将来申请复旦大学时加分。

你如果选修了北大的中国大学先修课程和复旦的"周末课堂"，美国名校也会对你感兴趣。

4. 中国高中学生保送北大和清华的条件，也是美国名校招生优先录取的条件。

据悉，2020年有4类优秀中国学生具有保送北大和清华的资格：

——中学生学科奥林匹克竞赛国家集训队成员；

——部分外国语中学推荐的优秀学生；

——公安英烈子女；

——具有高中同等学力，在国内或国际体育比赛获奖的运动员和退役运动员。

中国的中学生学科奥林匹克竞赛国家集训队成员（包括数学、物理、化学、生物、计算机奥赛集训队）可以保送进入北大和清华；美国的这5门学科的奥赛集训队成员（MOSP、USPTTC、USNCO Study Camp、USABO National Final、USACO summer training camp）基本都优先被普林斯顿大学、哈佛大学、耶鲁大学、麻省理工学院、斯坦福大学录取。

中国各地外国语中学的学生，大部分是少数语种的优秀学生（日语、西班牙语、乌尔都语、葡萄牙语、蒙古语、菲律宾语、法语、俄语、德语、朝鲜语、波斯语、阿拉伯语），可以被保送进入北大或清华，他们被称为"外语特长生"。而美国的高中优等生，学习拉丁语和其他少数语种的学生，也优先被哈佛大学、耶鲁大学、哥伦比亚大学录取（近几年，希伯来语成绩好的学生，都被常春藤名校录取）。

中国高中生中有一门学科特别优秀者（计算机编程、机器人制作等），也会被保送进清华大学。而美国的高中生中，有"学科之长"的学生（对某段历史特别有研究、对某种天文现象特别有研究等），也会被名校优先录取。

中国江苏一位中小学生学业生涯规划师盛亚光女士近年来发现，江苏省绝大多数通过竞赛进入清华等中国顶尖名校的，都是从小就经过编程训练，并在编程竞赛中获大奖的学生。她在2019年的一篇文章中告诫家长，"中国的高考已经在悄然地发生改变——在江苏凭裸考进入顶尖大学的机会越来越难，这是因为清华、北大等顶尖大学对入学学生有自己的考量标准，学术竞争力最弱的就是裸考的学生，也就是拼尽全力学好语数外的学生，最强的是通过竞赛胜出的学生，他们是名校最爱的学生。"

中国名校照顾全国体育比赛前3名、亚洲体育比赛前6名、世界体育比赛前8名和获得球类集体项目运动健将、田径项目运动健将、武术项目武英级和其他项目国际级运动健将称号的退役运动员。而美国名校优先录取体育特长生更是有历史渊源。

凡此种种，皆体现出中美名校在优先录取条件方面有诸多相似之处。

5. 英语能力强的中国学生，容易被中国名校录取，也容易转学进美国名校。

美国名校对高中学生有较高的英语听、读、讲、写的要求，如果中国学生像美国优秀高中生一样，4年高中读完80本英美名著，掌握2万个英语单词，同时每月向著名报纸杂志投稿，甚至在《康科评论》(The Concord Review)这类全球高中学生学术刊物上发表学术论文，中国高中老师一定会优先向中国名校推荐保送你。假如你同时也获得托福100分的成绩，你的中国高考英文成绩基本会趋近于满分，这肯定会获得中国名校招生办格外青睐。

如果你在高三期间，抽时间准备托福或雅思考试，并获得托福100分或雅思7.5分的成绩，这将有助于你在中国读完大一课程后，申请转学进美国排名前30的名校。许多对申请中国名校结果不满意的学生，无法当年马上转而申请美国名校，因为已经过了美国名校的申请截止期（当年1月1日），加上没有托福或其他美国标准化考试成绩（SAT或ACT），无法完成当年申请美国名校的手续。但是如果在高三有了托福或雅思成绩，加上优秀的高中和大一成绩（许多美国大学开始执行不需递交SAT或ACT成绩的新政策，但仍需递交托福或雅思成绩），申请转学进入美国名校大有希望。

以上诸点，说明按照美国名校招生要求做升学准备，你在中国被北大、清华、复旦等名校提前录取、变成保送生的概率也会大大提高。万一申请中国名校不顺利，在中国读完大一，再转学到美国名校的可能性也很大。

中美两国名校招生要求的共同点会越来越多。参照美国常春藤名校招生要求筹备升学，也可以有效帮助你进入中国名校。